U0113723

新视角读『二十六史』

新视角读

五代史

宋玉山 著

中国文史出版社

图书在版编目（CIP）数据

新视角读五代史 / 宋玉山著. —北京：中国文史
出版社，2023.3
（新视角读"二十六史"）
ISBN 978-7-5205-4061-2

Ⅰ.①新… Ⅱ.①宋… Ⅲ.①中国历史—五代（907-960）—
通俗读物 Ⅳ.①K243.109

中国国家版本馆 CIP 数据核字（2023）第 064648 号

责任编辑：金　硕
策　　划：金　硕　曲童利

出版发行：中国文史出版社
社　　址：北京市海淀区西八里庄路 69 号　　邮编：100142
电　　话：010 - 81136606/6602/6603/6642（发行部）
传　　真：010 - 81136655
印　　装：北京温林源印刷有限公司
经　　销：全国新华书店
开　　本：787mm×1092mm　1/16
印　　张：15.25
字　　数：220 千字
版　　次：2024 年 1 月北京第 1 版
印　　次：2024 年 1 月第 1 次印刷
定　　价：56.00 元

总序　历史是最好的老师

魏礼群

　　习近平总书记多次强调指出，"历史是最好的老师，它忠实记录下每一个国家走过的足迹，也给每一个国家未来的发展提供启示。""领导干部要多读一点历史，从历史中汲取更多精神营养。"

　　历史是人民创造的。历史经验是社会发展规律的体现和反映，是人类长期生活的总结和升华，是现代人民用来对照的一面明镜。欲知大道，必先知史。学习历史，可以观成败、鉴是非、知兴替、明规律，可以以史资政、修身励志、汲取力量、创造人生。

　　我党历来重视历史。我党历代领导人都善于把历史经验运用到中国革命、建设和改革的实践当中，都强调领导干部要多学习一些历史知识。在新的历史时期，要实现中华民族伟大复兴的中国梦，更需要我们用好历史这个最好的老师，遵循规律、明确方向、坚定道路、凝聚共识，去书写新的历史，创造新的辉煌。

　　尊重历史也是中华民族的优良传统。中国历史源远流长，旷古悠久。从黄帝时代开始，中华民族有着五千年的文明史，经历了若干个朝代。一般来说，每个朝代都有为前一个朝代撰修史书的传统，经过官方撰修或认可的史书，称为正史。

　　清朝乾隆皇帝将《史记》《汉书》《后汉书》《三国志》《晋书》《宋书》《南齐书》《梁书》《陈书》《魏书》《北齐书》《周书》《隋

书》《南史》《北史》《旧唐书》《新唐书》《旧五代史》《新五代史》《宋史》《辽史》《金史》《元史》《明史》等二十四部史书，钦定为"二十四史"。民国时期，大总统徐世昌又把《新元史》列入正史，形成了"二十五史"。但"二十四史"和"二十五史"都只写到明代，如果再加上记载清朝历史的史书，就应该是"二十六史"。

正史是由官方修撰或认可，尤其是由后面的朝代完成的，史料比较全，真实性比较高，史实价值比较大，因而是历史研究中的主要参考依据。由于这些正史数量繁多，语言晦涩，除了专业人员外，很少有人能够通读下来。

"新视角读'二十六史'丛书"，对这些数量繁多的史书，做了精心挑选和简化概括，并有作者读史后的认识和体会，创作形成了一篇篇简明扼要的故事，以新的形式呈现给读者。这些故事，既独立成章，又相互联系、脉络清晰，能使人们大致了解历史进程、重大事件和主要人物。该书语言简练，通俗易懂，适合大部分人群，中学生阅读也没有问题。特别是该书站在现代社会的角度，以新的视角分析看待历史，有许多新观点、新见解，能够给人以启发和借鉴。因此，我认为，撰写"新视角读'二十六史'丛书"，是一项很有意义的工作。

我感觉，"新视角读'二十六史'丛书"的基本特点，是"忠于原著，丰富史料；以史为鉴，启迪人生"。

所谓"忠于原著，丰富史料"，是指作者撰写的每一篇历史故事，都是根据原著的记载写成的，都有史料依据，没有进行虚构。为了增强可读性，在语言细节方面做了适当的文字加工，但主要内容都是原著所提供的。同时，在忠于原著的基础上，为了使一些历史事件和历史人物更加丰满，也适当增加了一些其他史料，增添的史料也是有依据的。该书一个显著特点，就是史料丰富、知识点多、信息量大，能够让人开阔视野，增长知识。

所谓"以史为鉴，启迪人生"，是指作者创作历史故事的目的，是为了借鉴历史经验，服务于现代社会。所以，作者站在历史唯物主义和辩证唯物主义的立场上，辩证地、一分为二地看待历史现象，并且在故事的过程中，或者在故事的结尾，往往有着哲理性的评论和观点，给人以有益的启迪。我们学历史的目的，不仅是要了解历史知识，更重要的是要通过汲取历史经验和教训，对我们的工作和生活有所启发和借鉴。该书较好地做到了这一点，这是该书另一个显著的特点。

　　作者曾经是我得力的部下，我对他十分熟悉和了解。作者勤奋好学，长期从事政策研究和文字工作，理论素养和文字功底较好；先后在乡、县、市、省、国家五个层级工作过，有着丰富的阅历和实践经验；做事严谨，为人厚道，工作勤勉。尤为难能可贵的是，他把退休作为第二生命的开始，退而不休，锲而不舍，继续为社会做贡献，其志可贵，精神可嘉！

　　希望该书能够使人借鉴历史经验，起到以史为鉴、激励人生的作用。

　　是为序。

　　（魏礼群，曾任国务院研究室主任、国家行政学院党委书记、中国行政体制改革研究会会长，现任中国国际经济交流中心常务副理事长兼学术委员会主任。）

前 言

　　五代，也叫五代十国，是中国历史上又一个国家大分裂时期。这一时期，政权林立，称霸一方，战火纷飞，生灵涂炭，人民饱受苦难。记述五代时期的正史，是《旧五代史》和《新五代史》。

　　笔者主要根据这两部史书的记载，撰写了七十篇五代十国故事。这些故事，既独立成章，又相互连贯，使读者大体能够了解这一时期的历史脉络、重大事件和重要人物，从而对五代时期有一个大概的印象。

　　笔者在撰写过程中，坚持"忠于原著，丰富史料；以史为鉴，启迪人生"的原则，对原著记载的事件和人物不作虚构，只在细节和语言上适当作些加工，以增强可读性。同时，适当阐述笔者个人的体会和观点。

　　笔者在撰写过程中，根据原著记载和个人的体会，提出了一些新的观点和看法，如《五代时期乱纷纷》《乱世出奸雄》《夷族英雄李克用》《"儿皇帝"并不好当》《契丹宰相是汉人》《李煜亡国之名有点冤》等。这些观点仅作为一家之言，敬请读者指正。

　　由于笔者水平有限，书中难免有错误和不足之处，希望广大读者给予批评，笔者将不胜感激。

目
录

后 唐

后 晋

《旧五代史》与《新五代史》

　　907年，唐朝灭亡。之后，在中原地区依次出现五个政权，即后梁、后唐、后晋、后汉、后周，被称为五代。几乎与此同时，在南方出现许多割据政权，史称十国。所以，这个时期，也叫五代十国时期。另外，边境还存在契丹、吐蕃等一些少数民族政权。

　　五代历经五十三年，十国历经七十七年。这是中国历史上又一段分裂、割据和混乱时期，人民饱受苦难。记述这一时期历史的正史，是《旧五代史》和《新五代史》。

　　《旧五代史》，原名《五代史》，也叫《梁唐晋汉周书》，是宋太祖赵匡胤诏令编纂的官修史书。

　　赵匡胤是五代乱世的终结者，他于960年篡周建立宋朝，经过十几年浴血奋战，消灭许多割据势力，基本统一了全国，形成了中国历史上又一个大一统的宋王朝。

　　赵匡胤对纷乱的五代历史十分重视。为了汲取历史经验教训，973年四月，赵匡胤专门下诏，编写五代史。为此，朝廷组建了规格高、阵容强的纂修班子，由著名史学家薛居正监修，卢多逊、张澹、刘兼、李昉、李穆、李九龄等人同修。

　　薛居正，河南开封人，进士出身，才华横溢。他历仕后晋、后汉、后周、北宋四朝，历任谏议大夫、户部侍郎、兵部侍郎、参知政事等职。修五代史的时候，他担任门下侍郎，属于副宰相。

　　薛居正等人修撰五代史时，与五代时期相隔不远，修史者都亲身经历过那段历史，情况比较熟悉。特别是，五代时期各朝都有《实录》，记载皇帝言行和当时大事，北宋宰相范质还写过《五代通录》，资料比较齐全。五代史以《五代通录》为底本，参考《实录》和其他史料，只经过一年半时间，于 974 年十月修撰完成。

《旧五代史》共一百五十卷，其中纪六十一卷、志十二卷、传七十七卷。《旧五代史》以后梁、后唐、后晋、后汉、后周顺序，各自为书，以中原五个朝代兴亡为主线，以十国和少数民族政权为副线，条理清晰，轻重适宜，比较全面地展现了这段历史的面貌。该书虽叫五代史，实际上也包括了十国和一些少数民族政权的历史，是一部整个五代十国时期的断代史，因而在史学界占有重要地位。

《旧五代史》也存在一些问题，主要是有些《实录》并不完全真实，有为尊者讳的，有刻意为皇帝歌功颂德的，而《旧五代史》由于成书时间短，没有认真对这些《实录》进行甄别，因而对某些历史人物的记载，引起了后世的争议。

不过，从总体上看，《旧五代史》还是尊重历史史实的，尤其是史料比较丰富，保存了大量原始资料，受到许多史学家的重视。司马光修《资治通鉴》时，就从中取材甚多。

《旧五代史》修成六十多年后，北宋文坛领袖欧阳修又撰写了《新五代史》。《新五代史》是欧阳修个人撰写的，而且是宋朝以后唯一的一部私修正史。

欧阳修为什么要写《新五代史》？他在写给朋友的信中，说得很清楚。在欧阳修看来，五代是一个礼乐崩坏、三纲五常扫地的极乱时代，应该对不道德行为予以谴责和抨击，而《旧五代史》没有很好地做到这一点，所以他要写一部新的五代史。

欧阳修大约在 1036 年动手编写，到 1053 年基本完稿，大体历经十八年左右的时间。

《新五代史》共七十四卷，改变了《旧五代史》的编排方法，打破朝代的界限，把五朝的本纪、列传综合在一起，按时间先后进行编排。《新五代史》补充了《旧五代史》中没有记载的一些史料，有些则插入比较生动的情节。字数比《旧五代史》少很多。

欧阳修是大文学家，他写的《新五代史》语言优美，简洁有力，有学者认为，可与《史记》相媲美。

《新五代史》也有明显的缺陷。一是删去了许多原始史料，所以，它的史料价值不如《旧五代史》。二是采用了一些小说、笔记之类的记载，虽然情节生动，但其真实性受到质疑。三是欧阳修提倡"春秋笔法"，人们对此褒贬不一。

由于《旧五代史》与《新五代史》各有侧重，互有优势，所以，两部史书总体上是共同流传后世的。

清朝乾隆皇帝在钦定"二十四史"时，把新旧五代史都列入正史。民国总统徐世昌在确定"二十五史"时，《旧五代史》和《新五代史》也名列其中。

我们今天读史，可以把这两部史书对比来读，能够从中获得更多的知识和感悟。

五代时期乱纷纷

中国历史经过盛唐之后，又进入一段大分裂时期。从 907 年朱温灭唐建梁开始，中原地区依次出现后梁、后唐、后晋、后汉、后周五个朝代，历经五十三年，史称五代时期。

几乎与此同时，在南方先后出现许多割据政权，比较大的有南吴、南唐、前蜀、后蜀、南汉、南楚、荆南、闽国、吴越，在北方出现北汉，通称十国。十国经历七十七年。所以，这个时期，也叫五代十国时期。

五代十国时期最突出的特点就是乱。这一时期，国家分裂，政权林立，很多人野心膨胀，称王称帝，割据一方；各类政权名称繁多，而且更替频繁，最短的只有三年，令人目不暇接，眼花缭乱；各个政权之间相互攻打，争抢地盘，掠夺财物和人口，战火纷飞，生灵涂炭。多灾多难的中华民族，经历了一段痛苦难忘的历史。

唐朝自"安史之乱"以后，长期存在着藩镇势力过大、中央集权削弱的弊端。875 年，王仙芝率众于濮州濮阳起义。随后爆发了大规模的王仙芝、黄巢起义，起义持续十年多，摧毁了唐王朝的统治基础。各藩镇趁机扩大势力，割据自立，唐朝名存实亡。

朱温是汉族人，最早参加黄巢起义，逐渐成为黄巢手下的领兵大将。朱温为求荣华富贵，背叛黄巢，投降唐朝，被封为宣武军节度使、梁王。黄巢起义失败后，朱温收降了许多起义军将士，势力大增，占据黄河中下游地区，并把持朝廷，成了当时最大的割据势力。

907 年，朱温悍然废掉唐朝国号，建立后梁，登基称帝，定都开封，从此开启了五代时期。与此同时，南方许多割据政权也纷纷建立。

朱温称帝后，只控制中原一带，与占据山西的李克用、占据陕西的李茂贞、占据淮南的杨行密等军阀长期混战。不过，地处遥远的南楚、闽国、吴越等割据政权，却在名义上向后梁称臣。

朱温残暴荒淫，只当了五年皇帝，就被次子朱友珪刺杀。朱友珪仅仅做了不到一年皇帝，就被他的弟弟朱友贞杀掉，夺去了皇位。923年，朱友贞当了十年皇帝之后，被李克用的儿子李存勖灭掉。这样，后梁历经三帝，存在十六年。

李克用是沙陀族人，英勇善战，在镇压黄巢起义中势力崛起，被唐朝封为晋王，占据山西一带。朱温灭唐建梁以后，李克用拒不承认后梁政权，仍然使用唐朝年号，长期与后梁为敌。

李克用病逝后，儿子李存勖继承王位。李存勖智勇双全，深谋远虑，他控制河北，攻占幽州，拓展地盘，势力大增。李存勖经过十几年艰苦奋斗，实力明显超过后梁。

923年，李存勖登上帝位，定都洛阳，仍然使用唐朝国号，祭祀李渊、李世民等唐朝皇帝，以表明自己是唐朝的继承人。没想到由汉族人建立的唐朝，其国号却由沙陀族人延续下来，史称后唐。

李存勖在建立后唐的当年，就一举灭掉后梁，两年后又灭掉前蜀。李存勖建立了盖世之功，便居功自傲，放纵起来。他追求享乐，迷恋唱戏，重用伶人，诛杀功臣，结果只当了三年皇帝，就引发兵变，被杀身亡。李克用的养子李嗣源登上帝位。

李嗣源宽厚仁义，治国有方，他在位七年，后唐呈现兴旺。可是，他病逝以后，儿子李从厚平庸无能，只当了五个月皇帝，就被李嗣源养子李从珂杀掉，夺去了皇位。后唐开始混乱衰败。

李从珂是汉族人，原本姓王，十岁时被李嗣源收为养子。李从珂威猛刚毅，骁勇善战，却不会治国，与李嗣源的女婿石敬瑭产生了尖锐矛盾。石敬瑭当时镇守太原，与契丹相邻，于是勾结契丹，联合出兵，灭掉了后唐。李从珂自焚殉国。这样，后唐历经四帝，存在十三年。

石敬瑭，关于族别，有汉族、粟特族、沙陀族、突厥族等多种说法。他依靠契丹的力量，于936年建立后晋，定都开封，是历史上著名的"儿皇帝"。石敬瑭对契丹百依百顺,后晋实际上是契丹的附庸和"儿国"。石敬瑭委曲求全做了六年"儿皇帝"后病逝,侄子石重贵继承了帝位。

石重贵与石敬瑭截然不同,他不再向契丹称臣,而且与契丹反目成仇。契丹大怒,三次发兵攻打后晋,前两次均被击退,第三次因领兵主帅杜重威率部投降,导致后晋灭亡。这样,后晋历经二帝,存在十一年。

947 年,在契丹攻打后晋、中原大乱的时候,后晋大将刘知远趁乱在太原称帝,建立后汉,定都开封。不久,契丹主力撤退,刘知远收复中原。

刘知远是沙陀族人,他只当了不到一年皇帝就死了,其子刘承祐继承帝位。刘承祐昏庸无能,诛杀大臣,逼反了大将郭威。郭威黄袍加身,灭掉后汉,建立了后周,定都开封。刘承祐在逃亡途中被杀。后汉只存在三年,是五代时期寿命最短的。

郭威于 951 年建立后周,当了四年皇帝后病逝。他没有儿子,由柴皇后侄子柴荣继位。郭威和柴荣都是汉族人。

柴荣是五代时期最有作为的皇帝,他励精图治,勤政爱民,打算用三十年时间,统一全国,打造一个太平盛世。柴荣开疆拓土,夺取后蜀四州之地,又三次御驾亲征,攻击南唐,打得南唐割地求和,俯首称臣。柴荣统一并巩固了北方,把疆域推进到长江北岸,为日后宋朝收复南方、统一全国奠定了基础。

可惜柴荣命短,只当了五年多皇帝就病逝了。柴荣前三个儿子都死了,只得由七岁的四子柴宗训继位。

960 年,由柴荣一手提拔起来的禁军将领赵匡胤发动兵变,黄袍加身,从孤儿寡母手里夺取了后周江山,建立宋朝。后周历经三帝,存在九年。

赵匡胤为了弥补内疚,善待柴宗训母子,并且留下遗训,优待柴氏的后代子孙。

赵匡胤篡周建宋,标志着五代时期结束,可十国多数仍然存在。赵匡胤经过两年准备,于 962 年出兵江南,经过十几年奋战,灭掉了各个割据政权，基本平定了南方。赵匡胤去世后，其弟赵光义又灭掉北汉，中华大地终于又形成了大一统局面。

在中原五个政权中，只有后梁、后周是汉族人建立的，其他都是少数民族建立的政权，而在十国当中，除北汉外，都是汉族人建立的政权。可是，人们都把中原政权视为正统，而把十国称为割据政权，《旧五代史》和《新五代史》均持这种观点。

这表明，当时民族融合已经达到很高的程度，人们并不在乎由哪个民族的人当皇帝，中华民族大家庭的雏形开始形成。这应该是五代时期一个重要特征。

乱世出奸雄

　　大唐王朝自 618 年建立以来，经过李世民贞观之治、李治永徽之治和女皇武则天时期近百年的奋斗，到唐玄宗李隆基时期，达到了鼎盛，史称开元盛世。

　　755 年爆发的"安史之乱"，葬送了近百年的奋斗成果，结束了盛世，唐朝开始走下坡路了。由于盛唐在人气和物质方面的积累，唐朝的衰退长达一百二十多年，中间经过唐宪宗的元和中兴、唐武宗的会昌中兴、唐宣宗的大中之治，有效减缓了衰退的脚步，但无法扭转大的趋势，使唐朝呈现出螺旋式衰败的态势。

　　875 年，由于唐懿宗、唐僖宗两代皇帝的昏庸骄奢，唐朝腐朽透顶，终于爆发了规模浩大的王仙芝、黄巢起义，给予唐王朝致命一击。各地节度使趁机扩大势力，割据自立，朝廷名存实亡，天下一片混乱。

　　人们都说，乱世出英雄，殊不知，乱世也出奸雄，而且奸雄要比英雄多。朱温就是一个乱世中的奸雄。

　　朱温，宋州砀山（今安徽砀山）人，852 年出生。朱温的高祖朱黯、曾祖朱茂琳、祖父朱信，都是普通农民，其父叫朱诚，有点文化，教过私塾。朱温兄弟三人，老大叫朱全昱，老二叫朱存，他排行第三，乳名朱三。

　　《旧五代史》记载，朱温是在夜里出生的，他出生时，房屋上面一片红光，乡亲们认为他家着火了，纷纷跑去救火，原来是虚惊一场，他家只是生了个孩子。乡亲们都十分惊异，认为这孩子不同寻常。

　　这记载当然是无稽之谈，子虚乌有。史书常常虚构这样的异兆，来说明皇帝不是凡人。

朱温兄弟三人还没长大，父亲就死了。母亲带着他们寄养在萧县人刘崇家里，给人家当佣工。朱温长大以后，身强力壮，却不爱劳动，经常打架斗殴，欺负乡邻，村里人都讨厌他。刘崇常常斥责甚至用鞭打他。

然而，刘崇的母亲却对朱温很好，有时亲手给他梳头。刘老太太悄悄告诫家人说："朱三不是一般人，你们要好好对待他。"家人问她为什么，刘老太太十分神秘地说："有一次，我看见他睡熟之后，变成了一条红色的大蛇。"家里人听了，又惊又怕，半信半疑。

875 年，山东、河南一带发生大灾荒，粮食歉收，人们没有吃的，饥寒交迫。此时，朝廷腐败，官府黑暗，不仅不救济灾民，反而加重盘剥百姓，终于官逼民反，爆发了王仙芝起义。王仙芝牺牲后，黄巢被公推为黄王，继续领导起义军。黄巢，一代英雄，文武双全，起义队伍迅速扩大到数十万人，转战于山东、安徽一带。

眼见天下大乱，朱温十分兴奋，对两个哥哥说："唐朝气数已尽，我们不如跟着黄王去打天下，也许能混个一官半职。"二哥朱存心动，同意了；大哥朱全昱胆小，不同意。于是，877 年，朱温和二哥一同参加了黄巢的起义军，朱全昱仍然留在家里。

朱温彪悍，打仗勇猛，立有战功，不久被提拔为队长。朱存却很不幸，时间不长就战死了。在此后几年里，朱温跟随黄巢，转战今浙江、江西、福建、广东、湖南、湖北等地，身经百战，屡立战功。黄巢对朱温十分器重，不断提升他的职务，朱温成为起义军中的重要将领。当时，黄巢最器重的两员领兵大将，一个是孟楷，一个是朱温。

880 年，黄巢攻占长安，皇帝唐僖宗逃到四川。黄巢在长安登基称帝，建立政权，国号"大齐"。黄巢设置文武百官，朱温被封为卫大将军。此时，朱温身居高位，手握兵权，扬扬得意，踌躇满志。

黄巢占据长安以后，对百姓和四品以下低级官吏，采取保护政策；而对于唐室宗亲、公卿士族和三品以上高官，则一律诛杀。结果，整个社会的上层人士，全都站到了起义军的对立面，铁了心与起义军对抗。

唐僖宗利用这一点，令镇东、太原、代州、凤翔等各地节度使，率军围攻长安，同时收买了沙陀人李克用，让他领兵从北方赶到长安。沙陀兵凶猛，又是骑兵，行动迅捷，成为起义军劲敌。黄巢派出大将孟楷、朱温等人，与唐军作战。两军在关中混战两年多，互有胜负。

黄巢除了占有长安以外，在其他地方没有根据地，也没有外援。关中缺粮，长安的粮食全靠从南方调运，而唐军截断了长安的运粮线，长安的粮食告急。这样，长安外有强敌，内无粮草，处于十分不利的境地。

朱温心术不正，善于见风使舵，他见起义军处境不利，便与手下将领胡真、谢瞳商议。谢瞳知道朱温的心意，说："黄巢起义于草莽之中，本无根基，如今又内忧外患，恐怕不能长久。我们不如弃暗投明，归顺朝廷，必能得到荣华富贵。"朱温利欲熏心，遂决定背叛黄巢，投降唐朝。

882年，朱温杀了黄巢的监军严实，率部投降朝廷。唐僖宗闻讯，大喜过望，高兴地对左右说："这是老天爷赐给我的上将啊！"唐僖宗下诏，任命朱温为左金吾卫大将军，后来又任汴州刺史、宣武军节度使，令他率军与黄巢起义军作战。唐僖宗还为朱温赐名叫朱全忠，希望他全心全意忠于朝廷。此时，朱温三十一岁。

朱温背主求荣，当了朝廷高官，得到荣华富贵，就像打了鸡血一样亢奋。他不顾往日情义，像疯狗一样，回过头来，凶狠地撕咬曾经患难与共的起义军兄弟。朱温狠毒狡诈，又熟悉起义军情况，因而成为起义军的大敌。黄巢见朱温凶猛，长安粮食又尽，无法坚持，只得离开长安，率军东返。

黄巢在东返途中，犯下致命错误。他围攻陈州近三百天，久攻不克，大将孟楷也战死了。黄巢被滞留在陈州，没有迅速东进，这给了唐朝一个难得的机会。朱温、李克用率军赶到，经过一番大战，起义军溃散，黄巢只带少数人逃到山东泰安，后兵败身死。朱温与起义军将领都是旧相识，在走投无路之际，他们纷纷归降了朱温，使朱温势力大增，成为节度使中力量最强的一个。

朱温随着实力增强，野心也大了起来。黄巢起义被镇压以后，各节度使拥兵自重，不听中央号令，朝廷名存实亡。朱温环顾四周，发现在各地节度使中，能与他抗衡的，只有河东节度使李克用。李克用骁勇善战，朱温很忌惮他。朱温心里打好了算盘，想趁着李克用不防备，谋害他的性命。

陈州之战，主要是朱温、李克用联合，打垮了起义军。两人立了大功，高高兴兴地班师返回。李克用的地盘在山西，回师要经过汴州，而汴州是朱温的地盘。朱温十分热情地挽留李克用，请他在汴州小住几日。李克用见朱温如此盛情，很高兴地答应了。李克用让大军先走，他只留数百人，在汴州日夜与朱温饮酒，欢庆胜利。朱温见李克用上了钩，心中窃喜。

朱温把李克用等人安置在豪华的上源驿宾馆，天天喝酒行乐。一天晚上，朱温又大摆宴席，宴请李克用等人。李克用喝醉了，大吹大擂，朱温心里很不痛快。半夜时分，朱温派兵包围了宾馆，四面纵火，想要烧死李克用。

李克用等人正在熟睡，突然四面火起，大火熊熊。李克用的侍从被惊醒，赶紧去叫他，可怎么叫也叫不醒，李克用酒喝得太多了。侍从无奈，拿凉水劈头一浇，李克用才清醒过来。此时，火势已大，到处是烈火浓烟，无路可逃。李克用只得仰天长叹，束手待毙。

真是天有不测风云，正在这万分危急之时，突然一声霹雳，电闪雷鸣，大雨倾盆，瞬间把烈火熄灭。李克用等人大喜，赶紧往外冲。四周全是朱温的士兵，李克用挥舞大刀，无人能挡。李克用拼死杀出一条血路，冲到城墙边，缒城而出，逃脱了。可怜手下数百名士兵，全部遇害。这就是历史上著名的上源驿事件。从此以后，李克用恨透了朱温，与他势不两立，不共戴天。

从朱温的所作所为来看，他纯粹就是一个见利忘义、反复无常的小人，又是一个心怀叵测、狡诈凶狠的奸雄。然而，这样的奸雄，却有一位美丽善良、温柔贤惠的妻子。朱温天不怕，地不怕，唯独对这位贤妻畏惧三分。真是卤水点豆腐，一物降一物。

这位贤良之妻，对奸雄朱温起到了哪些约束作用呢？

奸雄却有贤良妻

朱温一代奸雄，却娶了一位贤良的妻子，名字叫张惠。《旧五代史》和《新五代史》，都有张惠的传记，对她大加赞扬。

张惠，安徽砀山人，与朱温是同乡。张惠在砀山很有名，她出身名门，家族富裕，父亲是担任宋州刺史的高官。尤其是张惠长得漂亮，有倾城之貌，又熟读经史，知书达理，温柔贤惠。砀山的年轻人，几乎人人对她爱慕不已。

朱温在砀山乡下时，就听说过张惠的大名，也是满心爱慕。可是，他只是一个穷小子，像是洼地里的癞蛤蟆，而张惠就像空中飞翔的天鹅，自然是高不可攀。

朱温参加黄巢起义之后，转战南北，无法见到张惠了，但在他心中，始终对张惠念念不忘。880年，黄巢攻占长安，登基称帝。朱温成为起义军的高级将领，手握兵权，威风八面，他似乎由癞蛤蟆变成天鹅了。朱温想娶张惠的心情，更加迫切。

882年，朱温率军在关中地区与唐军作战。他攻克了同州，黄巢任命他为同州防御使。朱温终于有了一块自己能够做主的地盘，俨然成了土皇帝。于是，朱温不顾战事紧张，在同州与张惠成婚。史书没有记载他们成婚的过程和细节，不知道是强娶，还是张惠自愿的，不过，当时朱温已经势力强大，手中雄兵数万，张惠即便不愿意，也是无法抗拒的。

朱温与张惠结婚时，年龄三十一岁，而且已经有了一个儿子，名叫朱友裕，不知道生母是谁。史书没有记载张惠的年龄。朱温结婚几个月后，就投降了唐朝，在这个过程中，不知道张惠有没有起作用。

史书对此没有记载。

朱温对张惠早就垂涎三尺，自然对她百般宠爱。他们结婚后，好几年没有孩子。有一次，朱温率军路过亳州，召妓女陪寝，结果妓女怀孕，生下一个男孩。朱温很高兴，但怕张惠生气，不敢接到身边，只好给儿子取小名叫"遥喜"。张惠听说以后，不仅没有哭闹，反而劝朱温把儿子接回来。朱温自然大喜，对张惠更加敬重。888年，张惠为朱温生下第三个儿子，取名朱友贞。

朱温性格暴戾，喜怒无常，而张惠却温柔善良，有菩萨心肠。她常劝丈夫要克制暴力，与人为善。朱温表面上应允，实际上却改不掉暴虐的本性。每当朱温大发雷霆，想要杀人的时候，张惠总是出面相劝。奇怪的是，只要张惠一说话，朱温立刻就没脾气了，总是依从她。因此，张惠挽救了许多人的性命。人们十分尊重张惠，称她为"活菩萨"。可惜，张惠不能时刻都在丈夫身边，背着张惠，朱温照样是暴虐无道。

张惠对朱温的前两个儿子，在生活上十分关心，给予了很多母爱。长子朱友裕，年龄稍大就随父征战。895年，朱温与兖州节度使朱瑾争夺地盘，进行混战。朱友裕在战斗中打败朱瑾，但由于失误，没有擒获朱瑾，让他跑掉了。朱温大怒，怀疑儿子有意为之，意图谋反。朱友裕知道父亲的暴戾脾气，吓得跑到伯父家躲了起来。

张惠觉得，这样躲藏不是长久之计，于是给朱友裕写信，让他赶快回来，向父亲请罪，她从中调和，确保无事。

朱友裕收到张惠的信，觉得心里有了底，于是连夜赶回，一大早，就到了朱温寝室外面。朱友裕跪在庭中，泣涕请罪。

朱温起床后，见儿子跪在院子里，勃然大怒，喝令左右，将朱友裕捆起来，推出去斩首。

张惠在内室，听见朱温发怒，急得没顾上穿鞋，光着脚就跑了出来。张惠护住朱友裕，对朱温说："孩子回来，是向你请罪的，这不明摆着没有谋反吗？为什么还要杀他？快把他放了！"

张惠发了话，而且说得合情合理，朱温只好依从。朱友裕在朱温的儿子中属于贤能的，他骁勇善战，宽厚待人，很得人心，可惜命短，在904年病死了。

朱瑾战败后，他的妻子被朱温俘获。朱温见她颇有姿色，想纳她为妾，与张惠商议。张惠说："我去与她谈谈，她如果愿意，自然可以；她如果不愿意，你也别强求。"

张惠去见朱瑾妻子，朱瑾妻子跪拜行礼，张惠以平等礼节回礼。两人以姐妹相称，推心置腹谈了半天，朱瑾妻表示不想再嫁，而愿意出家为尼。张惠尊重她的意见，为她选择了一座好的寺院，亲自送她在寺院安身，日后经常去看望她，给予她许多资助。朱温惧怕妻子，无可奈何。

张惠不仅善良贤惠，而且明达事理，遇事很有主见。朱温有事难以决断时，常常询问妻子的意见。张惠总是分析得有条有理，提的意见切中要害，使朱温茅塞顿开。朱温对这位贤妻更加敬佩，几乎对她言听计从。

有一次，朱温率军出征，走到半路，忽然一匹快马从后面追来。来人对朱温说，夫人经过考虑，认为此次出征不利，让他迅速回军。朱温一听，毫不犹豫，立刻掉转马头，下令撤军了。

朱温是大奸之人，却有一位贤良的妻子，真是大幸；不幸的是，张惠寿命不长。904年，张惠病重去世。当时，朱温在外领兵作战，听到贤妻病重的消息，顾不上打仗，立即撤军返回。朱温遍寻名医，用尽各种办法，依然没有留住贤妻的性命。

有的史料记载，张惠在临终前，对朱温说："你有建立霸业的大志，我没法阻止你。但上台容易下台难，希望你三思而后行。特别是，你要牢牢记住四个字，就是戒杀远色。"

后人称赞张惠，说她以柔婉之德，制豺虎之心，不亦贤乎！

贤良的张惠死了，再也没有人能够约束具有豺虎之心的朱温。朱温更加荒淫暴虐，他连杀唐朝两个皇帝，篡夺了大唐江山，大肆祸乱天下。

连杀两帝建后梁

黄巢起义之后，唐朝名存实亡，各节度使相互攻打，朱温势力逐渐增强。朱温怀有豺虎之心，连杀唐朝两个皇帝，废唐自立，建立了后梁。

朱温降唐以后，被任命为金吾卫大将军，皇帝还赐名朱全忠。朱温很高兴，卖力地镇压黄巢起义军。起义军溃散时，许多人投靠了朱温，使他的力量大增。

黄巢起义终被镇压，朱温因功升任汴州刺史，兼任宣武军节度使，管辖河南东部、山东西部和安徽北部大片地区，成了实力强大的藩镇之一。朱温扬扬得意，滋生了更大的野心。

王仙芝和黄巢起义，长达十年之久，摧垮了唐朝的统治。起义被平息后，各节度使拥兵自重，相互攻打，抢占地盘。朱温野心勃勃，依仗强大实力，开始与其他节度使进行混战。朱温先后灭掉秦宗权、朱瑄、朱瑾等地方势力，占据蔡州、郓州、兖州等大片土地，还占领了东都洛阳，一跃成为最大的藩镇势力。

888年，唐僖宗病死，他的弟弟李晔继位，是为唐昭宗。唐昭宗当时二十二岁，他神气雄俊，励精图治，很想有一番作为。唐昭宗知道，唐朝当时存在两大顽症，一是宦官专权，二是藩镇割据。

唐昭宗首先解决宦官专权问题。他经过一系列准备，果断出击，一举铲除了宦官杨复恭势力，夺回了长期由宦官控制的禁军兵权。事实表明，宦官专权，主要是皇帝信赖或者无能造成的，只要皇帝贤能强硬，宦官是成不了气候的。正像唐宪宗说的那样，"宦官，不过奴才而已，不管给他们多大权力，只要想灭了他们，就像拔掉一根毫毛那么容易"。

唐昭宗轻松灭掉宦官势力，信心大增，他又想着手解决藩镇割据问题。唐昭宗知道，藩镇手中有兵，远非宦官可比，必须建立一支由朝廷直接指挥的武装力量。于是，唐昭宗下令，招兵买马，扩大中央禁军，在不长的时间内，得到十万之众。

朱温老奸巨猾，知道唐昭宗有削藩之意，他当时最忌惮的，是河东节度使李克用。李克用是沙陀族人，英勇善战，占据山西一带。朱温联合几个节度使，一齐给皇帝上书，说李克用是夷族，历来对唐室不忠，日后必为大患，他们愿意出兵，帮助朝廷平定山西。

唐昭宗见了奏章，正中下怀，立即部署攻打李克用。不料，朱温等人只是象征性地出了一点兵。刚组建的十万禁军未经训练，属于乌合之众，在虎狼之师的李克用军队面前不堪一击，结果一败涂地，几乎全军覆没。唐昭宗失去了唯一的资本，从此厄运连连，丝毫不能有所作为了。

895 年，陇右节度使李茂贞竟然打进长安，杀死唐朝宗室十一个王，唐昭宗被迫逃亡。堂堂皇帝，如同丧家犬一般，他先是被华州刺史韩建软禁三年，后又落到李茂贞手里。唐昭宗寄人篱下，吃尽万般苦头。

903 年，朱温率兵西进，打败李茂贞，把唐昭宗抢到自己手里。朱温的势力在东部，便宣布迁都洛阳。唐昭宗没有办法，只好跟着朱温去了洛阳。唐昭宗为了感谢朱温，任命他为太尉兼中书令，晋爵为梁王，并赐予他"回天再造竭忠守正功臣"的荣誉称号。

朱温把唐昭宗抢到手，起初是想"挟天子以令诸侯"。为了控制唐昭宗，朱温下令，把唐昭宗身边的侍从、宦官、宫女一律杀掉，共二百多人，然后，全部换成自己的亲信。唐昭宗左右看看，一个人也不认识，这才明白，自己真的成了"寡人"了。

后来，朱温发现，天子的金字招牌根本不管用，而且唐昭宗精明能干，不是平庸之辈。朱温时常外出打仗，总是担心唐昭宗趁机搞出点事情来。唐昭宗虽然是虎落平川，但皇帝的影响力还是有的。朱温思来想去，下了狠心，干脆除掉他，以绝后患。

904 年八月十一日深夜，朱温的心腹将领蒋玄晖、史太率领百余名士兵，闯入唐昭宗寝殿。此时，唐昭宗的侍卫早就换成朱温的人了，自然不加阻拦，只有一名妃子，不惧生死，挡住去路，被史太一刀砍了。

众人冲进内室，唐昭宗听见动静，情知不妙，赶紧起身。侍寝的妃子李渐荣，挺身迎到门外，见众人手执兵器，凶神恶煞一般，急呼："宁可杀了我们，也不要伤害皇帝。"话音未落，也被一刀砍死，倒在血泊之中。在皇帝危难之际，唯有两名妃子舍身阻拦，令人悲叹！

唐昭宗已经起身，只穿着单衣，见众人冲了进来，只好绕着柱子奔跑躲避，那能管什么用呢？史太飞步向前，一刀将唐昭宗砍死。唐昭宗死时三十八岁。可怜唐昭宗空有满腔抱负，但唐朝大厦已倾，他无力回天。

朱温杀了唐昭宗，干脆一不做二不休，将跟随唐昭宗的三十多名朝臣绑赴白马驿，全部诛杀，将尸体抛入黄河，史称"白马驿之祸"。至此，唐朝实际上已经亡国了。

朱温为了掩人耳目，立了唐昭宗第九子李柷当傀儡皇帝。李柷只有十三岁，根本就是个摆设。此后，朱温可以放心地领兵出战了。

朱温原打算统一天下之后，再登基称帝。可是，此时天下大乱，群雄四起，有的势力还挺大，特别是李克用是朱温的大敌。朱温经过几年战争，成效不大，有时还吃败仗，眼见统一天下遥遥无期，他等得不耐烦了，决定及早称帝。

朱温的手下对此反应不一，许多人并不同意，认为这样做，必会成为众矢之的。他的亲信蒋玄晖、柳璨等人，都表示反对。朱温恼怒，把蒋玄晖、柳璨杀了，众人这才不敢吭声了。

907 年四月，朱温登基称帝，建国号为"梁"。史学界为了与南朝梁相区别，称之为后梁。朱温把汴州改为开封府，定为东都，以洛阳为西都。那个傀儡皇帝李柷，当然就被杀掉了。

《新五代史》记载，在朱温举行登基大典的时候，他的大哥朱全昱对他说："朱三，你就是砀山的一个老百姓，天子让你当了节度使，有什么地方对不起你？你却灭他唐家三百年社稷，我看你将来会灭族。"朱温听了，很不高兴。后来，朱全昱不愿意住在京城，仍然回砀山居住。

朱温连杀唐朝两个皇帝，篡夺了唐朝江山，他觉得再叫朱全忠这个名字，心里特别别扭，于是改为朱晃。

后梁政权不稳固

朱温虽然建立了后梁政权，但很不稳固。当时天下大乱，割据势力众多，后梁只占据黄河中下游地区，周围全是敌人。后梁内部矛盾丛生，许多人同床异梦。尤其是朱温不讲仁德，专横暴戾，荒淫无耻。这样的政权，必然不会长久。

朱温虽是大奸之人，却也并非一无是处。据《旧五代史》记载，当时由于战乱不断，百姓的赋税徭役很重，不少人负担不起，不得已逃离家乡，致使大量农田荒芜，对农业生产造成极大破坏。朱温建立后梁以后，重视农业生产，奖励农耕，减轻租赋，还将耕牛租借给农民使用，采取了一系列扶持农业的政策，使黄河中下游地区的农业有所恢复。

在处理军队与地方政府关系方面，朱温做得也不错。在战争年代，历来拳头硬的是老大，时常发生军队欺压地方官员的事情。朱温下了一道命令：将领不管军阶多高，在政务方面，一概听从地方官员的安排，违者砍头。这样，军队不敢蛮横，地方上自然也不敢怠慢大兵，军地纠纷大为减少。

朱温治军严暴，他曾经规定，只要军官阵亡，他属下的士兵一律斩首。这样做，虽然有效地保护了军官，但也有很大的副作用，只要军官阵亡，他属下的士兵害怕斩首，就一哄而散了。为了解决这个问题，朱温竟然在每个士兵脸上刺字，便于逃跑后抓获。可是，士兵们逃散后，不敢回家乡，就啸聚山林，当强盗去了。后来，朱温也觉得这个办法不行，他称帝后，就把军官阵亡斩杀士兵的规定取消了，对脸上刺字的人也不抓获，使强盗减少了十之七八。

朱温喜怒无常，别人很难琢磨他的心思。对他不顺从固然不行，对他随声附和也不行，让人无所适从。有一天，朱温和一些幕僚坐在一棵柳树下闲聊。朱温说："这棵树很好，可以用来做车毂。"在场的人大多数不吭声，有几个新来的幕僚起身说："陛下说得对，这树应该做车毂。"

朱温听了，陡然变色，怒骂道："车毂都是用坚硬的榆木制作的，哪里有用柳木的？你们竟敢糊弄老子，拖出去斩了！"

这几个幕僚，稀里糊涂地送了性命。在朱温称帝时期，朝堂上都是静悄悄的，谁都不肯多说一句话，唯恐惹祸上身，只听朱温一人发号施令。

后梁是五代时期第一个政权，也是五代中面积最小的。它的疆域，大体上西至关中，东到大海，南抵淮河，往北基本只到黄河，而且疆界很不稳定，战乱频繁，时常变化。后梁的周围，全是敌人，西边有李茂贞，北边有李克用、刘仁恭，南边有王建、杨行密。而在长江以南，更有十几个割据政权。后梁与周边敌对势力，经常发生战争，互有胜负。对后梁威胁最大的，是占据山西的晋王李克用。

李克用骁勇异常，被称为"飞虎子"，他率领的沙陀兵勇猛善战，战斗力很强。朱温很忌惮李克用，早就想设计除掉他，在"上源驿事件"中差点要了他的命，因而双方结下了深仇大恨。所以，李克用是朱温的头号大敌。

朱温篡唐建梁后，果然成为众矢之的，各地纷纷声讨。李克用继续沿用唐朝年号，表示忠于唐朝，与后梁势不两立。好在李克用在朱温称帝的当年，就得了重病，第二年去世了。朱温十分高兴，觉得是老天爷在帮助他。

朱温高兴了没几天，就发现高兴得太早了。李克用的儿子李存勖，继承了晋王之位，比他老子还厉害。李存勖不仅骁勇善战，而且长于谋略，智勇双全，仍然是朱温的大敌。

在李克用患病期间，朱温趁机攻打潞州，企图打开进攻太原的通道。可是，梁军围城多日，久攻不克。这时，传来李克用病亡的消息，朱温顿时松了一口气，梁军也松懈下来。

然而，朱温没有想到，李存勖算准了梁军此时必然松懈，他先不忙于治丧，而是亲率大军，直扑潞州。梁军果然没有防备，被打得一败涂地，万余人被杀，丢弃的粮食、军械堆积如山，连梁军统帅符道昭也死于乱军之中。

　　此役李存勖大获全胜，不仅解了潞州之围，而且占领夹寨，直接威胁后梁的河南地区。朱温感叹说："李克用真是生了个好儿子，我的儿子都是猪狗。"

　　后梁外有强敌，内部也不稳定。朱温残暴，听信谗言，任意诛杀手下大将王重师，并诛灭全族。朱温的暴行，激起将领刘知俊的义愤，遂在同州举兵造反，与李茂贞联合，共同反梁。义武节度使王处直、成德节度使王镕，也投靠了李存勖。后梁内部接连发生变故，造成矛盾激化，政局不稳，极大地削弱了实力。

　　面对这内忧外患的局面，朱温丝毫不知收敛。他一面大肆杀戮，靠杀人立威；一面大肆淫乱。

　　殊不知，杀戮和淫乱，这两条都是取死之道。果然，朱温只当了五年皇帝，就被亲生儿子杀死了。

扒灰皇帝终被儿杀

朱温是历史上有名的扒灰皇帝。扒灰，是指公公与儿媳发生不正当性关系，历来为人们所不齿。

有史料说，朱温的贤妻张惠，在临终前告诫他，一定要牢记"戒杀远色"这四个字。张惠是把朱温看透了，朱温最重要的恶行，就是滥杀和淫乱。张惠的临终遗言，可以说是一针见血，切中要害，可是，朱温并不听从。

朱温的滥杀是历史上罕见的。据《旧五代史》记载，895年，朱温与郓州节度使朱瑄争抢地盘，进行混战，在战斗中，抓了三千多俘虏。朱温想把俘虏全杀掉，恰巧刮起一阵狂风，朱温借机说："这是上天诏示我们，这些人不能留。"于是下令，把三千多俘虏全杀了。

903年，朱温攻打青州博昌（今山东博兴）。城中顽强抵抗，一个多月才被攻破。朱温恼怒，下令屠城，城中居民被屠杀殆尽，尸体被扔进清河，河水因之断流。

朱温不仅滥杀俘虏和平民，对部下也任意杀戮，有时因为一点小事，就大开杀戒。有一次，朱温检阅部队，见将军邓季筠、何令稠、陈令勋的马瘦，十分生气，下令将三人斩首。

朱温还妒贤嫉能，猜忌心很强。他借各种罪名，诛杀了将领李重允、李谠、氏叔琮、李思安等人。养子朱友恭屡立战功，受到猜忌，也被朱温杀了。如果不是张惠相救，长子朱友裕恐怕照样难逃厄运。

朱温的淫乱，也是历史上出了名的。朱温出身流氓，性情暴躁，整日纵欲淫乱。宫中美女无数，朱温仍不满足，听说哪个大臣的妻子、女儿漂亮，就召进宫中。魏王张全义，既是朝廷重臣，又是朱温的亲家，朱温照样不放过。

有一次，朱温外出巡视，在张全义家住了几天。朱温兽性大发，将张全义的女儿、媳妇全部奸污。张全义的一个女儿，嫁给了朱温五子朱友璋，也不能幸免。张全义的儿子们气愤难忍，想要杀死朱温，被张全义苦苦劝阻。

朱温有一个令人不齿和痛恨的嗜好，就是喜欢奸淫自己的儿媳妇，无论是养子的妻子，还是亲生儿子的妻子，朱温统统不放过。朱温经常召儿媳妇轮流侍寝，如同禽兽一般，甚至还不如禽兽。

更可气的是，朱温的儿子们毫不知耻，他们为了争宠或者争夺太子之位，甘愿献出自己的妻子。他们鼓励自己的妻子，向朱温献媚邀宠，或者利用侍寝的机会，在枕边打探消息，真是令人不可思议。

在众多儿媳当中，最受朱温宠爱的，是养子朱友文的妻子王氏，其次是次子朱友珪的妻子张氏。

朱友珪的小名叫遥喜，母亲是妓女。朱友珪大概继承了母亲的基因，狡诈多智，没有廉耻心，野心倒不小。朱温长子朱友裕病死后，朱友珪认为，按顺序该由他当太子了，于是加紧活动。朱友珪最大的筹码，就是美貌的妻子张氏，便让张氏日夜服侍朱温，帮他谋取太子之位。然而，朱友珪发现，朱温更喜欢养子朱友文的妻子王氏。

朱温养子很多，朱友文是其中之一。朱友文原名康勤，因能说会道，被朱温喜爱，收为养子。朱温特别喜爱朱友文的妻子王氏，王氏美丽妖娆，善解人意，特别迷人。朱温爱如至宝，日夜不离身边，就像他的妃子一样。王氏使出浑身解数，把朱温迷得神魂颠倒。朱温盘算着，要立朱友文为太子，继承皇位。朱温不把皇位传给亲生儿子，而要传给养子，真够奇葩的。

912 年，朱温患了重病，感觉情况不好，对在身边服侍的王氏说："朕看在你的面子上，决定立友文当太子，继承大统。现把传国宝物交给你，你赶快去洛阳，把友文叫回来。"王氏心中大喜，乐滋滋地携带国宝，赶紧去了洛阳。

朱温知道朱友珪有谋取太子之心，怕他作乱，于是召来宰相敬翔，说："朱友珪不能留在朝中了，让他去当莱州刺史吧。你催促他赶快上任。"朱友珪当时在朝中任左右控鹤都指挥使,掌握部分禁军兵权。

朱友珪的妻子张氏,也日夜侍候朱温,很快知道了此事,不由得大吃一惊,赶紧找到朱友珪,着急地说:"王氏带着国宝去了洛阳,朱友文很快就要回来继位了,你快想想办法吧!"朱友珪又惊又恼,与张氏抱头大哭。

这时,朱友珪又接到皇帝任他为莱州刺史、即刻上任的命令。朱温当朝,凡是被贬的官员,都没有好下场。张氏吓白了脸,哭泣着说:"我们就要大祸临头了!"

朱友珪停止了哭泣,擦干眼泪,咬牙切齿地说:"老东西不仁,别怪我不义。"朱友珪决定使用武力,做拼死抗争。

朱友珪换了身衣服,悄悄来到军营,与冯廷谔、韩勍等亲信商议。由于朱温残暴不仁,荒淫无耻,早就失去人心,几个人一致同意,并认为出其不意,必能成功。

当天夜里,朱友珪带领五百士兵,闯进皇宫。侍卫猝不及防,有的被杀,有的逃散。朱友珪对父亲的寝宫很熟悉,带兵直闯入内。

朱温听动静不对劲,急唤侍卫,可侍卫非死即逃,没有一个人前来。随着一阵急促的脚步声,朱友珪一伙冲到朱温面前。

朱温见儿子带兵前来,一个个手执兵器,横眉竖目,马上就明白了,怒骂道:"你这个贼小子,竟敢弑父!朕后悔没早点杀了你。"

朱友珪咬着牙说:"这都是你逼的。"他一挥手,亲信冯廷谔挺剑向前,刺向朱温。朱温无奈,也像唐昭宗那样,绕着柱子跑。冯廷谔连刺三剑,都击在柱子上。朱温跑不动了,扑倒在床上,冯廷谔一剑刺中他的腹部,鲜血流了一地。朱温大叫一声,气绝身亡。时年六十一岁。

朱友珪杀死父亲,又令人赶到洛阳,杀掉朱友文和王氏。然后,把弑君之罪安到朱友文头上,伪造朱温遗诏,自己继位称帝。

朱温多行不义,固然该死,然而,朱友珪弑父夺位,也非正义。那么,他的皇位能坐久吗?

为夺皇位弟杀兄

912 年六月二十二日，当了五年皇帝的朱温，由于多行不义，被儿子朱友珪杀死。朱友珪随即登位，成为后梁第二任皇帝。可是，朱友珪只过了半年多的皇帝瘾，就被弟弟朱友贞杀死了。

朱友珪杀死父亲朱温以后，把尸体用蚊帐被褥包裹起来，藏在寝宫内。朱友珪派兵守护寝宫，宣称朱温有病，不准任何人进去。在这期间，朱友珪紧锣密鼓地做了很多工作，主要是派人杀掉朱友文，伪造朱温遗诏，还拿出大量钱财，贿赂大臣，赏赐军士。

四天之后，朱友珪做好了一切准备，便宣布皇帝驾崩，同时宣读伪造的遗诏。遗诏说："朕艰苦创业三十余年，终成帝业。不料朱友文图谋不轨，深夜带兵入宫，把朕刺伤。多亏朱友珪忠孝，领兵剿贼，立有大功。朕病体严重，特令朱友珪主持军国大事。"

朱友珪这颠倒黑白的做法，很难令人信服，但许多大臣收受了朱友珪的贿赂，并不吭声；一些心存怀疑的人没有证据，又见朱友珪已做好兵力部署，也只得顺从。于是，朱友珪顺利登基当上了皇帝。

朱友珪称帝后，赏赐百官，大封功臣，冯廷谔、韩勍等人都得到提升重用。朱友珪任命弟弟朱友贞为东都留守、开封尹，敬翔仍为宰相。朱友珪想封朱温养子朱友谦为中书令，朱友谦却坚辞不就。

朱友珪登基不久，他弑父罪行不胫而走，天下议论纷纷，尤其是跟随朱温打天下的一些老将，心中愤愤不平。再加上朱友珪无德无才，骄奢放纵，荒淫无度，不体恤百姓，造成人心离散，民怨四起。怀州龙骧军三千人发动兵变，挟持将领刘重霸，声言讨贼。

朱友谦闻知朱友珪弑父夺位，大逆不道，一怒之下，投降了晋王李存勖。朱友珪派五万兵马前去讨伐，李存勖出兵相助，把梁军打得大败而归。

担任开封尹的朱友贞，见朱友珪犯下弥天大罪，失去人心，便想趁机夺取皇位。朱友贞是朱温第三子，是张惠唯一的儿子。他容貌俊美，沉稳寡言，爱好儒学，喜欢结交儒士，口碑较好。

朱友贞与姐夫赵岩关系密切，赵岩掌握着禁军，于是，朱友贞先同他商议。赵岩十分赞同，并出主意说，应该联络老将杨师厚，有他的支持，可保万无一失。杨师厚是跟随朱温打天下的开国功臣，有很高的威望，此时担任魏博节度使，手握重兵。

朱友贞立即写了一封书信，派亲信马慎交秘密去见杨师厚。马慎交是燕地人，素有胆识。他对杨师厚说："朱友珪弑父篡位，又在宫中淫乱，早已人心背离。朱友贞宅心仁厚，众望所归。您如果能促成大事，便有辅君立帝的大功，青史留名。"

杨师厚本来对朱友珪弑父十分愤恨，但此时却有点犹豫，说："朱友珪弑君篡位的时候，我一时糊涂，没有立即讨伐。如今君臣名分已定，再有动作，别人会不会说我背叛君主呢？"

马慎交义正词严地说："朱友珪作为儿子，却谋杀父亲，这是大逆不道；朱友贞决心讨伐元凶，为父报仇，这是天经地义，名正言顺，有什么可犹豫的？再说，朱友贞兴正义之师，必定成功，到那时，您将怎样立身处世呢？"

杨师厚猛然醒悟，说："老夫愚钝，几乎误了大事！"杨师厚立即派出亲信，跟着马慎交到了开封，与朱友贞等人密商大事。有杨师厚这位实力派人物支持，朱友贞信心大增，觉得可以稳操胜券了。

与此同时，赵岩也在禁军中开展行动，他将计划告诉了亲信袁象先，征求他的意见。袁象先是禁军将领，也是朱温的外甥，他对朱友珪十分痛恨，发下誓言，决心手刃逆贼。赵岩、袁象先又分头联络了许多禁军将领，做好了一切准备。

913年二月，赵岩、袁象先聚集数千禁军士兵，突然发难，攻打皇宫。杨师厚命将领朱汉宾率一支兵马，在城外策应，以防万一。

禁军本来是负责保卫京城和皇宫的，对宫中情况十分熟悉，不大一会儿，就顺利冲进皇宫。袁象先手舞大刀，高声呐喊，身先士卒，冲在最前边。禁军士兵们个个奋勇当先，锐不可当。

朱友珪称帝后，认为大局已定，根本没想到禁军会造反，没做任何防备，见突发事变，顿时慌了手脚。朱友珪拉起张氏，撒腿就往外跑。可是，宫门已被禁军占据，无路可逃。四面都是喊杀声，特别是"诛杀弑父逆贼"的高呼声，字字刺耳。朱友珪就像没头的苍蝇一样，到处乱撞。侍卫们全都溃散逃命去了，朱友珪身边，只剩下一个冯廷谔。

最后，朱友珪几个人逃到北城墙下，高高的城墙挡住去路，后面喊杀声越来越近。朱友珪心里明白，今天就是他的末日。朱友珪不愿死在禁军手里，他拔出宝剑，想要自杀，可手直哆嗦，没有半点力气，自杀不成。

朱友珪把宝剑递给冯廷谔，令他杀死自己和张氏。冯廷谔跪倒在地，大哭不肯。朱友珪气急败坏，声嘶力竭地大喊："你难道想让朕死在乱刀之下吗？"

冯廷谔心里也明白，已经没有活路了，今天非死不可。冯廷谔无奈，只好狠狠心，闭着眼睛，一剑刺进朱友珪的胸膛，再一剑，张氏也倒在血泊之中。随后，冯廷谔把宝剑放在自己脖子上，横剑一拉，登时倒地身亡。朱友珪死时二十九岁。

朱友贞诛灭逆贼，大得人心，在众臣拥戴下，登基当了皇帝。朱友贞随即下发诏书，废朱友珪为庶人，同时恢复朱友文的官职和爵位。

朱友贞是后梁第三任皇帝，也是末代皇帝。后梁如此动乱，自然离灭亡不远了。

后唐灭掉后梁

913 年，朱友贞发动禁军兵变，诛杀朱友珪，夺取了皇位。后梁经过内部动乱，更加衰败；宿敌李存勖，却事业兴旺，日益强盛。朱友贞苦苦支撑了十年，终于被后唐灭掉。

朱友贞虽然一心想振兴后梁，可他缺乏治国才能，特别是不会用人。朱友贞所信任的，只有姐夫赵岩，以及内弟张汉鼎、张汉杰、张汉伦、张汉融等人，是一个小圈子。老臣敬翔、李振等人，虽居高位，却形同虚设，不能发挥作用。赵岩和张氏兄弟德薄才寡，恃宠骄横，把持朝廷，卖官鬻爵，致使朝廷人心涣散。

后梁几次发生武力夺取皇位事件，其他皇子也心怀异志，蠢蠢欲动。朱友贞登基不久，他的弟弟朱友孜就派遣刺客，深夜潜入皇宫，意图行刺，却没有成功。朱友贞大怒，斩杀朱友孜。朱友孜死时年仅二十一岁。

从此，朱友贞时刻担心宗室作乱，对他的兄弟们严加防范。后来，朱友贞又以谋反罪处死了六弟朱友雍、七弟朱友徽，只剩下五弟朱友璋了。后梁灭亡时，朱友贞和朱友璋也死了，朱温的儿子们一个不剩。

不仅如此，朱友贞还杀掉了大伯朱全昱的三个被封王的儿子朱友谅、朱友能、朱友诲。朱全昱担心被灭族的事情，终于发生了，不过主要是自己人干的。

朱友贞不仅忌惮宗室，对大臣尤其是藩镇势力，更是猜忌。魏博节度使杨师厚管辖六州，人多地广，兵精粮足，朱友贞十分担心。但杨师厚是开国功臣，又为朱友贞登位立过大功，朱友贞对他无可奈何。

915 年，杨师厚病逝。朱友贞大喜，认为时机已到，立即下令，将魏博分割为魏博、昭德两镇，并调平卢军节度使贺德伦去当魏博节度使，意图削弱藩镇势力。

不料，此举引起魏博将士极大不满。他们议论纷纷，说："我魏博六州，历来都是一个整体，军中父子亲戚相连。朝廷因为魏博强盛，所以设法残害。"

这些议论，引起魏博军民共鸣，于是爆发了兵变，不少士兵纵火抢劫，还劫持了节度使贺德伦。魏博距离山西不远，他们见后梁日渐混乱，而晋王却是蒸蒸日上，干脆归降了晋王。李存勖大喜过望，立即出兵，占领并统治了魏博六州。后梁丧失了一大块地盘。

朱友贞恼羞成怒，令王彦章、谢彦章等人，率军攻击晋王。王彦章是后梁名将，有胆有识，谢彦章也是勇猛过人。朱友贞为了泄恨，几乎动用了后梁军队全部精锐，兵力强大，似乎志在必得。

李存勖打仗很有一套，他并不与梁军正面硬碰，而是退居太原，凭坚据守。梁军将太原城包围，连续攻打。可是，李存勖早有准备，梁军久攻不下，而且死伤惨重。

梁军包围太原城，几个月不能攻克，军力疲惫，斗志消沉，伤亡日渐严重，粮草也供应不及时，无奈只好撤兵了。李存勖等的就是这个机会，他亲自率军追击。梁军只顾逃跑，毫无招架之力，被打得一败涂地。李存勖大军马不停蹄，接连攻占卫州、磁州、相州、洺州、邢州等地。后梁又丧失许多地盘，从此一蹶不振。李存勖控制了山西全境和河北部分地区，实力大增。

917 年，李存勖领兵东进，一举攻占黄河重要渡口杨刘，后梁门户大开。

918 年，李存勖调集河东、魏博、幽州、横海、义武等镇军队，大举攻击后梁。晋军沿黄河东进，攻占濮州。朱友贞急令谢彦章、贺瑰率军抵御。

在这危急时刻，后梁竟然还在搞窝里斗。贺瑰因私怨袭杀谢彦章，自相火并。李存勖趁机发动进攻，在胡柳陂展开大战，杀死杀伤梁军近三万人，重创梁军主力。京城开封震动，进入戒严状态。晋军伤亡也很大，李存勖觉得攻击开封没有获胜把握，暂且率军回去了。

此后，李存勖多次攻打后梁，总是胜多败少，沉重打击了后梁势力。后梁的河中、忠武、同州等地，都被李存勖夺去。

923年，李存勖在魏州（今河北大名）称帝，建立后唐政权，是为唐庄宗。

李存勖称帝后，随即展开对后梁的总攻。李存勖出其不意，冒雨渡河，一举袭破郓州。郓州是开封东大门，直接威胁京师。朱友贞惊慌失措，急令王彦章领兵抵挡。王彦章虽是名将，此时也无能为力了，兵败被俘。王彦章算是后梁的忠臣，宁死不降，慷慨赴死。

李存勖占领郓州后，令军队丢掉辎重，轻装上阵，向西疾行，奇袭开封。后唐军队只用五天时间，就兵临开封城下。朱友贞急得像热锅上的蚂蚁，赶紧向大臣们问策。群臣皆面面相觑，拿不出办法。

宰相敬翔痛哭流涕，说："我受先帝厚恩，已有三十余年。老臣本想尽忠侍奉陛下，无奈陛下不听臣言。老臣名为朝廷宰相，实乃奴才。如今大难临头，即使张良、陈平再生，也无能为力了。我只希望陛下能先赐死老臣，不要让老臣看到国家灭亡。"

面对敬翔的哭诉，朱友贞感到内疚和后悔，但已经晚了。君臣二人相对恸哭不止。敬翔也是后梁的忠臣，后梁灭亡时，他不肯投降后唐，自己上吊死了。

宰相郑珏建议，让朱友贞携带传国玉玺，到唐营诈降，再寻机解救国难。可是，宫中早已混乱不堪，传国玉玺不知被谁偷去了。

有大臣建议，让朱友贞弃城外逃。朱友贞心里明白，国灭在即，逃出去必会成为孤家寡人，吃尽苦头，没有人再忠于他了。朱友贞走投无路，决定以身殉国。

后唐军队四面包围开封，奋力攻打，开封城即将沦陷。朱友贞上了建国楼，学着朱友珪的样子，把宝剑递给侍卫皇甫麟，让他杀了自己。皇甫麟也是大哭不肯。

朱友贞平静地说："梁晋是世仇，你想让朕落到仇人手里受辱吗？"皇甫麟万般无奈，只好杀死朱友贞，然后自杀。

李存勖攻入开封，听说朱友贞自尽，怅然而叹，说："敌惠敌怨，不在后嗣。唐梁之间的一切仇怨，皆归于朱温。朕与梁主对阵十年，可惜不能生见其面。"

就这样，后梁被后唐灭掉了。后梁从 907 年建立，到 923 年灭亡，只有十六年时间，而且三任皇帝，皆死于非命。

婚礼上夺岳父大权

五代时期，天下大乱，军阀混战，礼乐崩坏，没有王法。朱瑾是五代时期名将，但他起家有点不仗义。朱瑾利用结婚时机，出其不意，向岳父下手，夺了他的大权，成为割据一方的军阀。

朱瑾，安徽砀山人，与朱温同族。朱瑾的堂兄朱瑄，担任郓州节度使，割据一方。朱瑾很羡慕堂兄有兵有势，做个土皇帝。

朱瑾当时在朱瑄帐下为将，他雄壮威猛，胆量过人，也有计谋。兖州节度使齐克让为了与朱瑄交好，要将女儿嫁给朱瑾。齐克让的算盘打得很好，女儿与朱瑾成婚后，他既得一快婿，又得一猛将，心里美滋滋的。

朱瑾却有自己的算盘，心里打起了鬼主意。迎亲那天，朱瑾挑选了一些精壮士兵，充当轿夫和迎亲人员，把兵器藏在轿子里，一行人吹吹打打，奏着乐曲去了兖州。

兖州城内，披红挂绿，一派喜庆。齐克让带领手下诸将，身穿礼服，兴高采烈地迎接朱瑾，并大摆宴席，款待贵宾。

齐克让做梦也没有想到，众人正在畅饮之时，朱瑾等人却突然发难，亮出兵器，将齐克让及其亲信们一举擒获。

朱瑾软硬兼施，逼着齐克让交出兵权。齐克让追悔莫及，无可奈何，为了活命，只得照办。从此，朱瑾当上兖州节度使，称霸一方，与堂兄朱瑄平起平坐了。当时朝廷已经名存实亡，全凭实力说话，谁也拿他没办法。至于齐克让和他女儿的情况如何，史书没有记载，大概齐克让仍然当朱瑾的老丈人。

朱温当时是宣武军节度使，他与朱瑄、朱瑾兄弟既是同乡，又是同族，关系不错。朱温在与蔡州军阀秦宗权的争斗中屡遭失败，丢失汝、洛、孟、许、郑等州。朱温向朱瑄、朱瑾求救，二人率兵相助，三人同心协力，消灭了秦宗权。朱温为了表示感谢，给二人送上厚礼。

朱温消灭了许多割据势力，占领了大片地盘，实力迅速增强。为了争夺天下，朱温不顾同族情义，开始对朱瑾下手了，企图占据兖州。

895 年，朱温大军进攻兖州。朱瑾不是等闲之辈，顽强抵御。朱温久攻不克，只好在城外挖掘堑壕，企图长期围困。与此同时，朱温发兵攻打齐州，齐州刺史朱琼也是朱瑾的堂兄，齐州兵少将寡，朱琼便献城投降了。

郓州的朱瑄听说兖州被围，急忙派将领贺瑰、何怀宝率兵来救。不料，朱温早有防备，设下计策，大败援军，生擒贺瑰、何怀宝。朱温捆着二人，到城下对朱瑾喊话，说："你哥哥的援军已败，没有希望了，赶快投降吧。"朱琼也在城下劝降。

朱瑾对朱温说："我可以考虑投降。你让我堂兄上来，我们哥俩有私话要说。"朱瑾从城上放下大筐，朱琼坐进去，被拉到城头上。朱琼刚上城头，还未说话，朱瑾怒目而斥，一刀砍掉了他的头颅。朱瑾把朱琼的头颅扔到城外，对着朱温大骂不止。朱瑾痛恨朱温忘恩负义，宁死不降。朱温大怒，喝令攻城，结果损兵折将，仍不能攻克。

朱温见兖州久攻不下，便转身去打郓州。朱瑾见朱温撤兵，赶紧带兵到丰、沛一带征集军粮，留下将领康怀义镇守兖州。

朱温攻打郓州大造声势，喊杀声惊天动地。朱瑄的才能不及朱瑾，吓得弃城逃跑，结果被俘身死。

朱温占领郓州后，得知兖州空虚，立即回师奔袭。康怀义恐惧，献城投降了。朱瑾闻讯，急忙回师救援，却被朱温打败，家眷也被俘虏。朱瑾无奈，只好逃奔淮南，投靠了淮南节度使杨行密。郓州、兖州皆落入朱温之手。

杨行密后来建立吴国，是南吴开国之君，有"十国第一人"之称。杨行密很器重朱瑾，授予他兵权。从此，朱瑾率领吴国军队，多次北上攻击朱温，成为后梁的大敌。

杨行密死后，长子杨渥继承王位，在位两年毫无政绩。次子杨隆演继位后宠信徐温、徐知训父子，朱瑾与徐温父子产生了尖锐矛盾。

918 年，朱瑾与徐温父子火并，杀死了徐知训。徐温掌握兵权，调兵围攻朱瑾。朱瑾被团团包围，无法脱身，挥剑自杀，时年五十二岁。

朱瑾靠夺取岳父的大权起家，固然不够光彩，但在乱世之中，他凭借自己的勇气和谋略，称霸一方，并且始终不向势力强大的朱温低头，也算是一位乱世英雄了。

灭族按长幼从容赴死

在封建社会，灭族是一件天大的祸事，无论是谁，都是哭天喊地，凄惨悲哀。然而，喜爱儒学的王师范，在面临灭族大祸时，却从容镇定。他指挥族人，依据礼节，按照老幼尊卑顺序，一个一个地赴死，全族二百余人同埋一穴，丝毫不乱。这可称得上是五代时期一大奇闻。

王师范，唐青州（今山东青州）人，是唐朝大臣王敬武之子。王师范自幼苦读儒学，讲究礼法，有勇有谋，受到人们尊敬。

王师范十六岁时，身为平卢淄青节度使的父亲病逝，士兵们拥立王师范继任。可是，平卢淄青节度使属下的棣州刺史张蟾，却怀有野心，他以王师范年轻为由，要求朝廷另派节度使来。其实，朝廷已经名存实亡，没有任何权威了，张蟾是想自己当节度使。

不料，唐昭宗真的派了一个叫崔安潜的人来当节度使。张蟾只好把崔安潜接到棣州，打算先消灭了王师范再说。

王师范虽然年龄不大，却很有智谋，他检阅部队，犒赏士卒，得到将士们拥护。王师范亲率大军，讨伐棣州，斩杀张蟾，驱逐崔安潜。唐昭宗只好任命王师范为平卢淄青节度使。

王师范喜好儒学，推行仁政，他为人文雅，又有御众之术，治理有方，辖境内民众安居乐业。王师范开置学馆，招纳儒生，推广儒学，学馆藏书达万卷以上。

王师范待人宽厚，礼贤下士，尊重长者。每当家乡的地方官员或长者到来，王师范都亲自迎送，自称"百姓王师范"。有僚佐认为，此举谦恭太过。王师范说："家乡的长者和地方官，是必须要尊敬的，这表示不忘根本。"

王师范宅心仁厚，但执法严明，毫不容情。有一次，他的舅舅酒醉后杀了人，按律当斩。王师范的母亲苦苦求情，愿意倾家荡产，赔偿死者家属，换取弟弟的性命。王师范并没有徇情，仍然把舅舅杀了。他母亲生了气，三年不理他。王师范每天三次跪在母亲屋外，终于使母亲原谅了他。

如果在太平年间，王师范推行儒学，可能会大见成效；可在战乱时期，人们信奉的是实力，朱温就对儒学不屑一顾。朱温凭借实力，不断扩大自己的地盘。王师范不愿意让辖内百姓陷入战火，便与朱温结盟，双方保持友好。

904年，朱温挟持唐昭宗，硬是把都城迁到洛阳。关中军阀李茂贞等人借机攻击朱温，他们伪造唐昭宗密诏，要求各地兴兵讨伐。

王师范接到密诏后，信以为真，大哭说："天子蒙难，做臣子的，自当以死相报，这是大义。"王师范与淮南节度使杨行密结盟，攻打朱温，并杀死了朱温的侄子朱友宁。朱友宁是朱温二哥朱存的儿子，朱存战死后，朱温对侄子朱友宁十分疼爱。王师范杀了朱友宁，种下了日后灭族的祸根。

朱温势力越来越强，他攻占郓、兖二州后，便开始夺取王师范的地盘。王师范顽强抵抗，但终因实力不强，不是朱温军队的对手，只好节节退守，最后只剩下青州了。

此时，王师范的军队尚有十万之众，将士们都要求与朱温决一死战。王师范叹口气说："朱温势大，我们终究不能取胜，再打下去，徒使生灵涂炭，将士们白白搭上性命。"王师范决定向朱温投降。朱温同意了，让亲信李振接管平卢，令王师范全族迁往汴州，以便于监督。

王师范不得已，带领全族二百余人西迁汴州。王师范脱下官服，换上素衣，由骑马改成骑驴，以表示自己只是普通老百姓。王师范家族后来定居洛阳。

907年，朱温篡唐建梁，大封子侄为王。朱友宁的妻子向他哭诉说："陛下化家为国，宗族蒙受荣宠，朱家子弟都被封王，享受荣华富贵。但唯独妾身丈夫遭遇不幸，被王师范杀害。如今，王师范还活着，此仇不报，妾身十分心痛。”

朱温闻言，想起死去的二哥和侄子，又觉得王师范已无用处，便说："幸亏你提醒，朕几乎忘了此贼。"朱温立即下令，派使者即刻去洛阳，诛杀王师范全族。

使者到了洛阳，调集军队，准备行刑。使者让士兵挖了一个大坑，然后把王师范召来，宣读朱温诏令。王师范似乎对此事早有预感，并不惊慌悲伤。王师范向使者提了个要求，由他安排行刑事宜。使者十分惊愕。

王师范摆下宴席，把全族的人都召集起来，按照尊卑老幼次序坐好。在吃饱喝足之后，王师范平静地宣布了朱温灭族的诏令。王师范动情地对大家说："人都有一死，没什么可怕的！今天咱们全族男女老幼一起走，黄泉路上也有照应。咱们全族生生死死都在一起，这也是一大幸事！"

全场的人都愣住了，默默地流下了眼泪，但没有一个人号哭，现场一片寂静。

王师范又说："我们王家是讲礼节的，死后尸体不能长幼无序地散乱着，应该按照尊卑老幼次序排列。现在，请大家按照座次，一个一个地走到坑里去。"

王师范家族二百余人，按照尊卑顺序，一个接着一个走进大坑，引颈受戮。现场仍然一片寂静，没有人哭闹呼喊。

周围的士兵全都被震撼了，不少人手哆嗦着，握不住兵器，许多士兵不由自主地流下了眼泪。

在古今中外灭族悲剧中，像王师范家族这样井然有序、从容赴死的场景，大概是唯一的。

《旧五代史》和《新五代史》都记载了这个事情，虽然已过千年时间，现在读起来，依然令人震撼不已！

忠心无私牛存节

朱温暴虐无道，荒淫无耻，但他能够废唐建梁，当上皇帝，肯定在某些方面有过人之处。朱温的一个长处，是爱惜人才，对有用之人往往越级提拔重用，以至于有些人为了报答知遇之恩，对他十分忠心。后梁名将牛存节，就是其中之一。

牛存节，原名牛礼，山东寿光人。牛礼年轻时，雄健勇敢，精通武艺，胸怀大志，常对人说："眼下是乱世，应该选择明主跟随，以便建功立业。"父亲对他说："朱温虽然脾气不好，但应该是乱世之君。"于是，牛礼投靠了朱温。

朱温当时任宣武军节度使，正在招揽人才，以图大事。朱温见牛礼雄壮有力，十分高兴，随即封了他一个小将职务，并将他的名字，由牛礼改为牛存节，意思是让他心存忠节。朱温肚子里墨水不多，很少给人起名。

牛存节心存感激，从此忠心为朱温效力。在与蔡州秦宗权的战争中，牛存节每次战斗都冲在前头，共斩首二十多级。朱温对他很欣赏，不断提升他的职务，时间不长，牛存节就成了独领一军的将领。

牛存节作战勇猛，身先士卒，奋不顾身，同时爱护士兵，与将士打成一片。有时军饷紧缺，牛存节就拿出自己的钱犒赏兵卒。牛存节得到将士们的拥护，因此他的部队战斗力很强。

888年，河阳节度使张全义，因不肯归附李克用，被晋兵包围，城内粮绝，危在旦夕。张全义曾是黄巢旧将，与朱温相识，便向他求救。

晋兵素以凶悍闻名，朱温手下将领皆面有难色，唯有牛存节不惧，主动请缨。朱温大喜，命牛存节率军去救张全义。牛存节的部队作战也很凶悍，打败晋兵，解了河阳之围。

张全义感恩，归顺了朱温，并与朱温结成了儿女亲家。912年，朱温称帝之后，在张全义家里住了几天，把他的女儿、媳妇全部玷污。张全义的儿子们愤慨，要求手刃淫贼。张全义苦劝道："当年河阳被围，军士以木屑为食，若不是皇上派兵来救，哪有今日？此恩不可忘！"

在攻打郓州、兖州战斗中，牛存节部充当先锋。牛存节身为将军，却亲自背着梯子，带头攻城，又立下大功。

牛存节不仅勇猛，而且还有智谋。兖州节度使朱瑾，地盘被朱温夺去，他便南下投靠了吴国，经常率兵攻打后梁。牛存节奉命抵御朱瑾，使朱瑾很少能占到便宜。

有一次，朱瑾又率军北犯，扬言攻打宿州。诸将都要求迅速增兵宿州，牛存节却说："宿州城池坚固，沟壕深阔，易守难攻。朱瑾是懂得用兵之人，不会碰硬，必定是声东击西，去攻打徐州。"于是，牛存节率军赶往徐州。

牛存节预料得十分准确，朱瑾果然去打徐州。不过，他刚到徐州，就见尘土飞扬，牛存节率大军赶来支援。朱瑾大吃一惊，没敢攻城，无功而返。众将都佩服牛存节，说他能掐会算。

朱温称帝后，升任牛存节为六军马步总指挥使，对他十分信任。在李克用患病期间，朱温趁机攻打潞州。不久李克用病死，朱温和将士们都放松了戒备。不料，李存勖不顾父丧，亲率大军反攻，不仅解了潞州之围，还攻占后梁许多地方，后梁一片紧张。

牛存节当时驻军河南，见情况危急，立即召集众将说："泽州（今山西晋城）是战略要地，晋军必定会去占领。泽州一失，后梁就门户大开，后果十分严重。所以，我们必须赶快增援泽州。"

众将有点犹豫，说："私自进兵，恐怕不妥，还是先奏报皇上吧。"牛存节说："来不及了，等奏报了皇上再出兵，泽州肯定就丢了。军情紧急，我们必须即刻出兵。"牛存节亲率大军，以急行军速度赶往泽州。

李存勖果然要占领泽州，而且已经派人混入城中，联系好内应，只等晋军一到，就开门献城。牛存节率军深夜到达，城中内应还以为是晋军来了呢，于是打开城门，高呼欢迎晋军的口号。牛存节挥兵入城，杀了内应，不顾将士疲劳，连夜加固城防。

第二天拂晓，晋军果真来了，但城中已经做好了防备。晋军连攻数日，不能奏效。晋军改变战术，挖掘地道，牛存节也在城中挖地道，在地下迎战。晋军连攻十三天，见泽州牢不可破，无奈撤兵了。事后，朱温对牛存节大加赞赏，奖励他大量财物。牛存节上表谢恩，但对于奖励的财物，他却分文不受。

牛存节意志坚定，不惧怕任何艰难险阻。有一次，他被叛军围困在同州。同州井水大多咸苦，人不能饮用。将士们缺水，干渴困乏，人人皆言此城不能守，必定陷落。牛存节毫不动摇，令军士在城中选址挖井，共开凿水井八十多口，大多数味道甘淡，人马饮用绰绰有余，同州城终于得以保全。百姓们都说，牛存节是神人，有上天保佑。

可是，上天并没有保佑牛存节的生命。915 年，牛存节得了重病，眼看不治。当时的皇帝是朱友贞，朱友贞对牛存节十分尊重，他遍访名医，还时常亲自前去看望牛存节。

牛存节戎马一生，忠心为朱氏效力，从不考虑个人利益，更不置办家产。在牛存节病重期间，许多人建议他，向皇帝提出要求，照顾一下家庭和子女。牛存节断然拒绝，始终不向皇帝提任何个人要求。

牛存节在临终前，告诫他的儿子们说："我一个穷小子，能得到今天的高位，已经很知足了。这都是皇上的恩赐，你们一定要竭尽忠孝，不要考虑个人的事情。"

儿子们含泪答应了，牛存节放心地离开了人间，终年六十三岁。

朱友贞为牛存节停朝三天，用竹简记录下他的丰功伟绩，举行了盛大的葬礼，追赠他为太师。

《旧五代史》给予牛存节高度评价，说他武鸷慷慨，有大节，威名闻于境外，有东汉名臣贾复之风。

生死关头见忠奸

常言道："烈火炼真金，板荡识忠臣。"只有到了生死关头，才能够识别优劣，辨别忠奸。朱温最信任的两个大臣敬翔和李振，就是这样。

敬翔，陕西西安人，出身官宦世家。他从小受到良好的教育，聪明好学，长大后满腹学问，尤其擅长写文章。

黄巢攻占长安后，敬翔外逃，投靠了同乡王发。王发是朱温的部下，朱温听说敬翔有才华，召他来见，交谈之后，很是欣赏，便留在身边，让他负责起草檄文奏章。从此，敬翔跟随朱温三十年，深得信任。

敬翔做事认真，十分勤奋，朱温所有的文稿，都出自他手，从未出过差错。后来，敬翔又参与军机，出入帷幄之中，更是忙得不可开交，常常通宵达旦。按敬翔自己的话说，他白天晚上都没有时间睡觉，只有在骑马的时候，才能够在马背上迷糊一会儿。

敬翔不仅文才出众，军事上也有一套。有一次，朱温打算西征，向敬翔询问有关情况。敬翔侃侃而谈，包括敌我双方的优势和劣势、后勤保障、出兵路线、作战方法等等，都分析得有条有理。朱温大为赞叹，后来让他兼任兵部尚书。朱温的很多军事行动，都出自敬翔的计谋和策划。

朱温脾气暴躁，喜怒无常，很少有人敢向他谏言，只有敬翔不怕，经常指出他的过失。朱温有时也能听从，即便不听，也不发怒，更不治罪，对他十分宽大。

敬翔为了报答朱温的知遇之恩，对他忠心耿耿，甚至忠心得有点过头。朱温与他的妻子刘氏长期通奸，敬翔既不恼怒，更不怨恨，而是充耳不闻，心甘情愿。这实在令人无语。

朱温病重时，召敬翔到御床前，接受托顾之命。敬翔痛哭流涕，极尽悲哀。

朱友珪杀父夺位之后，擢升敬翔为宰相。敬翔却托病不出，不理朝政。

朱友贞杀兄即位后，只信任身边的人，敬翔虽然名义上仍为宰相，但实际上形同虚设。敬翔并不怨恨，仍然对朱氏朝廷十分忠心。

受到朱温宠信的另一个大臣，叫李振。李振也出身于贵族家庭，是唐朝名臣李抱真的曾孙。他刻苦读书，也是满腹学问。可是，李振几次参加科举考试，都名落孙山。李振将其归罪于考场腐败黑暗，因此，他既痛恨朝廷，也痛恨科举入仕的官员。

李振文路走不通，就去走武路，他弃文从军，希望能够出人头地。在军阀混战之时，李振认定朱温能干大事，主动前去投靠。朱温与李振经过一番交谈，认为他智谋过人，是个奇才，便把他留在身边，当了谋士。从此，李振积极为朱温出谋划策，发挥了十分重要的作用。李振和敬翔，成了朱温的左右手，朱温时刻离不开他俩。

李振确实有智谋，他帮助朱温制订战略规划，招揽人才，不断扩大实力。然后，按照先近后远、先弱后强的计策，逐一消灭各地军阀，打下了一大块地盘。李振对朱温尽忠竭力，朱温对他越来越信任，几乎言听计从。

李振有政治眼光。朱温势力增强以后，李振建议他，把流落在外的唐昭宗抢到手里，以便于挟天子以令诸侯。朱温听从了，率兵西进，把唐昭宗挟持到洛阳。不过，朱温觉得唐昭宗精明能干，不好控制，怕有后患，就把他杀了，另立了一个小皇帝当傀儡。

李振心胸狭窄，报复心很强。他因为痛恨朝廷官员，便鼓动朱温，将唐昭宗的三十多名朝臣全部杀掉，造成了历史上有名的白马驿事件。杀掉朝臣之后，李振仍不解气，对朱温说："这些官僚自命不凡，总是爱自称清流，应该把他们抛入黄河，变成浊流。"朱温大笑，命人抛尸黄河。

朱友珪杀父夺位以后，因敬翔托病不肯理政，便命李振代理敬翔职务，主持朝政。李振很高兴，扬扬得意。可他只得意了半年多，朱友珪就被弟弟朱友贞杀掉了。朱友贞即位后，不重用李振。李振只好学着敬翔的样子，经常在家装病。

923 年，后唐大举进攻后梁，后梁很快土崩瓦解，朱友贞自杀殉国，后梁灭亡了。

李存勖灭了后梁，下诏说，后梁官员如果归依后唐，可以免罪。于是，许多后梁官员，纷纷去面见新君。

李振与敬翔私人关系不错，他找到敬翔，说："后梁已灭，我们去拜见新君吧。"

敬翔却说："见了新君，我们说什么呢？国家已经灭亡，我们做臣子的，不应该偷生，怎么能拜见敌人，卑躬屈膝呢？"敬翔心里早就有了主意，他要以死殉国。李振见敬翔不同意，也没有多劝，只顾自己一个人去了。

敬翔听说李振独自去拜见新君，喟然长叹，说："李振枉为一男儿！朱家与晋人是仇敌，如今国破君死，即便新朝赦免我们，又有何脸面再进建国门啊！"敬翔进了内室，上吊自杀，以身殉国了。

李振见了李存勖，跪倒在地，数说自己的罪恶，乞求饶命。众人纷纷议论，说："人们都说李振是一代奇才，今天看来，不过如此。"

李存勖鄙视李振为人，尽管他已经低头认罪，却仍然没有放过他，第二天，就把他及其族人全杀了。敬翔的族人，也同时遇难。

《旧五代史》评价说，敬翔、李振两人，同辅梁主，功勋卓著。然而，在生死关头，一个殉命以明节，一个屈膝而偷生，相比之下，优劣立见。

二人相比，敬翔是个真正的忠臣，受人敬仰；李振虽不能说是奸臣，起码是贪生怕死、没有气节之人。这样的人，遭人鄙视。

后梁忠臣王彦章

在后梁忠臣中，还有一个大名鼎鼎的人物，名叫王彦章。王彦章是五代时期名将，威震四方。后梁灭亡时，李存勖劝他投降。王彦章大义凛然地说："岂有朝事梁而暮事晋之理！"慷慨赴死，青史留名。

王彦章，郓州寿张（今山东阳谷县境内）人。他出身贫寒，父亲和祖父几代人都是农民。王彦章却不爱干农活，从小就喜欢练武。他拜名家为师，练就了一身好武艺，尤其擅长使一杆铁枪，挥舞起来，水泼不进，人称"王铁枪"。

朱温降唐当了节度使之后，为了扩充实力，四处募兵。王彦章年龄不大，就去从军。当时参军的有数百人，王彦章年龄最小，他却要求当个队长。众人大笑，说他不自量力。朱温见一个少年，竟口出大言，来了兴趣，问他有什么本事。

王彦章并不答话，而是抱来一堆蒺藜，铺在地上，光脚跳在上面，来回行走，展示了一番铁脚板功夫。众人皆大惊失色，不敢小觑他了。朱温很高兴，哈哈大笑，真的任命他当了队长。

从此，王彦章在战场上大显身手，叱咤风云。他一杆铁枪上下飞舞，出神入化，逢者非死即伤，没有遇到过对手。时间不长，王彦章就威名远扬。很多时候，敌人闻风而逃。

后梁的主要敌人，是晋王李存勖。李存勖骁勇善战，是条英雄好汉，但他最忌惮的人，就是王彦章。有一次，李存勖带兵进犯后梁，与后梁军队隔河相望。当时没有渡河工具，只有一条小木船，王彦章不顾众人劝阻，只身跳上小船，令船夫划桨。王彦章挺着铁枪，高声大喊："我王彦章来了！"虽然只有王彦章一人过河，但李存勖不愿与王彦章交战，仍然撤军走了。

王彦章英勇无敌，得到朱温器重，职务不断升迁，不久担任左监门卫上将军，兼行营左先锋马军使，并被封为金紫光禄大夫，做了朝廷高官。

后梁后期，君主暴虐无道，儿子们抢班夺权，骨肉相残，政局一片混乱。王彦章只热衷于打仗，不关心政治，哪派势力都不参与。因此，他在政局变化中，既没有受害，也没有受益。这个期间，王彦章率军与晋王李存勖对抗。有王彦章顶着，后梁朝廷尽可以放心地搞窝里斗。

朱友贞即位以后，只相信和重用赵岩、张汉杰等一伙小圈子里的人，原来的朝臣几乎全被晾在一边。王彦章也不被重用，先后担任濮州刺史、澶州刺史等地方官。

王彦章对此并无怨言，依然对朝廷忠心耿耿。在一次战斗中，王彦章的家属不幸被晋军掳走。李存勖如获至宝，对其家属百般优待，令使者前去招降王彦章。王彦章丝毫不为所动，斩了使者，不与李存勖有任何联系。

923年，李存勖建立后唐政权，随即对后梁展开总攻。后梁领兵对敌的，是北面招讨使戴思远。戴思远是朱友贞亲信，但能力平平，不能阻止后唐进攻，节节败退，形势十分危急，朝廷一片惊慌。

在这紧急时刻，宰相敬翔极力主张起用王彦章。朱友贞无奈，只得让王彦章取代了戴思远。朱友贞并不放心，又派亲信段凝做他的副职。

王彦章出征时，朱友贞率群臣为他送行。朱友贞问王彦章，多长时间能打败唐军。王彦章伸出三个手指头，说："三天。"朱友贞和群臣皆大吃一惊，认为这绝不可能，因为王彦章去前线的路上，就需要走两天。

王彦章此时犯了一个致命的政治错误，他痛恨赵岩、张汉杰等人专权，败坏朝政，声称得胜以后，就要整顿朝纲，诛杀奸臣。赵岩、张汉杰等人十分恐惧，便与段凝密谋，要对王彦章进行掣肘陷害。

王彦章两天之后，到达前线德胜口。王彦章在路上就谋划好了破敌之策，他到达以后，没作片刻停留，趁着唐军松懈，立刻发动进攻。王彦章跃马挺枪，一马当先，无人能挡。梁军一举攻占南城，打败唐军，时间正好是三天。

李存勖兵败后退，隔河与王彦章对峙两个多月。王彦章虽然英勇善战，但梁军实力比不上唐军，双方互有胜负。战报传到朝廷，赵岩等人只报战败的消息，而把战胜的捷报扣压下来。朱友贞见全是败绩，大为失望，在赵岩等人的挑唆下，免除王彦章职务，让段凝取代了他。

王彦章不服，回到朝廷后，在朝堂上慷慨陈词，据理力争。赵岩等人说他对皇上"不恭"，迫令他回家闲居。在国家危难之际，一员虎将竟不能在战场效力，只能在家里生闷气。

李存勖得知王彦章被革职，心中大喜，立即展开凌厉攻势。段凝根本不是对手，一败涂地。

朱友贞慌了手脚，不得已只好再请王彦章出马，但让张汉杰做监军，仍然对他不放心。

此时，王彦章心里十分明白，大势已去，他已经无力回天了。但王彦章历来信奉忠义，他常说："豹死留皮，人死留名。"他没有拒绝。在战场上，王彦章拼死搏斗，杀敌无数，身上多处受伤，伤重坠马，被唐军俘获。

李存勖听说捉住了王彦章，欣喜若狂。王彦章伤重不能下床，李存勖亲自到他病床前劝降。

王彦章平静地说："自古以来，忠臣不事二主，岂有早晨事梁君，晚上就事晋主的道理？"

李存勖劝他说："梁主多次负你，还忠于他干什么？"

王彦章说："朝廷负我，是小事；我忠于朝廷，是大义。我不能因小事而舍弃大义。我意已决，只求速死。"

李存勖不死心，又派李嗣源等人轮流劝降。王彦章心如铁石，丝毫没有动摇。

李存勖用尽各种办法，均不奏效，最后，只得成全他的名节，将他处死。王彦章死时六十一岁。

具有讽刺意味的是，朱友贞所信任的戴思远、段凝，都投降了后唐，并且继续当后唐的高官。

后人对王彦章给予高度评价，许多评书、戏曲都歌颂他的事迹。王彦章是五代时期最出名的人物之一，其忠义精神与世长存。

夷族英雄李克用

五代乱世，英雄四起。李克用胸怀大志，威武骁勇，先是镇压黄巢起义，后与朱温长期对抗，南征北战，名震四方，为后唐建国奠定了基础，堪称一代英雄。

李克用，本来姓朱名邪（又作朱耶），被唐朝皇帝赐为李姓，是沙陀族人。沙陀族是中国北方少数民族，属于西突厥的一支，原先生活在新疆东北部一带，后归附唐朝，被安置在山西北部。

李克用的爷爷叫朱邪执宜，是沙陀部首领，同时担任唐朝的阴山府都督。朱邪执宜很有能力，他实现了沙陀与六胡州的密切结合，壮大了势力。

李克用的父亲叫朱邪赤心，他继承了朱邪执宜的职位和事业，继续壮大沙陀势力。868年，唐朝爆发了庞勋起义，官军腐败，战斗力不强，朝廷调沙陀兵前去镇压。沙陀兵凶猛善战，立下大功。唐懿宗大喜，给朱邪赤心赐名为李国昌，并提拔他当了蔚州刺史。

唐僖宗即位以后，担心沙陀势力过盛，予以削弱，双方产生矛盾。朝廷派大军讨伐，李国昌和儿子李克用，率部往北投靠了鞑靼。

李克用是李国昌的第三子，856年生于山西雁门。李克用十一岁就随父征战，他身手矫健，武艺高强，骑射精良，是有名的"三快"，即马快、人快、箭快，人称"飞虎子"。因他一目失明，又叫独眼龙。

875年起，王仙芝、黄巢起义陆续爆发，声势浩大，席卷全国。880年，黄巢攻占长安，建国称帝。唐僖宗逃到四川避难。有人建议说，沙陀兵凶悍，曾在镇压庞勋起义中建立奇功，可以借用这支力量。

唐僖宗听从了，下发诏书，任命李克用为代州刺史、雁门以北行营节度使，派遣使者，携带重金，到鞑靼去请李克用。

李克用与父亲商议后，接受了朝廷任命，率万余名沙陀兵奔赴长安。黄巢起义军见了，果然很恐慌，惊呼："沙陀兵来了！"李克用率军在长安一带与黄巢军队作战，屡战屡胜，威名大振。后来，朱温背叛黄巢，投降了唐朝。李克用和朱温的部队，成为朝廷镇压起义军的两支主力军。

883 年，李克用军队攻破长安，首先入城。黄巢率军东返，攻打陈州，但久攻不克。李克用、朱温和其他朝廷军队赶到，在陈州围歼起义军。起义军溃散，黄巢带少量人员东窜。李克用紧追不舍，一天一夜追逐三百里。最后，黄巢兵败身死。

黄巢起义终被平定，李克用无疑立有首功。朝廷任命他为河东节度使，并封为同中书门下平章事，属于宰相。朱温被任命为汴州刺史、宣武军节度使。

黄巢起义摧毁了唐朝统治，各节度使拥兵自重，不听从中央号令，朝廷权威尽失，形同虚设。朱温素有野心，想夺取天下，他见各地节度使当中，李克用对他威胁最大，便想趁李克用不备，及早除掉他。

在镇压黄巢起义中，李克用与朱温并肩战斗，关系不错。在得胜返回途中，路过朱温的地盘汴州，朱温热情挽留。这完全符合情理，李克用没有怀疑，留了下来，与朱温畅饮欢庆。

半夜时分，朱温派兵包围了李克用住宿的上源驿，趁着李克用酒醉熟睡，四面放火，李克用眼看就要葬身火海。不料，人算不如天算，在这千钧一发之际，突然天降大雨，熄灭了烈火，李克用杀出一条血路，逃了出来。从此，李克用对朱温恨之入骨，与他势不两立。

李克用找唐僖宗告状，要求惩罚朱温。可是，唐僖宗拿朱温没办法，甚至连谴责他几句都不敢。李克用大为不满。按李克用当时的实力，难以灭掉朱温，因此，他埋头发展自己的力量。在几年时间内，李克用灭掉一些军阀，夺取邢、洺、磁、潞、云等州，占据山西大部分地区，势力大增，割据一方。

唐昭宗即位以后，很想有一番作为，招募了十万中央禁军。在朱温的挑唆下，唐昭宗决定削藩，先拿夷族人李克用开刀。不料，李克用善于用兵，又实力强大，把十万禁军打得一败涂地。唐昭宗无奈，只好与李克用讲和，并封他为晋王。从此，唐昭宗失去了军队资本，无法再有作为，而且身不由己了。

李克用实力强大以后，为了报上源驿之仇，也是为了争夺地盘，多次攻打朱温，朱温也经常出兵攻击晋国。双方是当时两个最大的军阀，势均力敌，打得难分难解，互有胜负。李克用的养子李存孝，是当时第一猛将，英勇无敌，威震天下。军阀混战，生灵涂炭。

907年，朱温灭掉唐朝，建立后梁，登基当了皇帝。当时天下仍在混战，朱温只占据黄河中下游地区，各地承认他皇帝的不是太多。

李克用抓住机会，联合一些地方军阀，共同声讨朱温，说他篡唐弑君，大逆不道。李克用声称自己是唐朝忠臣，仍然沿用唐朝年号，使用唐朝礼仪，表示继续效忠唐朝。

李克用整顿兵马，联系四方，准备讨伐逆贼，恢复大唐。不料，在这关键时候，李克用得了重病，壮志难酬。

李克用病情越来越重，自知不久于人世，便把儿子李存勖叫来，让他继承晋王之位，并嘱咐后事。

李克用对儿子说："我一生征战，建功立业，可是，有三个愿望尚未实现。第一，朱温无端谋害于我，如今又篡位自立，国恨家仇，不能不报。第二，契丹曾与我结为兄弟，但却背信弃义，与我为敌，一定要讨伐。第三，我一直想占领幽州，使它与现在的地方连成一片，可惜来不及了。"

李克用拿出三支箭，交给李存勖，嘱咐他一定要完成这三个愿望。李存勖收下箭，含泪做了保证。

908年，一代英雄李克用与世长辞，终年五十三岁。

李克用虽然死了，但他有一个英雄的儿子。李存勖继承父亲遗志，驱逐契丹，攻占幽州，灭掉后梁，建立了后唐政权。

李存勖继位杀叔叔

晋王李克用临终前，让儿子李存勖继承了王位。李存勖英勇睿智，谋略过人，他继承并光大了父亲的事业，驱逐契丹，攻占幽州，灭掉后梁，统一了北方，成为后唐开国之君。

李存勖的母亲姓曹，是李克用的侧室。李克用有很多儿子，李存勖并不是嫡子，但他才能出众，深受父亲宠爱。少数民族不讲究嫡子庶子那一套，所以李克用选择他做了自己的接班人。事实证明，李克用的选择是对的。

李存勖自幼聪慧，既爱读书，又爱骑射，心胸豁达，胆识过人。李克用对这个儿子十分钟爱，悉心培养，而且时常夸耀。

有一次，李克用到潞州打猎，休息时听伶人演唱《百年歌》。歌词陈述人衰老之状，让人不胜唏嘘。当时李存勖年仅五岁，坐在父亲身边。李克用指着儿子，对诸将说："我虽然年老，但有个好儿子，二十年之后，必定能代我战于此地，继承我的事业。"果然，十九年以后，刚登王位的李存勖，就在潞州大败梁军，一战成名。

潞州，在今山西长治上党一带，是太原的南大门，战略位置十分重要。李克用派他信任的养子李嗣昭在此镇守，既护卫晋地，又扼制后梁向河北扩充势力。朱温对潞州垂涎已久。

907年六月，李克用患病，朱温闻之大喜，亲率大军攻打潞州，企图占领这块战略要地。李嗣昭沉着应战，凭坚据守，梁军久攻不克。第二年，李克用病死。朱温松了一口气，认为李存勖忙于治丧，短期内不会有军事行动。于是，他令将士们继续围困潞州，自己回了开封。梁军士兵也都松懈下来。

谁也没有想到，李存勖没有忙着治丧，而是悄悄集结兵马，自己亲自率领，向梁军展开大举反攻。梁军戒备松弛，被打得落花流水，溃逃回梁国。李存勖不仅轻松解了潞州之围，而且乘胜占领了梁国许多地盘，名声大振。连朱温都感叹李克用生了个好儿子，说自己的儿子如同猪狗。

然而，当时李存勖只有二十四岁，年轻资历浅，又不是嫡子，有人便产生了非分之想。李存勖的叔叔李克宁，就是其中之一。

李克宁是李克用最小的弟弟，很早就跟随哥哥南征北战，屡立战功，而且精心侍奉哥哥，小心谨慎，从不懈怠。李克用很喜欢这个弟弟，赋予他兵权，委以重任。李克宁在军中很有势力。

李克用临终时，把他最信任的宦官张承业和弟弟李克宁召到身边，说："我把儿子交给你们了。"张承业和李克宁都泣涕表示，一定尽忠竭力辅佐李存勖。

李克用死后，李存勖大哭不止，边哭边对李克宁说："侄儿年幼无知，不懂国政，恐怕无法担当大任。叔叔功勋卓著，德高望重，原先父亲都把大事托付给您，还请叔叔继续执掌大政，等侄儿长大以后再说。"李存勖其实是在试探叔叔。李克宁听后赶紧推辞。

一旁的张承业不干了，对着李存勖，指桑骂槐地说："晋王指定您为继承人，您重任在身，本应考虑祖宗基业，但却啼哭不止，像什么话？"张承业不由分说，拉着李存勖上了大殿，面见诸将，宣布他即晋王位，兼任河东节度使。李克宁无话可说，从此与张承业产生了矛盾。

少数民族不太讲究父死子继那一套，弟弟继承哥哥职位的很多。李克宁见年轻的侄子继承了王位，心中不爽。李克用有很多养子，都是骁勇之士，战功累累。他们中也有一些人，对李存勖不买账，有的托病不见，有的见而不拜。

李克用的养子李存颢、李存实找到李克宁，说："您为晋国开创基业立有大功，兄终弟及，古之常理。如今以叔拜侄，岂能安心？人生富贵，在于个人争取。"李克宁起初不为所动，只是说："晋王遗命，如之奈何？"

李存颢、李存实又去鼓动李克宁的妻子孟氏。孟氏刚强骄悍，又贪图虚荣，多次逼迫李克宁。李克宁终于下了决心，与几个亲信密谋，打算抓获李存勖和他母亲曹氏，把母子俩献给朱温，在后梁帮助下，篡夺晋王之位。

李存勖既然猜忌叔叔，自然也没闲着，私下里拉拢张承业、李存璋、李存敬、吴珙、朱守殷等一批大臣，做好了应变准备。

李克宁有个亲信，叫史敬镕。史敬镕虽然与李克宁关系密切，但深明大义，见李克宁阴谋叛乱，投靠敌国，突破了道德底线，便决定与他分道扬镳。

史敬镕担心去见李存勖目标太大，便悄悄到后院去见李存勖的母亲曹氏，告知阴谋。曹氏大惊，急忙找借口把李存勖召来。母子俩商议了一番，立即把张承业叫来。

张承业到后，李存勖把李克宁的阴谋告诉了他。曹氏哭泣着对张承业说："先王临终时，把存勖托付给您，如今真的有人要害我们。我们母子不求别的，只求有个安身立命之处，不要把我们送给敌人。"李存勖也说，只要晋国安定，不愿骨肉相残，情愿把王位让给叔叔。

张承业听了，又惊又怒，十分坚定地说："李克宁叛国投敌，阴谋叛乱，危害先王基业，已经成为敌人，没有了叔侄情分，必须诛杀。"

李存勖见张承业态度坚决，十分欣慰，便召来李存璋、吴珙等亲信，连夜制订了诛灭奸贼的计划。

第二天，李存勖在王府宴请诸将。李克宁没有理由不去，更不知道这么快就泄露了阴谋，因而没有任何防备。李克宁一进王府，随即被埋伏好的武士擒获。李存勖当众宣布他的罪行，将他斩首。李存颢、李存实等同党被一并处死。

李存勖轻而易举地诛杀了叔叔，化解了一场叛乱危机，表现出他的机智果断和超人能力。从此，李存勖王位巩固，内部稳定，他便放开手脚，开创了宏伟事业。

攻占幽州壮大势力

　　李存勖挫败叛乱，巩固了统治，他便开始大显身手，完成父亲的遗志。李存勖第一个战略目标，是攻占幽州，把晋地与河北、幽州连成一片。

　　李存勖称王以后，除了出其不意进兵，解了潞州之围外，并不急于对外用兵。李存勖深谋远虑，他知道要想争霸天下，首先要增强自己的实力。

　　李存勖在政治上，整顿官吏，选贤任能，惩治腐败，提高行政效率；在经济上，鼓励农耕，体恤百姓，减轻民众负担；在军事上，扩充军队，加强训练，严明军纪，努力提高部队战斗力。李存勖经过两年多精心治理，晋地面貌大变，呈现出蒸蒸日上的新局面。

　　910年，朱温为了向河北扩充势力，出动大军，攻打河北境内的成德、义武两镇。成德节度使王镕、义武节度使工处直，都是割据军阀，称霸一方。他们眼看后梁大军压境，都向李存勖求救。

　　李存勖召集诸将商议，诸将多数不同意出兵救援。李存勖认为，如果朱温占领成德、义武两镇，明显对己不利；如果帮助两镇击败朱温，既能控制河北，又能大显军威。李存勖说服了诸将，亲自领兵东进，与后梁对抗。

　　王镕、王处直见李存勖率军来救，十分高兴，三军结成同盟，推举李存勖为盟主。李存勖与朱温在柏乡一带展开大战。晋军大将周德威、李嗣源两面夹击，打得后梁溃不成军，被斩首级两万多个，有二百八十五名将校军官被俘，朱温带着残兵败将连夜逃跑。这就是历史上有名的柏乡之战。

柏乡之战具有重要战略意义。后梁军队遭受重创，损失惨重，从此对晋不再占有优势；晋军名声大振，王镕、王处直归附于晋，不久，后梁的魏博地区又主动归顺了晋国，李存勖控制了河北地区。

李存勖把晋地与河北连成了一片，增强了势力。李克用的遗愿之一，是要攻占幽州，把晋地与幽州连成一片，李存勖要开始实现父亲的这一愿望了。

幽州，也称燕地，是古代行政区划，历来是北方军事重镇。幽州当时辖今北京、天津、河北北部和辽宁部分地区，共有九州，人多地广。唐玄宗时期曾叫范阳郡，安禄山就是在范阳起兵造反的。

占据幽州的军阀，是刘仁恭。刘仁恭颇有智谋，招降纳叛，称霸一方，与晋、梁都有矛盾。李克用曾经攻打幽州，企图扩大地盘，但没有成功。

刘仁恭的儿子刘守光，曾与庶母通奸，被刘仁恭痛打一顿，宣布断绝父子关系。刘守光怀恨在心，发动政变，囚禁了父亲，又杀死哥哥刘守文，夺取了大权。刘守光凶猛暴戾，野心很大，他扩充实力，又与契丹勾结，于911年自称大燕皇帝，建立燕国，史称"桀燕"。

刘守光公然称帝，属于逆贼，引起不少人声讨。李存勖经过柏乡之战，控制了河北，势力大增，于是，他便想攻占幽州，进一步扩大势力。

李克用在临终前，交给李存勖三支箭，嘱咐他要完成三个愿望。李存勖把三支箭供奉在家庙里，每次出征，都用少牢之礼祭祀，请出箭矢，背负上阵，得胜后再把箭送回家庙。这一次，李存勖把箭请出，放于锦囊，准备率军攻打幽州。

911年十二月，刘守光称帝不久，李存勖打着惩罚逆贼的旗号，出兵讨伐。李存勖令大将周德威率三万精兵为先锋，成德镇、义武镇军队随后跟进。

周德威是五代时期名将，英勇善战，足智多谋，他率领的精兵训练有素，战斗力很强，一路攻关夺隘，所向披靡，只用两个月时间，就跨过易水，攻克祁沟关，占领涞源、涿州等地，兵锋直指幽州。

刘守光慌了手脚，无奈之下，向后梁朱温求救。朱温与李存勖是世仇，又担心李灭幽之后势力增强，于是亲自率兵来救，企图从背后攻击李存勖。李存勖智谋过人，对此早有防备，将后梁军队打得大败而逃。

朱温屡次被李存勖打败，又羞又恼，对左右说："我纵横天下三十年，没想到李克用的儿子如此猖狂！我的儿子们远非他的对手，我将死无葬身之地了！"说完，放声大哭，竟然哭昏过去。不久，朱温被次子朱友珪刺杀，紧接着，三子朱友贞又杀兄夺位，后梁一片混乱。

李存勖趁着后梁混乱，加紧攻打幽州。刘守光抵挡不住，退入幽州城据守。幽州城坚固，李存勖不愿强攻，以免伤亡过大，只是围而不打，而令大军分头攻打各地。不到一年时间，晋军占领了顺州、檀州、武州、平州、营州等地，只剩下一座孤城幽州了。

刘守光向契丹求救，契丹兵迟迟不到，而晋军就要攻城了。刘守光见大势已去，请求投降，周德威不许。刘守光拿出一千两银子和上千匹锦缎，送给周德威，还可怜兮兮地说："公是贤德之人，请救我于危难之中吧！"周德威仍然不许。

过了几天，李存勖亲自来到幽州城下，指责刘守光说："朱温叛逆大唐，我本来与你一起谋划复兴唐朝江山，没想到你竟效仿逆贼朱温，擅自称帝，真是狂妄至极，罪不容诛。"李存勖下令攻城，很快攻破城池。刘守光、刘仁恭以及家眷都当了俘虏，燕国灭亡了。

李存勖下令，将刘守光、刘仁恭处斩。刘守光完全没有了平时凶狠暴戾之气，而是哭哭啼啼，乞求饶命，丑态百出。他的妻妾祝氏、李氏看不下去了，斥骂丈夫说："事到如今，求生还有什么用呢？留点颜面吧！"祝氏、李氏不哭不闹，神情镇定，从容引颈就死。而刘守光在被砍头的时候，仍然不停地哀求饶命。刘守光毫无气节，还不如两个妇道人家。

李存勖占领了幽州，留周德威在此镇守。李存勖是想让他对付契丹。果然，晋军撤兵之后，契丹大军南下，侵扰幽州。李存勖立即命大将李嗣源、符存审带七万兵马增援，与周德威一道，大败契丹军队，斩万余首级，缴获牛羊、辎重无数。契丹遭受重创，率部北移，轻易不敢再南下了。

李存勖经过几年奋战，壮大了晋国势力，完成了父亲攻占幽州、驱逐契丹两大遗愿，接下来，他就要对后梁下手了。

李存勖建唐灭后梁

李存勖攻占了幽州，把晋地与河北、幽州连成一片，势力大增。于是，李存勖频频发动对后梁的进攻，希望完成父亲最后一个遗愿。

李存勖在夺取幽州、驱逐契丹之后，迅速调兵南下，屯兵于黄河北岸，伺机争夺黄河沿岸各处要地。此时，晋军兵强马壮，士气高涨，后梁则实力大减，士气低落，只顾防守。

917年，李存勖亲自领兵东进，准备渡河作战。此时正是冬季，天寒地冻，黄河结冰。晋军踏冰过河，连破后梁数座营寨，攻占了杨刘。杨刘，在今山东东阿县境内，是黄河的一个重要渡口。杨刘渡口一失，后梁门户大开，面临晋军大举入侵的危险。

后梁皇帝朱友贞，当时正在洛阳举行祭天大典，闻讯大惊，顾不上大典结束，匆忙回到汴州，立即组织军队反击，企图夺回杨刘。

双方展开激战，梁军多次反攻，都没有夺回杨刘，只得在杨刘以外构筑工事，阻止晋军继续向后梁腹地进兵。晋军牢牢控制了杨刘，为日后夺取郓州、长途奔袭汴梁创造了条件。

918年，李存勖调集河东、魏博、幽州、横海、义武等镇军队，共十万余人，齐聚魏州，准备直捣汴州，一举灭梁。李存勖率军从濮州境内的麻家渡过黄河，遇到梁军阻击，双方对峙百余日。梁军知道已到生死存亡关头，打得十分顽强，晋军不能通过。

李存勖心焦，想绕过当前之敌，从另一条路直扑开封。李存勖令军中老弱全回魏州，只率精锐之士，毁掉营寨，绕道而行。梁军见状，知道晋军企图袭击开封，急忙尾追而来。

晋军行进到胡柳陂，又遇梁军阻击，背后梁军也尾随而至，双方展开大战。胡柳陂之战，打得惊心动魄，双方都很顽强，尸横遍野，血流成河。梁军死伤近三万人，晋军也损失惨重，著名大将周德威战死。在危急时刻，李嗣昭率领骑兵来回冲杀，稳住阵脚，大量杀伤敌人。最终，晋军取得胜利，但已无力再攻击汴梁，只好撤兵回去了。

此后，晋军连续发动同州之战、镇州之战，沉重打击了后梁势力，后梁精锐损失严重，灭梁已指日可待。

923年四月，李存勖接受诸将劝进，在魏州登基称帝，国号仍然为唐。当时不少人建议改国号，李存勖坚持不改，宣称始终忠于唐朝。李存勖祭祀唐高祖李渊、唐太宗李世民等唐朝皇帝，表明自己是唐朝的继承人。李存勖被称为唐庄宗。

李存勖虽然打着唐朝的旗号，但他这个沙陀人建立的政权，与汉族人李渊建立的唐朝，没有半点血缘关系，所以史学界并不认为它是唐朝的延续，而称之为后唐。

李存勖打着唐朝的旗号，以唐朝正宗继承人的身份自居，是一个聪明之举，也在一定程度上，起到了弘扬正义，凝聚人心的作用。李存勖称帝不久，不少割据势力纷纷归附，称霸西部的李茂贞也归顺后唐。李存勖拥有了五十个州，势力明显超过后梁。相比之下，后梁更显得是个篡位者，名不正言不顺了。

面对后唐的强盛，后梁感到恐慌。朱友贞异想天开，派使者去见李存勖，承认后唐政权，请求划黄河而治。李存勖心中好笑，他一边假意周旋，一边集结军队，准备对后梁发起最后的攻击。

923年六月，李存勖在登基两个月后，亲自到杨刘渡口视察，并与大臣郭崇韬等人，制定了隐蔽渡河、奇袭开封的计策。

在一个大雨滂沱的夜晚，谁也不会想到后唐此时出兵。李存勖却善于搞出其不意，他令大将李嗣源为先锋，自己亲率大军，冒雨连夜渡河。渡河后马不停蹄，继续冒雨疾进，直取后梁重镇郓州。郓州守军都在避雨，忽见唐军从天而降，顿时惊慌失措，被唐军一举攻破城池。郓州是后梁都城开封的东大门，郓州一失，后梁朝廷陷入一片惊慌。

在这危急时刻，朱友贞顾不上亲疏，起用名将王彦章。王彦章不愧是名将，他出征三天，就取得德胜口大捷，遏止了唐军进攻势头，之后与唐军对峙两个多月。但梁军士气低落，兵力单薄，也无法击退唐军。不久，王彦章受到朝中权臣陷害，被免去职务，形势就急转直下了。

923年十月，李存勖见时机成熟，决定绕开梁军主力，奇袭开封。李存勖令李嗣源、李从珂率五千骑兵，丢掉辎重，每人只带七天干粮，疾速西进，直捣开封。李存勖亲自带领一万五千名精锐步兵，也是轻装上阵，随后跟进。

唐军避开城镇，不与敌军纠缠，疾速西进，日夜兼程，只用五天时间，就兵临开封城下。

开封城内，并无重兵，兵力都被调往前线，此时回援，已经来不及了。朱友贞见大势已去，不愿受辱，自杀殉国。

后梁的文武百官多数投降，李存勖给予优待。那个接替王彦章统兵的段凝，率军向后唐投降，继续得到重用，先后担任滑州、兖州、邓州节度使，并被赐名为李绍钦。

灭掉后梁，李存勖定都于洛阳。

李存勖用了十几年时间，将父亲的三个遗愿全部完成，李克用可以含笑九泉了。

不过，李存勖并不满足，他在灭掉后梁、统一北方之后，又把目光盯向了南方，随后开始了灭蜀之战。

七十天灭掉前蜀

李存勖英武明断，谋略过人，他用十几年时间，控制河北，攻占幽州，驱逐契丹，灭掉后梁，统一了北方，全部实现了父亲李克用的遗愿。李存勖雄心勃勃，对此仍不满足，不久又挥师南下，一举灭掉前蜀。

前蜀，是五代十国之一，全盛时疆域大体包括今四川大部、甘肃东南部、陕西南部、湖北西部。

前蜀的创立者，叫王建。王建，许州舞阳（今河南舞阳）人，他出身贫寒，当过盗贼，为生活所迫，投军入伍。王建身体强壮，作战勇敢，不断升迁。在黄巢起义时，王建救护唐僖宗有功，升为利州刺史。利州在今四川广元一带。

黄巢起义之后，朝廷名存实亡，军阀相互厮杀。王建经过几年苦战，占据了蜀地，割据一方。唐朝灭亡后，王建自立为帝，国号大蜀，定都成都，史称前蜀。

王建在位十一年，他出自平民，深知民间疾苦，因而爱护百姓，注重农桑，兴修水利，把蜀地治理得不错。可是，他的儿子王衍继位后，却爱好奢华，荒淫无道，宠信宦官，不理朝政，喜欢游玩，百姓怨声载道。

李存勖灭掉后梁，统一北方，声威大震，南方的割据政权，纷纷表示归附，只有少数几个没有态度。李存勖很不高兴，打算给他们点颜色看看。

有一天，李存勖召集大臣说："我朝天威，各地归依，唯有吴、蜀不来朝贡，应予讨伐。可是，蜀道艰难，吴有长江天险，我们先征伐谁好呢？"

大臣们都说："蜀国富裕，距离较近，占领之后可与我朝连成一片。特别是听说王衍昏庸无道，不得人心，国力衰弱，所以，应该先打蜀国。"

李存勖认为有理，于是在 924 年四月，派大臣李严以出使为名，去蜀国探听虚实。李严在蜀国待了一个月，回来后乐滋滋地对李存勖说："臣都打探清楚了，王衍失德，朝廷混乱，君臣二心，百姓怨恨。以臣料之，我朝大军一到，蜀国必定望风瓦解。"李存勖大喜，随即开始进行伐蜀准备。

925 年九月，李存勖以长子李继岌为主帅，以大臣郭崇韬为副职，领兵六万，从大散关向南攻击入蜀；令荆南节度使高季兴，率荆南兵沿长江向西入蜀，两路出兵，夹击蜀国。李继岌是李存勖的太子，年龄不大，李存勖为了让他立功树威，令他挂帅出征，但真正的指挥者，是郭崇韬。

前蜀政局混乱，武备松弛。唐军进兵神速，士气高昂，连续攻克威武、凤州、兴州等地，缴获了大批粮草器械。蜀军没有战斗力，一触即溃，溃兵四散逃窜，惊呼唐军厉害，造成人心惶惶。

此时，蜀国皇帝王衍，仍在各地游玩。他带着大批妃嫔臣僚，游山玩水，忽听唐军来犯，吃了一惊，忙令王宗勋为主帅，领兵三万，迎战唐军。王宗勋能力不强，兵力又少，自然不是唐军对手，被打得几乎全军覆没，死了五千多人。

王衍派出王宗勋迎敌后，心情放宽，仍然惦记着玩乐。宠臣王承休告诉他，秦州多美女。王衍来了兴趣，非要去秦州不可，群臣劝阻不住。

唐军打败王宗勋之后，乘胜进军，迅速攻占成州，成州刺史不战而逃。唐军长驱直入，兵锋甚锐，势如破竹，梓、绵、剑、龙、普五个州相继投降，蜀国面临亡国危险。

王衍正在去秦州的路上，接到战报，却不以为然。他认为蜀道艰险，唐军不会来得这么快，一定是诸将为了阻止他去秦州，编了假战报糊弄他。王衍越想越觉得是这么回事，因此，他毫不担心，照样兴致勃勃，吟诗唱和。不料，走到半途，前方来报，说唐军已经挡住去路，王衍这才大吃一惊，匆忙掉头回撤，跑回了成都。唐军也尾随而至，将成都包围起来。

唐军把成都团团包围，四面攻打。王衍在宫中与群臣相对哭泣，束手无策。有人建议王衍投降，说起码可以保住性命。王衍听从了，写了投降书，抬着棺材，绑缚着出城投降。就这样，只用短短七十天时间，后唐就灭掉了前蜀，又得到一大块地盘。

后唐是五代时期版图最大的，疆域东到大海，西到陇右、川蜀，北抵长城，南越江汉。

王衍投降后，李存勖下诏，让王衍带领家族去洛阳，说要赐给他们一块土地，让他们衣食无忧。王衍很高兴，带领族人上了路。

可是，李存勖听信了伶人景进等人的建议，改变主意，发出诏令，将王衍家族在半路上全部处死。王衍死时二十八岁。

王衍的母亲徐氏，在临刑前对天大叫，说："我儿子以一个国家迎降，反而被灭族，信义何在？天理何在？你们如此不讲信义，我诅咒你们，一定会有灾祸，必不能长久。"

徐氏的诅咒果然应验了。后唐灭掉前蜀，事业达到顶峰，但很快就衰落下来，确实没有长久。

迷恋唱戏的皇帝

在历史上，许多皇帝有个人爱好，这本属正常，只要不过分，无妨大局。可是，李存勖嗜好唱戏，而且十分痴迷，以至于以戏乱政，这就成问题了。

李存勖从小就是个戏迷，当时晋王府有戏班子，经常唱戏。李存勖每次必看，看得久了，有些戏曲也能唱下来，有时就与唱戏的优伶混在一起，同台演出。李克用起初没有在意，后来见他过分了，耽误了习文练武，就对他严加限制。李存勖只好把这一爱好深埋心底。父亲在世时，李存勖很少看戏，更不敢登台表演。

李克用死后，李存勖继承了王位。虽然没有人管了，但李存勖是个明智之人，又胸怀大志，他知道唱戏是不务正业，便极力压制自己的欲望。李存勖整日忙着治理晋地、对外用兵的大事，经常率军南征北战，也根本没有时间唱戏。

923年，李存勖经过十几年艰苦奋斗，终于灭掉后梁，统一了北方，自己登基称帝。南方一些割据政权，也纷纷上表归附，朝贡称臣。李存勖觉得自己大功告成，天下无事，长出一口气，精神松弛下来。不少人争相歌功颂德，李存勖也认为，自己功高盖世，以后不用再那么辛苦，可以尽情享受一番了。这个时候，他那唱戏的念头，自然就冒了出来。

李存勖称帝不久，下发诏书，征召天下名伶，组成戏班子，在宫中唱戏。一开始，李存勖还比较矜持，端着皇帝架子，静静地坐在台下看戏。没过几天，李存勖嗓子痒得难受，顾不上皇帝身份，跳到台上，连歌加舞，大展歌喉。李存勖唱得怎么样，史书没有记载，应该是不错的。不过，即便他唱得不好，肯定也是一片喝彩声，众人都会对他大加恭维的。

李存勖唱戏很快上了瘾，他把政事委托给大臣，自己整天涂脂抹粉，身穿戏服，与优伶们混在一起，登台演出。李存勖在舞台上手舞足蹈，乐在其中，感觉快活极了。

在舞台上，演员是不分贵贱的。李存勖与优伶们称兄道弟，混淆尊卑，还给自己取了个艺名，叫"李天下"。时间一长，优伶们也不拿李存勖当皇帝看待，无所顾忌，日渐放肆起来。

有一天，李存勖身着戏装，登台演出。在演出中，李存勖喊了一声："李天下，李天下在哪里？"不料，一个叫敬新磨的优伶跳到台上，伸手打了他一个耳光。

在光天化日之下，竟敢打皇帝耳光，众人大为惊恐，李存勖一时也愣住了。敬新磨说："李天下，只有一个而已，你呼叫谁呢？"李存勖知道敬新磨是与他闹笑，并不生气，反而重赏了他。

《新五代史》记载的这件事，有点匪夷所思，不知道是否真实。《旧五代史》没有这个记载。

李存勖如此纵容优伶，优伶们日益骄横起来。他们与皇帝平起平坐，说话随便，完全没有礼节；他们随意出入宫廷，无人敢拦；优伶们甚至还敢公然侮辱戏弄官员，朝臣敢怒而不敢言。有些大臣，还极力讨好巴结伶人，以求他们在皇帝面前说自己好话。

李存勖不仅迷恋唱戏，还信任放纵伶人，常派他们出访民间，听取他们对政局的意见。时间一长，优伶们开始干政了。有些伶人心术不正，败政乱国，为首的是景进、史彦琼、郭门高三人。三人伶牙俐齿，很有心计，往往能够左右皇帝。

后唐灭掉前蜀之后，李存勖本来想优待王衍家族，景进等人进言说，应该斩草除根。李存勖便改变主意，将王衍灭族，失去了信义。

郭崇韬原先是李存勖很信任的大臣，又率军灭掉前蜀，立下大功。可郭崇韬憎恨优伶，常常压制他们，引起优伶们怨恨。优伶们与宦官联合，诬陷郭崇韬，屡次向皇帝进谗言，又鼓动李存勖的皇后刘氏，结果郭崇韬无辜被杀。

景进等人害死了郭崇韬，仍不罢休，又向李存勖进谗言说："李存义是郭崇韬的女婿，听说他要联合朱友谦，起兵反叛，为他岳父报仇。"李存勖大怒，不分青红皂白，下令将李存义、朱友谦处死。李存义是李存勖的亲弟弟。朱友谦曾是朱温养子，朱温死后投降晋王，立过大功，一直受到重用。优伶向朱友谦索贿遭到拒绝，所以将他害死。

李存勖不仅信任放纵伶人，而且大力提拔优伶为官，委以重任。景进被授予银青光禄大夫、检校左散骑常侍、御史大夫、上柱国，身兼数职，大权在握。史彦琼担任武德使，掌管魏博六州政事，专横一方。郭门高被任命为从马直指挥使，执掌兵权。从马直是皇帝的亲兵，负责保卫皇帝安全。具有讽刺意味的是，李存勖恰恰死在郭门高这个伶人手里。

李存勖不顾众臣反对，提拔大批伶人担任要职，其中陈俊为景州刺史，储德源为宪州刺史。此举引起军心动荡，政局不稳。当时，灭后梁、灭前蜀战争刚刚结束，将士们浴血奋战，流血牺牲，许多人尚未得到奖赏，而那些唱戏的优伶，既无德才，又无寸功，居然得到高位。将士们寒透了心，人人心中愤慨，从而埋下了兵变的祸根。

李存勖知道将士们有怨气，然而，他非但不设法化解，反而猜忌压制。李嗣源是后唐第一功臣，在军中威望很高，李存勖削弱他的权力，并且派亲信朱守殷监视他。李存勖处死朱友谦之后，担心他的手下反叛，又处死其部将史武等七人，而且全部灭族。李存勖如此作为，文臣武将开始与他离心离德了。

李存勖当晋王十几年，英明睿智，功勋卓著，然而，在他功成名就之后，却迅速堕落，变成了昏庸不明、贪图享受之人。他发生巨变的根本原因，是认为所有的成果和政绩，都是他一个人的功劳。所以，他就应该为所欲为。

荆南节度使高季兴心怀异志，企图割据自立。为了探听后唐情况，高季兴专门到洛阳朝觐皇帝。

高季兴返回荆南后，十分高兴，对众人说："新朝历经百战，方得北方之地。可是，皇帝在朝堂上，伸出一个手指头，向臣子们夸耀说，他靠一个手指头，就得到了天下，把功劳全归于自己。我看群臣皆有不平之色。所以，我预料新朝不会长久。"高季兴后来果然反叛后唐。

李存勖在对待朝廷大局上昏庸不明，在处理后宫问题上也是本末倒置。李存勖打破妻妾排列顺序，将地位最低、人品最差的刘氏立为皇后。刘氏是个连亲爹都不认的小人，岂能不祸乱后宫、危害朝廷？

后唐建国不久，就面临内外交困的重大危机，看来，后唐政权要出大问题了。

不认亲爹的皇后

李存勖功成名就之后，变得昏庸起来，他的皇后刘氏，同样不是贤明之人。刘氏心术不正，贪婪吝啬，恃宠干政，祸乱朝廷。尤其令人痛恨的是，她富贵之后，竟然不认亲爹，反而将亲爹痛打一顿，在历史上留下了千古骂名。

刘氏，河北成安人，出身贫寒。刘氏母亲早死，父亲刘老汉把她养大。刘老汉以算命行医为生，号称刘山人，带着女儿四处流浪，日子过得相当艰难。刘老汉长着一脸黄胡子，十分显眼。

有一次，李克用率军在成安一带作战。战火纷飞，百姓逃难，没有人找刘老汉算命求医。刘老汉和女儿几天没有吃东西，饿倒在荒野之中，眼看就要毙命。恰巧李克用的裨将袁建丰从此地路过，刘老汉流泪央求他，救女儿一命。袁建丰见小女孩十分可怜，就把她抱走了。刘氏当时五六岁，已经记事了，临走时还向父亲磕了一个头。

袁建丰回到王府，把刘氏交给李克用的夫人曹氏，也就是李存勖的母亲。曹氏见刘氏小小年纪，却乖巧聪明，又长得眉清目秀，十分喜欢，教她吹笙歌舞。刘氏长大后，容貌姣好，能歌善舞，尤其擅长吹笙。

李存勖当了晋王之后，有一次到母亲府上，给母亲祝寿。曹氏很高兴，摆下宴席，让刘氏吹笙助酒。李存勖夸赞刘氏笙吹得好，曹氏一高兴，就把刘氏赐给了儿子。因刘氏出身低微，李存勖没有直接把她纳为妾，而是给正妻韩氏当了侍女。后来，刘氏生下儿子李继岌，李存勖才正式把她纳为妾。李存勖有许多妾，刘氏排名最后。

刘氏虽然排名最后，但她有一个很大的优势，就是她的儿子李继炭是长子，李存勖十分喜欢。刘氏工于心计，善于逢迎，也得到李存勖宠爱。等到李存勖即将称帝的时候，刘氏动了心思，她想凭着自己的优势，争夺皇后之位。

刘氏知道自己出身卑微，为了弥补这个不足，她逢人就说，自己是大户人家出身，由于兵荒马乱，才与家人失散了。不料，就在这个时候，她的亲生父亲找来了。

原来，刘老汉没有饿死，他继续以算命行医为生，四处流浪，同时关注着女儿的消息。刘老汉知道女儿进了晋王府，衣食无忧，十分欣慰。后来，刘老汉听说女儿嫁给了晋王李存勖，更是大为高兴。此时，刘老汉已经年老，风烛残年，便想找到女儿，有个依靠。

刘老汉先找到李存勖，告诉他事情的来龙去脉，并说出袁建丰的名字。李存勖很吃惊，为了慎重起见，立即把袁建丰召来辨认。

袁建丰来到之后，依然认得刘老汉，十分肯定地对李存勖说："没错，就是他！老人家长着黄胡须，很好认。"李存勖大喜，重赏了袁建丰，立即派人将喜讯告知刘氏，并将刘老汉送到她那里。

谁也没有想到，刘氏见了刘老汉，不仅没有相认，反而大怒，说："我父亲早已去世，是死在乱军之中的，当时，我还趴在父亲尸体上痛哭。这老头是冒充的。"刘氏下令，将刘老汉痛打一顿，赶出王府。刘老汉没想到女儿如此绝情，只好痛哭流涕地走了。众人见刘氏说得有鼻子有眼，又出手痛打老汉，都有点相信了。

李存勖建唐称帝之后，想立刘氏为皇后，可韩氏是正妻，刘氏又排序最后，怕众人不服，拿不定主意，迟迟没有立皇后。大臣郭崇韬知道皇帝的心思，便以刘氏儿子年长为由，上表请求立刘氏为皇后。李存勖很高兴，便顺水推舟了。

刘氏当上了皇后，依然没有认爹。有一天，李存勖穿着破衣烂衫，打扮成算命行医先生的模样，背着草袋子和药箱，让儿子李继岌在身后跟随，来到刘皇后宫内，大声说："刘山人来看女儿了！"刘氏见了，勃然大怒，操起棍子，追着李继岌就打。宫女们都掩嘴偷笑。

《新五代史》记载了这个事情，但没有说李存勖这样做，是为了什么？笔者认为，不排除是想感化刘氏，希望她把亲爹认下来。李存勖是个孝子，很孝敬父母。可是，刘氏始终没有认爹。那个刘老汉结局如何，史书没有记载。

刘氏当上皇后之后，总领后宫，十分霸道，对宫人非打即骂，连韩氏也不放在眼里。刘皇后十分贪财，派宫人经商，贩运粮草果品，在集市叫卖，还大肆收受贿赂，后宫财物堆积如山。各地官员进贡礼物时，必须分成两份，一份给皇帝，另一份给皇后。

刘皇后聚敛了大量财富，却生性吝啬，从不奖赏别人，更不救济穷人。有一次发生灾荒，宰相进宫与皇帝商议，想动员他把后宫财物拿出一部分，救济灾民。刘皇后在屏风后面听见了，十分生气，抱着自己的幼子走出来，对宰相说："我只有这个儿子，你拿去卖了，救济别人吧。"吓得宰相赶紧告辞走了。

刘皇后常对李存勖说："我夫妻能够得到天下，这都是天命，是佛祖保佑，与别人有什么关系？凭什么赏赐他们？"李存勖认为有理，所以，他对有功将士也不奖赏。

刘皇后无情无义，却居然信佛，经常到寺院烧香拜佛。她对别人吝啬，唯独对佛慷慨大方，赐给寺院和僧人大批财物。在刘皇后的劝说下，李存勖也盲目地信佛了。每逢有高僧从外地来，李存勖、刘皇后都率领诸子和百官迎拜，相当隆重。只有郭崇韬不信佛，不肯跪拜。

刘皇后依仗皇帝宠爱，也依仗儿子是太子，专横跋扈，时常干预朝政。郭崇韬为后唐屡立大功，又对刘氏当皇后出过力，但他看不惯刘皇后的行为，又与伶人、宦官有矛盾。郭崇韬率军灭掉前蜀后，伶人、宦官纷纷对他进行诬陷，说他企图占据蜀地谋反。李存勖犹豫不决。刘皇后竟自作主张，令儿子刘继岌把郭崇韬杀掉。结果，引发将士不平，造成兵变，李继岌也死了。

李存勖建唐称帝之后，迅速由明变暗，他的皇后也非贤良之辈，夫妻俩一唱一和，多行不义，结果失去人心，激起兵变，招来杀身之祸。教训极其深刻！

皇帝死在戏子手里

李存勖迷恋唱戏，是历史上有名的"戏子皇帝"。他对伶人称兄道弟，提拔他们做官，恩宠有加。然而，李存勖做梦也没有想到，有的伶人并不讲情义，他竟然死在了戏子手里，真是报应。

李存勖经过十几年浴血奋战，平定北方，灭掉前蜀，建唐称帝，堪称一代英雄，功高盖世。然而，李存勖却认为，这都是他一个人的功劳；他的皇后刘氏也认为，这是天命所在，与别人无关。因而，他们只顾自己享受，不奖赏功臣，也不体恤将士，造成军心动荡，给自己招来了大祸。

925 年秋，天降大雨，发生洪灾，百姓流离失所，饿殍遍野。赋税收不上来，军粮缺乏，军队将士许多人饿得晕倒。李存勖和刘皇后不管不顾，照常每天打猎巡游，吃喝玩乐。军中早就弥漫着不满情绪，现在终于爆发出来，发生了兵变。

926 年二月，魏州军队首先发生哗变。兵变是由下级军官发动的。有个叫皇甫晖的军士，家中数口人都被饿死，军营中也常常断粮，他忍无可忍，号召士兵造反，结果一呼百应，犹如一颗火星点燃了干柴，瞬间形成了冲天烈火。

士兵们群情激奋，找到统领杨仁晸，要求他领头造反。杨仁晸不肯，士兵们把他杀了，提着他的脑袋，又去找副统领赵在礼。赵在礼答应了，当了叛军首领。听说魏州兵变，邢州、沧州等地的将士们纷纷响应，兵变很快形成燎原之势。

听说军队哗变，李存勖并不惊慌，他征战多年，久经沙场，认为强大的后梁都被他灭了，这点动乱，不足为虑。李存勖已经习惯了享受，不想亲自出征，便派大将李嗣源率军平叛。李嗣源是李克用的养子，为人忠厚，战功卓著，在军中享有很高的威望。

李嗣源率军征讨魏州，他万万没有想到，他的军队刚到魏州，就与魏州叛军一拍即合，也哗变了，把他劫持到城里。

此时，叛军势力已十分强盛，他们向各地发出檄文，声讨李存勖，说他昏暴不明，不能当皇帝了，而要拥戴李嗣源为帝。李嗣源起初不肯，他的女婿石敬瑭晓之大义，再三力劝，他才答应下来。李嗣源知道汴州地位重要，迅速率兵南下，占据了汴州。大批唐军将领，纷纷表示拥戴李嗣源。

到了这个时候，李存勖才意识到，问题严重了。儿子李继岌率领的部队，在平蜀后尚未回来，李存勖只好拼凑了两万五千兵马，自己亲自带领，去攻打汴州。

李存勖拼凑的军队，也是军心不稳，不愿与李嗣源交战，在半路上逃散了一大半。李存勖这才知道，将士们已经与他离心离德了。李存勖赶快拿出钱财，奖赏将士们。不料，将士们纷纷把钱财扔到地上，怒骂道："我们的妻子儿女已经饿死了，现在才给钱财，还有什么用呢？"

李存勖知道军心涣散，无法再去攻打汴州了，于是率军前往汜水关，打算在那里等待李继岌，两军会合后再作打算。没有想到，李继岌因为杀害了立有大功的郭崇韬，引起军心愤恨，在回军途中，也发生了兵变。李继岌无奈自杀，军队投奔了汴州，归附了李嗣源。

魏州兵变只有两个月时间，李存勖就众叛亲离，身边只剩下伶人郭门高统领的亲兵部队了。李存勖觉得，在这危难关头，还是他宠信的伶人对他忠心。

郭门高，山西雁门人，是个优伶，俗称戏子。他原名叫郭从谦，李存勖组建戏班时，他应诏入朝，取艺名郭门高。郭门高戏唱得好，成为戏班子的骨干，深受皇帝宠信。郭门高头脑灵活，善于逢迎，因与大臣郭崇韬是同籍，便认郭崇韬为叔父，又认郭崇韬女婿李存乂为干爹。

李存勖对郭门高十分信任，擢升他为从马直指挥使，负责保卫皇帝安全。郭崇韬、李存乂被冤杀，郭门高向皇帝大表忠心，因而没有被牵连，但郭门高为郭李二人感到不平，已经心怀异志了。

李存勖驻军汜水关之后，久久等不来李继岌，石敬瑭却率兵逼近，只好返回洛阳。李存勖带领的军队基本逃散，只剩下郭门高统领的亲兵了。

郭门高见李存勖已是穷途末路，顿起反心，他发动手下士兵，突然反叛，火烧兴教门，攻击李存勖，史称"兴教门之变"。兴教门，是洛阳紫微宫南门之一，后改名为明德门。

李存勖没有想到，他最宠信的伶人也背叛了他，悔恨恼怒，但已经晚了。李存勖身边，只有十几个侍卫，无法抵挡。郭门高领兵冲进皇宫，万箭齐发，李存勖死于乱箭之下。李存勖死时四十二岁，只当了三年皇帝。

李存勖死后，伶人把乐器堆在他身上，纵火焚尸。可怜创下后唐大业的一代英雄，最终死在戏子手里，连具完整的尸体都没有留下。

李嗣源率军进入洛阳，将李存勖残缺不全的尸骸安葬，随即称帝，是为唐明宗。

李嗣源任命郭门高为景州刺史，不久杀了他。那个魏州首先发动兵变的皇甫晖，被任命为陈州刺史。赵在礼被任命为滑州节度使。石敬瑭加封光禄大夫、陕州节度使，赐号"竭忠建策兴复功臣"。后来，石敬瑭灭掉后唐，建立后晋。

在郭门高反叛、攻打皇宫之时，刘皇后收拾了一袋子金银宝器，在李存勖五弟李存渥保护下，仓皇逃往太原。在逃难途中，叔嫂二人还不忘缠绵。走到风谷的时候，李存渥部下见钱眼开，起了歹心，杀死李存渥，抢走金银宝器。刘皇后走投无路，进了寺院，削发为尼。不过，李嗣源痛恨刘皇后祸乱朝政，派人把她杀死了。

李存勖和刘皇后一对夫妻，最后都死于非命。可悲可叹！

开明皇帝李嗣源

李存勖英雄一世，但他只会打天下，不会治天下。李存勖奋战十五年，打下了后唐江山，可只当了三年皇帝，就在兵变中被杀。

926年四月，李存勖死后，李嗣源在众将拥戴下登基称帝。李嗣源不仅能打天下，还会治天下，他当皇帝七年，推动了经济社会发展，是五代时期少有的开明皇帝。

李嗣源是沙陀族人，原名叫邈佶烈，867年出生，比李克用小十一岁，比李存勖大十八岁。

李嗣源从小习武，身体强壮而矫健，弓马娴熟，十三岁就投入李国昌军队，上阵杀敌。李国昌很喜欢他，后来，让儿子李克用收他为养子，赐予姓名。从此，李嗣源跟随李克用南征北战，屡立战功。

908年，李克用病逝，李存勖继承了晋王之位。李嗣源又跟随李存勖打天下，在占幽州、逐契丹、灭后梁所有重大战役中，李嗣源几乎都当先锋，为开创后唐江山立下了汗马功劳，被公认为后唐第一功臣。

李嗣源武艺高强，胆量过人。有一次，后梁名将葛从周打败晋军，耀武扬威。李嗣源得到消息，立即率部增援，赶到后，迅速摆开阵势。

李嗣源匹马单枪，来到阵前，对梁军大喊："今天我只杀葛从周，其余士卒不要妄动。"说着，李嗣源挺枪纵马，冲入梁军阵中，左冲右突，无人能挡，把梁军阵形搅得大乱。晋军将士紧跟着出击，梁军大败而逃。此役，李嗣源身中四箭，名扬天下。

在著名的柏乡之战中，李存勖见梁军军容强盛，担心晋军士兵胆怯，故意激李嗣源出战，以振士气。李存勖对李嗣源说："你看，那个梁将骑的白马不错，是匹宝马。"

李嗣源豪爽一笑，说："我去把它夺来。"李嗣源大吼一声，冲入敌阵，瞬间到了白马跟前，一枪刺死梁将，牵着白马返回。晋军士兵一片欢呼，士气大振，最终获得柏乡之战大捷。

李嗣源在后唐战功第一，无人能及，但他生性谦和，并不夸功。有一次，众将宴饮，喝得多了，争相夸耀功劳。李嗣源只是微微笑着，一言不发。有人问他，为何不说话。李嗣源开玩笑说："你们都是用嘴杀敌，而我用的是手，所以用不着说话。"众将听了，都惭愧不已。

李嗣源功勋卓著，威望甚高。李存勖对他心怀猜忌，削了他部分兵权，并派亲信朱守殷监视他。朱守殷却悄悄告诉了李嗣源，让他小心提防。李嗣源胸怀坦荡，并不在意，也不怨恨。

李存勖称帝以后，居功自傲，荒怠政务，迷恋唱戏，纵容伶人乱政，还擅杀大臣，不恤将士，结果引发兵变，被杀身亡。李嗣源为人宽厚，众望所归，被众将拥立为皇帝。当时，李嗣源已经六十岁了。

有人建议他说，"您与晋王并无血缘关系，不必沿用唐朝，可以另立国号。如果另立国号，您就是开国之君，必将青史留名"。

李嗣源听了，流下泪来，动情地说："我十三岁就侍奉献祖（李国昌），献祖对我恩同父子。后来，我又追随武皇（李克用）近三十年，追随先帝（李存勖）近二十年，早已融为一体，成为同宗了，岂有同宗异国的道理？"李嗣源坚决不改国号，仍旧称"唐"。

李嗣源称帝后，每天晚上都在宫中焚香，向天祷告说："我本是一个胡人，因逢乱世，才被众人拥戴为皇帝。希望上天保佑，愿我大唐国运昌盛，百姓安康。"

李嗣源登基后，立即着手整顿朝纲，革除李存勖时期的弊政。优伶全部被清理出宫，宫中不再唱戏。一些祸乱朝廷的宦官被惩罚，有的被处死，吓得几百名宦官逃出宫去。李嗣源大量裁减宫女，而且专拣年轻貌美的放走，而留下年老体衰的。许多人不解，李嗣源说："年轻的可以找个好人家嫁了，年老的只能留在宫中养着了。"

李嗣源关心百姓疾苦，尽量减轻民众负担。过去朝廷在征收赋税时，每斗要加征一升损耗，地方官员也巧立名目，增加许多苛捐杂税。李嗣源即位后，下发的第一道诏令，就是取消一升的损耗，禁止苛捐杂税。百姓纷纷称颂皇帝圣明。

李嗣源知道，治理天下，重在吏治，必须大力整顿官吏队伍。李存勖时期选官，注重门第和出身，造成许多冗官。李嗣源制定了以德才为标准的选人制度，要求地方官员大力举荐人才，但同时要负连带责任，以确保举荐质量。李嗣源还制定了官员考核制度，以政绩决定奖罚。

李嗣源对官员要求很严，尤其是惩治贪腐毫不留情。石敬瑭的亲戚史彦珣贪赃枉法，许多人为其求情。李嗣源说："王法无私，岂能因亲戚而徇情。"他下令将史彦珣依法处斩。

李嗣源精心治理国家，他在任期间，政治清明，经济发展，社会稳定，没有发生大的战争，民众过上了一段难得的和平日子。

不过，李嗣源在晚年的时候，也出现了重大失误。他疑心过重，连续杀了宰相和枢密使，造成君臣二心，政局不稳。尤其严重的是，他在立太子问题上优柔寡断，造成父子猜忌，以至于在他病重之时，突发事变，骨肉相残。

李嗣源有许多儿子，长子已死，次子李从荣便成了事实上的嫡长子。李嗣源很信任他，让他掌管京师政务，又封为天下兵马大元帅。种种迹象表明，李嗣源有意让他当继承人。可不知李嗣源是怎么想的，就是迟迟没有立他为太子，甚至当群臣奏请立李从荣为太子时，李嗣源竟然大发脾气。这使得李从荣十分不安，心生猜忌，担心父亲会把皇位传给其他儿子。

933 年，李嗣源病重。李从荣入宫探视，见父亲已不能抬头，即将驾崩，不久，听到宫中有哭声。李从荣大惊，认为父亲已死，生怕别人抢去了皇位，于是率千余名士兵入宫，准备继位。有人报告说李从荣造反，李嗣源大怒，令禁军出击，结果李从荣兵败被杀。李嗣源受此惊吓和刺激，很快就死了，终年六十七岁。

李嗣源死后，三子李从厚继承了皇位。没想到，李从厚软弱无能，不能控制局势，只当了五个月皇帝，就被别人杀了。

无能皇帝李从厚

李嗣源英武强悍，能文能武，没想到却生了一个软弱无能的儿子，偏巧由这个无能儿子继承了皇位。后唐政权真是命运多舛。

李从厚生于 914 年，是李嗣源的第三子。李从厚母亲姓夏，生了李从荣、李从厚兄弟俩，而夏氏在李嗣源称帝前，不幸病逝了。

李从厚外表长得很像李嗣源，但性格截然不同。他从小就很听话，老老实实，不调皮捣蛋，是个乖孩子，长大后一门心思读书，通晓《春秋》，而且性格温和，心地善良，待人恭谦，人们都喜欢他，称他为菩萨奴。

李嗣源的长子，名叫李从审。他很早就随父出征，久经沙场，骁勇善战，精明强干，颇有其父之风，本来是个理想的接班人，可惜在李嗣源称帝前死了。

李嗣源的次子，叫李从荣。他也文武兼备，立有战功，深受器重，掌管京师政务，兼任天下兵马大元帅，由他继位，应该也没有问题。可是，李嗣源迟迟不肯立他为太子，致使李从荣心生猜疑，惴惴不安。

李嗣源病重时，李从荣听到宫中哭声，认为父亲已死，赶紧带千余名士兵入宫。枢密使朱弘昭、冯赟报告李嗣源，说李从荣谋反。

李嗣源大怒，命禁军统领康义诚平叛。康义诚犹豫不肯，李嗣源改命朱弘昭、冯赟率军出击。朱冯二人立即率精锐骑兵，攻击李从荣的部队。李从荣带兵入宫，并没有做打仗的准备，只是认为父亲已死，他要去继位，因而带的全是步兵，结果敌不过骑兵冲杀，兵败身死。

李嗣源听说李从荣死了，悲哀悔恨，昏死过去。事已至此，无可奈何，李嗣源只好命人火速把三子李从厚从魏州接回来，把大事托付给朱弘昭、冯赟，随即驾崩。

李从厚匆忙赶回洛阳时，父亲已死三日了。从这个情节来看，李嗣源本来并没有让李从厚继位的打算，李从荣多虑了。可是，李嗣源迟迟不明确李从荣的继承人身份，以致酿成大祸，这是他的一个重大失误。

李从厚回到洛阳后，在朱弘昭、冯赟拥立下，登基称帝，被称为唐闵帝。李从厚当时二十岁。

李从厚登基后，满心想当个好皇帝。他命人将《贞观政要》《太宗实录》等治国书籍找来，埋头苦读。可是，李从厚只会读书，不会理政，更不会用人。朱弘昭、冯赟自恃有李嗣源遗命，又有拥立之功，大权在握，把持了朝廷。

朱弘昭、冯赟在朝中资历不深，不能服众。朱冯二人便借手中权力，打着皇帝的旗号，把自己的亲信调入朝中，把不信任的人排挤出朝廷。李从厚不管不问，任其所为。结果，朝野上下议论纷纷，怨声载道。

朱弘昭、冯赟按照自己的心意，对朝廷官员进行了大换班，表面上比较顺利，因而扬扬得意。在这之后，他们又向手握重兵的宗室王爷卜手了，不料却碰上硬钉子，惹下大祸。

潞王李从珂，是李嗣源的养子，很早就随父出征，英勇善战，屡立大功，此时担任凤翔节度使。石敬瑭是李嗣源的女婿，也是战功卓著，深得军心，此时担任河东节度使。二人的功劳、声望远在朱弘昭、冯赟之上，朱冯二人十分忌惮，千方百计削弱他们的势力。

李从珂的长子李重吉，本来在朝中担任禁军将领，却被调到外地，去当亳州团练使。李从珂的女儿李惠明，已经出家当了尼姑，也被召入宫中，实际上做了人质。李从珂见自己的儿子、女儿，一个外调，一个内召，知道朝廷对他起了猜忌之心，既恐惧，又怨恨。

朱弘昭、冯赟仍不罢手，又向皇帝建议，对凤翔、河东、成德、天雄四镇节度使进行异地调动，目的是把李从珂、石敬瑭调往外地，削减他们的势力。李从珂终于忍无可忍，决定以武力抗争。

934年二月，李从珂打着"清君侧"的名义，在凤翔起兵造反。李从厚急忙调集六镇节度使，联合攻打凤翔，同时，将李从珂的儿子李重吉、女儿李惠明囚禁起来，不久又将他们杀害。其实，杀害李从珂的儿女，只会激起李从珂的愤慨和众人不平，没有半点好处。

六镇兵马包围了凤翔，即将攻城。李从珂只身登上城头，对围城将士喊话。李从珂大讲创业之艰难，陈述战功，控诉朝廷奸佞当道，迫害忠良。李从珂说到动情处，声泪俱下，恸哭不止。李从珂是军中有名的猛将，威信很高，他说的又是事实，围城将士都被感动了，许多人默默流下眼泪，城外一片寂静。

突然，杨思权、尹晖两个节度使高声大喊："我们归附潞王，跟着他去讨伐奸臣！"手下士兵齐声赞同。另外四个节度使没有归附，却也没有攻城，带兵回去了。李从珂一顿慷慨哭诉，退却了几十万大军，在历史上留下一段佳话。

李从珂举起"清君侧"大旗，各地纷纷响应。李从珂势力迅速增强，一举攻占长安。李从珂率兵东进，很快又攻占了陕州。

李从厚听说叛军东下，声势浩大，惊慌失措，对朱弘昭、冯赟说："先帝辞世之时，朕本无意继承帝位，你们硬让朕当皇帝。朕即位以来，对你们言听计从。这次讨伐凤翔，你们拍着胸脯说，必会马到成功。如今弄成这种局面，你们还有什么办法？如果没有，朕便西去迎接潞王，把皇位让给他，以免生灵涂炭。"

朱弘昭、冯赟面面相觑，惶恐不安，说："我们杀了潞王的儿女，即便让出皇位，恐怕也不能免死。如今之计，只有倾尽国库，犒赏禁军，决一死战了。"

可是，禁军将士们，都知道皇帝软弱无能，朱冯二人不得人心，他们拿了皇帝赏赐，却纷纷出城，去投奔李从珂。朝中大臣们，更是跑得精光。

李从珂大军直逼洛阳。李从厚知道洛阳必不能守，决定逃往魏州。李从厚带五十名侍从先行，令亲信慕容迁率禁军在后随行。可是，李从厚刚一出城，慕容迁就下令关闭城门，并迅速派人与李从珂联系，表示归顺。

李从厚身边只剩下五十名侍从，只得继续逃往魏州。途中经过卫州时，不料，卫州刺史王弘贽也归附了李从珂，他派兵把李从厚的侍卫全部杀掉，将李从厚囚禁起来，听候李从珂发落。

李从珂大军兵不血刃进入洛阳。禁军将领安从进杀掉冯赟，拿着他的头颅，向李从珂归顺表功。朱弘昭见已无生路，投井自杀。

李从珂占据洛阳，宰相冯道率百官上表劝进。李从珂便以曹太后的名义下诏，把李从厚废为鄂王，自己登基称帝。

李从珂即位后，为报儿女之仇，命王弘贽儿子王峦前往卫州，杀死了李从厚。可怜李从厚只当了五个月皇帝，就命丧黄泉，年仅二十一岁。

李从珂当上皇帝之后，后唐命运又将如何呢？

末代皇帝李从珂

李从珂是唐明宗李嗣源的养子，但却是汉族人。他英勇善战，打仗很有一套，可惜不会治国，更不会用人，结果只当了两年多皇帝，就国灭身死了。

李从珂，本姓王，河北平山人，生于885年，与唐庄宗李存勖同岁。李从珂家境贫寒，自幼丧父，与母亲魏氏相依为命。在他十岁那年，李嗣源率军攻占平山，俘虏了魏氏母子。李嗣源见魏氏有些姿色，便纳为妾室，收她儿子为养子，取名李从珂，小名阿三。

李从珂长大后，身高七尺有余，方脸大眼，体貌雄伟，勇猛刚毅，跟随李嗣源南征北战，英勇无敌，深受宠信。李存勖也很喜欢他，常说："阿三不仅与我年龄相同，打仗也很相似。"

有一次，后唐与后梁军队交战，梁军败退，李从珂带十几名骑兵悄悄混在敌兵中间，一起后撤。走到敌军营寨大门时，李从珂等人突然发难，打了梁军一个措手不及，杀敌数十人，还砍断梁军的瞭望杆，然后从容回营。李存勖见状大喜，夸赞道："壮哉，阿三！"随即命人拿酒来，亲手给他倒了一大杯。

923年，李从珂跟随李嗣源，从郓州长途奔袭开封，一举灭了后梁。战后，李存勖慰劳李嗣源说："恢复唐国天下，都是你们父子的功劳啊！"

李存勖、李嗣源都对李从珂宠信有加，可是，李从厚当了皇帝以后，却对他十分猜忌，想削减他的权力。李从珂奋而起兵，杀了李从厚，夺了皇位。

李从珂虽然当上了皇帝，但因他不是李嗣源的亲子，许多人并不服气，李嗣源的女婿石敬瑭就是其中的代表人物。另外，由于李从厚软弱，朱弘昭、冯赟专权，致使朝廷内部人心涣散，矛盾丛生。

李从珂刚一登基，就干了一件失人心的愚事。他在凤翔起兵的时候，为了激励士气，公开许诺说，只要攻下洛阳，每个士兵奖赏一百缗钱。这是一个相当大的数目，士兵们都欢欣鼓舞。

可是，进入洛阳后，李从珂清点国库，发现根本没有这么多钱。有人建议说，可以搜刮京城百姓的财产，李从珂竟然同意了。这一下，京城百姓遭了殃。官府巧借名目，或者明抢硬夺，把百姓的钱财掠夺一空，不少百姓被逼得投井上吊，京城一片号哭声。人们纷纷咒骂新皇帝，李从珂刚一上台，就失去了人心。

抢劫了百姓，钱财仍然不够，李从珂当初许诺的数目太大了。李从珂急得抓耳挠腮，没有办法。有人建议说，可以减少对士兵的奖赏，每人只给二十缗。李从珂无奈，只好同意了。

这一下，士兵们恼怒了，怨恨李从珂言而无信。他们编成歌谣，在军中传唱，说："除去菩萨，扶立生铁。"意思是说，李从厚慈软，就像菩萨；李从珂强硬，犹如生铁，他们后悔帮助李从珂除掉了李从厚。李从珂失去了民心，又失去了军心，两头都得罪了。

李从珂从小带兵打仗，不会理政。他上朝议事，就像将军升帐打仗一般。文武官员站立中央，四周全是带刀荷戟的士兵，气氛森严，大臣们谁也不敢多说一句话。

李从珂不会识人用人，他选用的朝廷官员，多数都不称职。有个叫史在德的人上书说："朝廷用人，都是滥竽充数。号称武官的人，不懂军事常识，更不会打仗；号称文官的人，没有真才实学，皇上征询意见时，常常目瞪口呆，即便写文章，也要让人代笔。朝廷如此用人，怎么能行呢？"

史在德说得太尖锐了，而且打击面很宽，把文臣武将全得罪了。群臣恼怒，纷纷要求严惩史在德，说他恶意诽谤朝廷，罪不容诛。李从珂倒觉得史在德说的是实话，没有处罚他。李从珂虽然觉得朝臣不理想，但他不知道怎么办好。

李从珂在处理人际关系、化解矛盾方面，也是外行。石敬瑭尽管心里对他当皇帝不服气，但表面上并没有反对。李从珂不知道拉拢，反而心存猜疑，试图削弱他的权力。

石敬瑭当时任河东节度使，河东是后唐的大本营和发迹之地，十分重要。李从珂即位后，把石敬瑭调任太原节度使，将他赶到北部边境一带。岂料，这恰巧给了石敬瑭一个好机会。北部靠近契丹，当时契丹趁中原混战，势力发展很快。石敬瑭与契丹勾勾搭搭，关系越来越密切。

后来，李从珂想把石敬瑭调任郓州节度使，进一步削弱他的权势。石敬瑭与李从珂一样，也是军中有名的大将，屡立战功，深得岳父李嗣源宠信。石敬瑭素有野心，见李从珂步步紧逼，又见他没有治国才能，朝廷混乱，军心民心不稳，于是决定起兵造反，夺取皇位。

936年五月，石敬瑭上书，指责李从珂非法即位，说他是养子，没有资格继承大统，要他把皇位让给李嗣源的亲子李从益。李从益是李嗣源的幼子，当时只有五岁。两年前李从珂即位时，石敬瑭并没有说什么，如今却公开指责，分明是想激怒李从珂，挑起事端。

果然，李从珂一见书信，勃然大怒，立即下令，免去石敬瑭一切职务，并派兵攻打太原。

石敬瑭早就谋划好了，他迅速聚集军队，进行抵御，同时以优厚的条件，请求契丹出兵。石敬瑭向契丹皇帝耶律德光许诺了三件事：一是把幽云十六州割让给契丹；二是每年进贡帛三十万匹；三是认耶律德光为干爹，耶律德光比石敬瑭小十岁。石敬瑭手下大将刘知远，认为这太屈辱了，没必要许诺那么多。可石敬瑭为了能够实现自己的野心，一切都豁出去了。

耶律德光见条件如此优厚，大喜过望，亲率契丹铁骑，出雁门关偷袭唐军。唐军正在围攻太原，不料契丹从背后杀来，猝不及防，大败溃散，被斩首一万余级。

石敬瑭军队和契丹大军马不停蹄，迅速南下，直捣洛阳。沿途州县不能抵挡，纷纷归降。大军势如破竹，所向披靡。

李从珂没有想到契丹会出兵，措手不及，心慌意乱，匆忙派遣将领，率兵御敌。可是，这些将领，有的畏惧契丹兵凶悍，不敢出战；

有的对李从珂有怨气，而与石敬瑭有交情，纷纷投降。很快，石敬瑭和契丹大军就兵临洛阳城下了。

936年十一月，石敬瑭和契丹军队包围了洛阳城，四面攻打，洛阳城即将陷落。李从珂见大势已去，不愿投降，决定以身殉国。

闰十一月二十六日，李从珂怀揣传国玉玺，带着妻子儿女，搀扶着年迈的曹太后，一同登上玄武楼。李从珂命士卒点火，烈焰升起，全家人自焚而死。李从珂死时五十一岁。

石敬瑭在契丹扶持下登基称帝。他废掉后唐，改国号为晋，史称后晋。

李克用、李存勖父子，从镇压黄巢起义开始，经过四十多年的接力奋斗，付出了艰辛的努力，牺牲了无数人的生命，终于在923年建立了后唐。可没有想到，只过了短短十三年时间，后唐就迅速亡国了。

可见，打江山艰难，丢江山容易。

称霸西陲李茂贞

李茂贞，五代时期藩镇割据军阀。他长期称霸西陲，与朱温、李克用齐名，属于乱世枭雄，后来顺应大势，归附后唐。

李茂贞，原名叫宋文通，深州博野（今河北蠡县）人。他出身平民，身体强壮，入伍从军，不久当上队长。在镇压黄巢起义中，宋文通立有功劳，又因护卫唐僖宗有功，升迁为武定节度使，并由皇帝赐名为李茂贞。

平定黄巢起义后，唐僖宗返回长安。在路过凤翔时，凤翔节度使李昌符不仅不来拜见，反而派兵拦截。李茂贞率军激战，打败叛军，斩杀了李昌符，声威大震。唐僖宗龙颜大悦，加封他为凤翔节度使和陇右节度使。不久，李茂贞又被封为陇西郡王。

黄巢起义之后，中央权威尽失，军阀混战。李茂贞四处用兵，抢占地盘。他先后吞并天雄、彰义、感义、兴元、保塞等地，势力涉及今陕西大部和甘肃、宁夏部分地区，一跃成为割据西部的最大藩镇，与占据开封的朱温、割据山西的李克用势均力敌。

唐昭宗即位后，李茂贞又向东发展势力，攻占了凤州、洋州、泾原三地，逼近都城长安。李茂贞离长安近了，便开始对朝廷事务指手画脚，给朝廷上书傲慢无礼，常有不恭之词。

唐昭宗年轻气盛，不能忍受，便与大臣们商议，想要讨伐李茂贞。大臣们都不同意，说李茂贞势大，搞不好会引火烧身。唐昭宗不听，愤恨地说："朕不能软弱到受藩镇欺凌而默不作声的地步！"

唐昭宗派兵讨伐李茂贞，果然大败。李茂贞领兵进军长安问罪，重创朝廷。唐昭宗仓皇外逃避难，被华州刺史韩建软禁三年。韩建与李茂贞是盟友，后来将唐昭宗交给他。唐昭宗落到李茂贞手里，形同囚徒，只好默不作声了。不过，李茂贞没敢加害皇帝。

朱温势力增强以后，打着援救皇帝的旗号，率军西征，与李茂贞打了一年多。最后，李茂贞战败，只好把唐昭宗交给朱温，双方罢兵。从此，李茂贞与朱温结下仇恨。

李茂贞与李克用也发生过冲突，沙陀兵凶猛，李茂贞没有占到便宜，因而对李克用心存忌惮，极力交好，双方关系总体上不错。

907年，朱温杀害唐朝皇帝，篡唐建梁。李茂贞联合李克用等人，声讨朱温罪行，欲组织联军，攻打后梁。但节度使们各怀鬼胎，并不真心维护已经灭亡了的唐朝。尤其是李茂贞，他对唐朝造成的危害比谁都大，绝不是唐朝的忠臣。所以，联军之事干打雷下不下雨，不了了之了。各节度使都在埋头发展自己的势力，许多人称王称帝。

李茂贞本来野心勃勃，欲取天下。后来，见朱温、李克用的势力越来越强，自己不可能统一天下了，于是便把目光盯在西部，专心称霸西方。李茂贞觉得，在乱世之中，能够称霸一方，当个土皇帝，也是不错的。

当时，许多割据政权都自称皇帝，李茂贞却没有称帝，而是称岐王，仍然使用唐朝的年号，打着唐朝的旗帜做幌子。不过，他建造了宏伟的宫殿，设置百官，各种设施仪仗，完全和皇帝一样，而且称其妻为皇后。李茂贞不图虚名，而讲究实际。

在此期间，李克用、李存勖与后梁打得难分难解，李茂贞却稳坐西部，安心治理一方。李茂贞戎马一生，杀人无数，却信奉佛教。他在占据西部期间，修寺院、建法舍、造佛塔，并对法门寺精心进行修缮，为佛教发展做出了贡献。这个时期，中原战火纷飞，西部却相对平静，百姓没有受到战火蹂躏，这真是西部民众的一大幸事。

923年，李存勖建立后唐，灭掉后梁，统一了北方。李茂贞知道，李存勖雄心勃勃，必不会满足现状，一定会继续拓展地盘，他的安稳日子恐怕过不下去了。李茂贞审时度势，觉得凭他的力量，无法与后唐抗衡，便决定归附后唐。

李茂贞与李克用是同辈，而且关系较好。他以叔父的名义，给李存勖写了一封信，祝贺他取得的丰功伟绩，表示自己长期坚持使用唐朝年号，自然属于唐朝的臣子，一切听从朝廷安排。李茂贞坚持不称帝，一直打着唐朝的旗号，没想到如今顺理成章地用上了。

李茂贞还派遣儿子，专门去洛阳朝见李存勖。李存勖很高兴，改封李茂贞为秦王，依旧让他统治西部。李存勖对李茂贞很尊敬，以叔父之礼对待他，时常派人去慰问。李茂贞有病时，李存勖还送去名医好药，以示关怀。

924年，李茂贞病逝，终年六十九岁。

《新五代史》对李茂贞评价颇高，说："茂贞居岐，以宽仁爱物，民颇安之。"

李茂贞属于乱世枭雄，曾给唐王朝造成极大危害，但他明达事理，没有野心膨胀，去争夺天下，而是安心治理西部，保境安民，又顺应大势，归顺后唐，确实是十分明智的。

骁勇冠绝李存孝

　　李存孝，大名鼎鼎，是五代时期第一猛将。传说他天生神力，五匹马都拉不动他。虽然不至于有那么神，但他确实勇猛善战，是一代名将。《旧五代史》说他："骁勇冠绝，未觉挫败，每战无不克捷。"

　　李存孝，本名叫安敬思，粟特族，858年生，代州飞狐人。飞狐在今山西灵丘一带。

　　在875年左右，李克用攻打代北时，遇见安敬思，见他雄壮有力，便收入帐中，作为养子，赐名李存孝。从此，李存孝跟随李克用南征北战，立下无数战功。其实，李克用是856年出生，只比李存孝大两岁。

　　五代时期，军阀们为了培植个人势力，大兴收养子之风，朱温等人都有很多养子。所谓养子，就是义子、干儿子。李克用也有许多养子，传说有十三太保。《旧五代史》和《新五代史》没有这个说法，只记载了他九个养子的情况。

　　在李克用的养子中，许多人年龄和他相差无几。李存进与他同岁，李存贤比他小四岁，李存信比他小六岁。

　　除个别情况外，李克用对他们并没有抚养之恩，之所以收他们为养子，是看中了他们有一身好武艺，能够为他打天下。李克用有地位、有名望，许多人也乐意当他的养子。

　　在众多养子中，武功最高的，要数李存孝了。李存孝手臂很长，善于射箭，箭无虚发。他使用的兵器是铁挝，特别沉重。铁挝是古代兵器，也叫铁杖，比一般铁棍粗重，只有力气大的人，才能舞得动。

　　每当临阵对敌，李存孝都是身穿重铠，带上硬弓，独自挥舞着铁挝，冲锋陷阵，勇不可当，万人都要避让。李存孝上了战场，从不知疲倦，他骑的马都累得受不了，需由仆人带两匹马跟随，便于他换骑。《旧五代史》说，其英勇程度，大概可与三国时期的张辽、甘宁相比。

有一次，朱温军队包围了泽州，李存孝率兵增援。李存孝只带五百骑兵，绕着敌军军营奔跑大喊："我是李存孝，等着用你们的肉来供应军队，快派个肥胖的出来作战！"

朱温的将领邓季筠，也以骁勇闻名，他欺李存孝兵少，出营交战。李存孝飞马向前，只一个回合，就生擒了邓季筠。敌兵见了，胆战心惊。李存孝带领骑兵冲杀，梁军大败溃逃。李存孝解了泽州之围，捕获战马千匹。

李克用攻打潞州，命李存孝为先锋。潞州当时没有节度使，朱温将领葛从周、朱崇节在此镇守。他们敌不过李存孝，急忙向朱温求救。朱温命孙揆为潞州节度使，率军增援潞州。李存孝得到消息，只带三百骑兵，悄悄在孙揆必经的山谷中埋伏下来。

孙揆依仗兵多，毫不在意，他坐着豪华的车子，悠闲地走在队伍中间。到了山谷狭窄处，李存孝把前边的敌军放过去，突然冲了出来，以迅雷之势把孙揆擒获。等到敌军反应过来，李存孝他们早跑远了。丢了节度使，朱温军队人心涣散，葛从周、朱崇节只好弃城而逃。李克用顺利攻占潞州。

李存孝攻占潞州立有大功，认为李克用会任命他为潞州节度使，不料，李克用派康君立担任了这个职务。康君立比李存孝大十一岁，是一名老将。李存孝认为李克用赏罚不明，气得几天不吃饭，心生怨恨。

李存孝跟随李克用十几年，剿灭黄巢、救援泽州、攻取潞州，后来又攻占邢州、洺州、磁州等地，每次战斗，他几乎都充当先锋，攻无不克，战无不胜，立下赫赫战功，威名远扬。

然而，战功多了，也不一定是好事，功高遭忌，是一般规律。再加上李存孝性格刚强，恃功自负，因而与很多将领的关系都不好。有人经常在李克用面前搬弄是非，李存信就是其中之一。

李存信也是李克用的养子，而且比李存孝被收养时间早。李存信机敏灵活，通晓四夷语言，早在李克用父亲李国昌时期，他就是李国昌的亲信。后来，李克用对他也是信任有加。李存信打仗不行，经常吃败仗，所以，他对屡战屡胜的李存孝特别嫉妒，处心积虑地挑拨他与李克用的关系。李存孝与李存信矛盾逐渐加深，形同水火。

893 年，李克用率大军出井陉，意图夺取军阀王镕的地盘。李存信进谗言说："存孝一向与王镕关系不错，防止他有二心。"李克用听了，对李存孝产生了戒心。

李存孝的确与王镕关系不错，他给王镕写信，诉说自己心中不平，大发牢骚。李存孝又给朝廷写信，说李克用处事不公，他愿将邢州、洺州、磁州献给朝廷，条件是让他当三州节度使。朝廷同意了，任命李存孝为三州节度使。此时的朝廷，实际上是被朱温控制着，而李克用正在与朱温对敌。李存孝的做法，属于背叛行为。

李克用大怒，亲自率兵攻打李存孝所在的邢州，兴师问罪。李存孝凭坚据守，进行抵抗。李存孝对李存信恨之入骨，到了夜里，率军悄悄出城，攻击李存信军营。李存信自然敌不过李存孝，大败溃逃。

李克用见邢州久攻不下，知道城内粮食不多，便决定围困城池，在城池周围挖掘沟堑。李存孝见了，派兵出击，进行阻挠，沟堑无法修成。

李克用心生一计，派一个与李存孝关系较好的将领，前去忽悠他说："晋王修好沟堑，定会留兵围城，而自己回去。您所畏惧的，仅是晋王，晋王一走，您就没有对手了，他们筑好沟堑又有什么用呢？"

李存孝头脑简单，果然听信了，不再出兵阻止挖沟堑。李克用筑成沟堑后，深沟高垒，无法靠近，将邢州城围困起来。李存孝兵不能出，十分被动。不久，城中粮尽，李存孝陷入绝境。

李存孝无奈，登上城头，向李克用哭诉说："儿蒙王的大恩，位至将相，难道愿意背叛吗？这都是李存信诬陷的缘故。希望能面见大王，死而无憾。"

李克用派夫人刘氏入城，安慰李存孝。刘氏把李存孝带了回来，向李克用请罪。李存孝叩头说："我对晋有功而无过，走到这一步，都是李存信害的。"李克用怒斥他，说："你向王镕、朱温写信，大肆毁谤我，也是李存信害你吗？"

李克用把李存孝押回太原，用车裂酷刑将他处死。可怜一代名将，身遭横祸，死于非命，年仅三十六岁。

车裂，是把人的头和四肢分别绑在五辆车上，套上马匹，向不同的方向拉，硬是把人的身体撕裂成五块。有时不用车，直接用马或牛来拉，叫五马分尸。由于太过残酷，秦汉之后就很少用了，唐朝更是废弃了此刑。在五代时期，正史记载的仅有李存孝一例，说明李克用对李存孝恨之入骨，丝毫没有父子之情。

人们对李存孝寄予无限同情。在一些小说、戏曲中，李存孝被塑造成与项羽、李元霸齐名的绝世英雄。在民间，更是广泛流传着李存孝的故事。

文学作品中的李存孝被描写得力大无穷，五匹马都拉不动他，只好挑断他的手脚筋，砸碎他的膝盖骨，才把他弄死，真是残忍至极。《旧五代史》和《新五代史》，均没有这样的记载。

李存孝死后，《旧五代史》说，李克用十几天没心思办事，私下里对诸将埋怨了很久。

《新五代史》的记载，就复杂多了。说李克用爱惜李存孝的才能，怅然若失，十多天不理政事。后来，每当提起李存孝，李克用都流泪不止。李克用还怨恨将领们不能容下李存孝，杀死了康君立。康君立与李存信关系好，常常诬陷李存孝。

李存信后来失宠，打了败仗之后，差点被李克用杀了。李存信此后锐气全无，经常有病，不再出征，四十一岁时病死了。

一代名将周德威

　　周德威，是五代时期名将。他智谋超群，骁勇善战，为开创后唐江山立下了汗马功劳。在有关五代的小说、戏曲中，周德威常常作为主角，受到人们广泛赞颂。

　　周德威，朔州马邑（今山西朔州）人，久居边塞，从小练习骑马射箭，因而骑射精良。周德威很有心机，善于观察，他仅凭飞扬的尘土，就能判断出骑兵的数量，误差很小。

　　周德威年龄不大，就投入李克用军中。李克用见他骑术高超，让他担任帐中骑督。周德威作战勇敢，胆略过人，熟悉边境情况，不久被提拔为将领。李克用对周德威很器重，不过，周德威并没有当他的养子。

　　在猛将李存孝死后，周德威成为晋军名将。899 年，朱温大将氏叔琮犯晋。氏叔琮以勇猛著称，不把晋军放在眼里。周德威领兵迎战，一战斩杀敌兵千余人，大获全胜。氏叔琮弃营逃走，从此畏惧周德威。

　　900 年，朱温进犯幽州。幽州节度使刘仁恭不能抵挡，向李克用求救。周德威奉命率五千骑兵驰援幽州，一举击败朱温军队，名声大振。

　　901 年至 906 年，周德威与李嗣昭共同领兵，先后攻占隰州、慈州、晋州、绛州、潞州等地，夺取了大片地盘。在此期间，周德威又碰上氏叔琮。氏叔琮心有余悸，不敢应战，弃城逃跑。朱温一怒之下，将他斩了。

　　周德威武艺高强，挥舞大锤，无人能敌。同时，他有勇有谋，常设巧计，神出鬼没，打得敌人闻风丧胆。因此，朱温军队的将士都怕他，甚至谈周色变。朱温为了激励士气，传令军中说："凡能捉住周德威者，封刺史，赏千金。"

重赏之下，必有勇夫。朱温将领中，有个叫陈章的人，力大凶狠，外号夜叉。陈章作战时，骑乘白马，身穿红色铠甲，他扬言说，要生擒周德威，换个刺史当当。

李克用听说以后，担心周德威安全，叮嘱他说："听说陈夜叉凶猛，专门要对付你。你如果遇上白马红甲之人，一定要小心。"周德威笑了笑，说："还不知道谁捉谁呢。"

有一次，两军对阵，果然出现了白马红甲之人，那便是陈章。周德威心生一计，换上士兵服装，对手下说："只要红甲人冲过来，你们不要与他交战，只管逃走就是。"

陈章立功心切，果然打马冲了过来。晋军士兵见了，立即四散逃跑。陈章十分得意，驱马急追。周德威冷不防从他背后杀出，一锤将他打落马下，把他生擒活捉了。

908年，李克用病逝，李存勖继承晋王位。由于李存勖不是嫡子，有些人不服，他的地位并不稳固。当时，周德威在外统领重兵，他立即回城，伏在李克用灵柩前恸哭，然后，恭敬地谒见李存勖，表示以身效力。从此，周德威对李存勖忠心耿耿，跟随他四处征战，为创立后唐江山立下赫赫战功。

在著名的柏乡之战中，后梁军队有八万之众，气势汹汹地扑来。周德威率领的前锋部队不多，士兵们面有怯色。周德威对士兵们说："梁兵都是屠沽商贩出身，虽然衣铠鲜亮，但徒有虚表，十个也不顶我军一个，全是草包，不信，我杀给你们看看。"

周德威说着，大喝一声，匹马单锤冲入敌阵。梁军刚到，立足未稳，被周德威突然一击，顿时慌乱，难以抵御。周德威如入无人之境，在梁军阵内来回冲杀四次。晋军士兵见了，欢声雷动，士气大振。

晋军后续部队赶到，两军摆开阵势，准备厮杀。周德威对李存勖说："据我观察，敌军是轻装而来，难以在途中进食。不如等他们饿了，咱们再进攻。"李存勖连声说："是个好主意。"

晋军用强弓稳住阵脚，耐心等待，并不出战。从上午一直等到傍晚，梁军士兵全都饿得前胸贴后背，浑身没有力气，皆有退意。周德威见时机已到，建议出击。结果，梁军伤亡三万人，二百八十多名将校被俘，大败而逃。

周德威最大的功绩，是率兵攻占幽州，完成了李克用的一个夙愿。李克用临终前，留下三个遗愿，其中之一，是夺取幽州，把晋地与幽州连成一片，扩大势力。

911年，幽州节度使刘仁恭被儿子刘守光囚禁，夺去权力。刘守光自不量力，建立燕国，登基称帝。李存勖抓住这个机会，以讨伐叛逆为由，令周德威率军攻击幽州。

周德威经过两年奋战，先后击退后梁援军，占领幽州大部分土地，把刘守光围困在幽州城。李存勖亲自督战，攻克幽州城，斩杀了刘仁恭、刘守光父子，灭亡了燕国。

攻占幽州后，李存勖命周德威在此镇守，主要是为了对付契丹。契丹果然大举南犯，周德威与李嗣源、符存审联手，驱逐契丹，稳定了边境。

李存勖经过几年奋战，把晋地与河北、幽州连成一片，势力大增，便开始发动灭梁战争。可是，后梁力量依然很强，灭梁战争并非一帆风顺。

918年，李存勖调集大军，攻击后梁，把周德威召来参加灭梁战争，由符存审镇守幽州。晋军进驻到胡柳陂，梁军赶来阻击。

周德威对李存勖说："我军已深入敌境，离开封只有两三日的路程。梁军家属皆在开封城中，必然死战，不可轻敌。"周德威建议，坚守营寨，暂不与敌决战，待敌疲倦后，再寻破敌之策。

这本来是个很好的建议，可李存勖由于连打胜仗，有些骄傲，又急于求成，因而没有采纳。梁军一到，李存勖即刻下令出击，企图趁敌立足未稳，一举击溃梁军，然后乘胜进军开封。

可是，正像周德威预料的一样，梁军知道已到生死存亡关头，又挂念开封城中的家属，战斗意志很强，个个舍身拼斗，不肯后退。战斗异常惨烈，尸横遍野。最终，晋军虽然勉强取得了胜利，消灭了大量敌人，但自身也损失惨重。

在激烈的混战中，周德威年老体衰，不幸战死于乱军之中。他的儿子为了救父亲，也英勇战死，父子俩双双为国捐躯。史书没有记载周德威的年龄，不知终年多少，应该岁数很大了。

李存勖得知周德威父子阵亡，痛哭不止，悔恨地说："丧失良将，都是我的罪责。"

胡柳陂战斗以后，晋军已经无力攻打开封，只好撤军了。直到923年，李存勖建立后唐，才灭掉了后梁。

周德威忠勇兼备，堪称一代名将，受到人们尊敬。在五代史小说中，他被塑造成文武双全、神机妙算的人物，被誉为"红袍将"。在传统京剧中，《珠帘寨》《飞虎山》《落巢山》等著名剧目，都与周德威有关，久唱不衰。

忠勇之臣李嗣昭

在李克用的众多养子中，李嗣昭堪称是忠勇之臣。他先是忠于李克用，后又忠于李存勖，连年领兵作战，为开创后唐江山立下大功，最终战死沙场，以身报国。

李嗣昭，原名叫韩进通，出身于汾州太谷（今山西太谷）一个农民家庭。有一次，李克用到太谷打猎，在韩家休息，见他家刚生的婴儿有富贵相，很是喜欢，便拿金银绸帛把婴儿买走，交给弟弟李克柔抚养，改名李进通。婴儿长大后，李克用收为养子，又改名叫李嗣昭。李嗣昭是养子中极少数由李家抚养长大的，因而他对李家的感情更深厚一些。

李嗣昭身材矮小，但胆略过人，而且为人忠厚，处事谨慎，对李克用很孝顺。李嗣昭起初爱喝酒，李克用略微劝诫，他就下决心戒酒，从此终生滴酒不沾。李克用很喜欢他，经常带在身边。

897年，朱温攻打河中节度使王珂。李嗣昭奉命率两千骑兵增援王珂，这是他第一次独自率军出征。李嗣昭很争气，协助王珂打败朱温军队，还擒获朱温的大将滑礼。李克用很高兴，从此李嗣昭经常率军出征，总是胜多败少。

901年，朱温企图统一天下，大举攻晋。当时，朱温势力大于李克用，所以气焰十分嚣张。李克用沉着应战，步步后退，在消灭大量敌兵之后，退守太原。

朱温很高兴，指挥大军包围了太原城，奋力攻打。李克用早有准备，顽强抵抗，朱温久攻不克。在太原保卫战中，李嗣昭大显身手。他精力充沛，头脑灵活，白天在城头坚守，晚上率小股精锐骑兵出击，袭杀敌人，搞得敌军疲惫不堪。

朱温见太原难以攻克，军粮又供应不上，士气低落，只得下令撤军。李克用看准时机，立即命李嗣昭、周德威等人率军追击。朱温军队在撤退途中，兵无斗志，队形散乱，难以形成有效的抵抗，被打得一败涂地，狼狈逃窜，原先夺取的一些地方，悉数被晋军夺回。

此后几年，李嗣昭与周德威共同领兵，先后攻占隰州、慈州、晋州、绛州、潞州等地，扩大了地盘和实力。李嗣昭立下赫赫战功。

潞州，在今山西长治上党一带，是太原的南大门，朱温想要犯晋，必须经过潞州。潞州战略地位十分重要，朱温和李克用反复争夺，几次易手。重新占据潞州后，李克用觉得，李嗣昭办事牢靠，有军事才能，便让他镇守潞州。

李嗣昭赶到潞州，立即整训部队，加固城墙，深挖战壕，储备粮草，准备了大量檑木滚石和箭矢，还有序组织民众，做好了一切准备，随时抵御来犯之敌。

907 年，朱温篡唐称帝，建立后梁。不久，李克用患病。朱温闻讯大喜，认为是天赐灭晋良机，于是亲率十万大军，杀奔潞州而来，把潞州围得水泄不通。此时，潞州守军不足万人。朱温觉得稳操胜券，他派使者去城内，要李嗣昭投降。可是，李嗣昭毫不犹豫地把使者斩了。

朱温大怒，下令攻城。李嗣昭稳立城头，沉着指挥，滚石檑木纷纷砸下，箭矢如雨点一般，梁军死伤惨重，不能靠近城墙一步。

李嗣昭做好了长期作战的准备，为了不让将士疲劳，他把士兵分成批次，轮流上城守护。李嗣昭把城中百姓组织起来，青壮年男子协助守城，妇女负责做饭和救护伤员，军民协同，井然有序。李嗣昭还故技重演，时常在夜里派出小股部队，去袭杀骚扰敌人，搞得梁军日夜不宁。梁军连攻数月，丝毫不能奏效，潞州城就像铜墙铁壁一般。

身在太原的李克用，躺在病床上不能起身，却时刻关注着潞州战况。众将都沉不住气，纷纷要求增援潞州。李克用平静地说："李嗣昭这孩子，沉稳坚定，心中有数，是个帅才。他没有派人求援，说明能够坚守。有潞州牵制和消耗着敌人的力量，也是一件好事。等到敌军疲惫时出兵，可一战而获大胜。"

不久，李克用病死，朱温松了一口气。他认为李存勖年轻，不足为虑，特别是要忙于治丧，近期不会有军事行动。朱温围困潞州一年，搞得筋疲力尽，便让将士继续围城，自己回开封休息去了。梁军将士也都松懈下来，平时向太原方向派出的侦察兵也不再派了。

谁也没有想到，李存勖先不忙着治丧，而是亲率大军，快速而凶猛地向潞州扑来。梁军猝不及防，被打得落花流水，伤亡惨重，溃散而逃。

潞州被围困一年，损失严重，百业萧条，民众生活困难。李嗣昭抓紧想办法恢复秩序和正常生活，他实行宽大政策，放宽法律，减免租税，让将士们帮着民众发展生产，潞州的社会秩序和经济状况很快恢复如常，百姓们纷纷称赞。

这表明，李嗣昭不仅有军事才能，治理地方也有一套。后来，他当过一段时间的幽州节度使，实现了幽州大治，万民称颂。李嗣昭离任时，百姓们跪在路上，号泣请留，不让他走。李嗣昭没有办法，只好在半夜里偷偷离去。

918 年，李嗣昭参加了灭梁战争。在胡柳陂之战中，晋军和梁军展开生死决战，战场一片混乱，周德威战死，局势十分严峻。多亏李嗣昭率领手下骑兵反复冲杀，才击溃敌人，赢得最终胜利。

从 921 年开始，李嗣昭多次劝李存勖建国称帝，并准备了大量物资，作为建国费用。李存勖打算选个最佳时机，暂时没有答应。

922 年，契丹又进犯涿州等地，李存勖亲自领军征讨。李嗣昭作为先锋，率军北征。在战斗中，李嗣昭带领三百名精锐骑兵，横扫契丹军阵，在阵中来回冲杀。契丹大败，李嗣昭乘胜追击，一直把契丹驱逐到漠北。

北征回来之后，李嗣昭没有顾上休息，随即与梁将张处瑾展开战斗。在战斗中，李嗣昭身先士卒，奋勇杀敌，箭矢都用完了。不料，敌人一箭射来，正中李嗣昭头部。李嗣昭忍着剧痛，拔下头上的箭射回去，射死了敌人。李嗣昭因伤势过重，当夜死在军营中。全军为之哭泣。

第二年，李存勖建立后唐，灭了后梁。李嗣昭虽然没有亲眼看到这一辉煌成果，但他为后唐政权做出的巨大贡献，有目共睹，与世长存。

生死须臾符存审

须臾，是指时间极短，片刻之间。有的时候，这须臾之间，就能决定一个人的生死。后唐名将符存审，就有着切身经历。

符存审，河南淮阳人，862年生。李克用后来收他为养子，赐姓李，也叫李存审。他比李克用只小六岁。

符存审从小机灵，头脑灵活，长大后性格豪迈，足智多谋，喜欢谈论兵法，也精通乐器。黄巢起义、天下大乱的时候，他组织一帮年轻人，抵御强盗，保护乡里，受到人们的称赞。

符存审见军阀割据、天下混乱，觉得正是英雄大有作为的时候，于是毅然投军，想混出个名堂来。他先投靠光州刺史李罕之，后又投奔河阳节度使诸葛爽，不久在军中担任小校。

大约在886年，符存审在一次战斗中不幸被俘。敌军决定把俘虏全部处死，符存审随一群俘虏一起被押往刑场。眼见前边的人都被砍头，符存审仰天长叹，觉得壮志未酬，死了实在不甘心。

轮到符存审被斩首了，符存审指着附近一面即将倒塌的危墙，对行刑人员说："请您在那面危墙下行刑，墙倒塌以后，可以掩埋我的尸体，不至于曝尸荒野。求您做件好事，我在阴间也会感恩的。"行刑人员听他说得可怜，便同意了。

在这千钧一发之际，一匹快马闯进刑场，骑马人高声喊叫符存审的名字。原来，敌军获胜后，敌军主将十分高兴，跑到酒楼畅饮，找了一个歌女唱歌助兴。歌女没有音乐伴奏，对主将说："我认识一个叫符存审的人，被你们俘虏了。他精通乐器，可以让他来伴奏。"主将同意了，命人去找符存审。符存审由于拖延了片刻时间，意外地留住了一条性命。

符存审大难不死，必有后福。他通过观察，认为晋王李克用是个英雄人物，便去太原投靠了他。李克用果然识才，对符存审很器重，收为养子，还把义儿军交给他统领。义儿军是由李克用养子组成的部队，可见他的干儿子确实不少。从此，符存审跟随李克用四处征战，开始飞黄腾达了。

符存审作战勇敢，又有谋略，屡立战功，只用几年的时间，就成为晋军的重要将领。李克用对他很宠信，有一次，他作战负伤，李克用亲自为他敷药，每天都要询问他的伤情。符存审在巩固河东根据地战斗中立有大功。

908年，李克用病故。符存审又跟随李存勖，参加了柏乡之战、同州之战、魏州之战、幽州之战，大小战斗数百次，多次流血负伤，为晋抢占地盘、扩大势力又立新功。

李存勖对符存审也很器重，常常让他独领一军，或者独当一面。李存勖出征时，时常让符存审镇守大本营太原，对他十分信任。

符存审对李存勖忠心耿耿，常常直言进谏，纠正他的过失。李存勖生性好战，经常亲临战场，带头冲锋陷阵，多次遇到危险。符存审常常为这事劝谏他，李存勖口头上答应，可总是不改。

有一次，李存勖披挂上马，又要亲自上阵。符存审拦住马头，不让他走，十分严肃地说："大王的责任，是要恢复唐朝社稷，不是上阵杀敌；冲锋陷阵，是将士们的责任。希望大王为天下考虑，不要涉险。"李存勖无奈，只好作罢。

此后，只要符存审在，李存勖就不敢亲自上阵。有一次，符存审不在跟前，李存勖按捺不住，策马跑出军营，对左右说："今日老头不在，可以尽兴一战。"

李存勖兴致勃勃地去向梁军挑战，不料中了埋伏，身处险境。符存审听说以后，迅速领兵来救，这才化险为夷。李存勖感激地对符存审说："您老人家说的话，真是忠言啊！"

李存勖攻取幽州之后，又想灭梁，把周德威调往灭梁前线，想找一个信任的人镇守幽州。大臣郭崇韬说："符存审老成持重，非他莫属。"于是，李存勖任命符存审为幽州卢龙节度使，让他防御北疆。

这个时候，符存审已经年老体衰，而且有病。但他毫不顾忌，毅然赴任。符存审精心治理幽州，他整顿兵马，加强武备，对外抵御契丹，对内体恤百姓，发展经济，稳定社会，保障民众安居乐业。有符存审镇守北疆，李存勖十分放心。

923 年，李存勖建唐称帝后，为了表彰符存审的功绩，授予他"忠烈扶天启运"功臣勋号，加授开府仪同三司、检校太师、中书令，食邑一千户，但仍然让他守卫北疆。

北疆气候寒冷，生活条件很差，符存审得了重病，感觉不久于人世。他把儿子们召集到跟前，交代说："我出身贫寒，自幼携剑在外闯荡，历时四十多年，才有今天的地位，可见创业之艰辛。我有一件宝物，交给你们，可作为传家宝。"

符存审命人拿来一个小皮箱，皮箱已有多年，十分破旧，符存审时刻带在身边。儿子们瞪大了眼睛，不知道皮箱里是什么宝贝。符存审慢慢打开皮箱，里边放着一堆箭头，箭头均有暗红色血迹。

符存审抚摸着箭头，动情地对儿子们说："为父一生征战，浑身上下全是伤痕，这些都是从我身上取出的箭头，有一百多个。你们一定要牢记为父的艰辛，不能奢侈骄纵，而要忠心为国，遵纪守法，辛勤努力，自己去建功立业。"

儿子们深受感动，全都热泪盈眶。符存审有九个儿子，个个成才，七个当了节度使，一个当了上将军，一个成为宰相。

924 年，符存审病逝，享年六十三岁，死后被追封为秦王。

符存审在生死须臾之间，故意拖延时间，意外地大难不死，又历经无数次生死，战绩累累，青史留名。

功成身死郭崇韬

　　郭崇韬，五代时期军事家、战略家，后唐宰相。他胸有谋略，献计灭掉后梁，辅佐李存勖谋取中原，后又率兵南下，平定前蜀，功勋卓著。然而，郭崇韬为人刚直，不会处世保身，树敌过多，他功成之后，随即被诛杀，令人悲哀。

　　郭崇韬，代州雁门（今山西代县）人。他遇事机警，做事干练，胸有韬略。郭崇韬先是李克用的近臣，李存勖继承王位后，予以重用，让他掌管机要。郭崇韬成了李存勖身边最重要的谋士。

　　郭崇韬为李存勖出谋划策，用十几年时间，巩固河东，控制河北，攻灭幽州，势力大增，之后又不断攻击后梁，完全处于有利态势。李存勖对郭崇韬十分信任和倚重，对他几乎言听计从。

　　923年，李存勖建唐称帝，任命郭崇韬为兵部尚书、枢密使。郭崇韬经过考察敌情、精心设计，谋划了一个攻灭后梁的计划。

　　郭崇韬对李存勖说："陛下奋战十几年了，天天忙于事务，经常顾不上洗脸梳头。如今势力强盛，又登基称帝，天下百姓翘首以望，应该迅速攻灭梁国，建万世之功。这几年我们多次攻打梁地，削弱了它的势力，但梁国仍然力量很强，要想尽快灭掉它，非出奇计不可。"

　　李存勖很感兴趣，问他有何妙计。李崇韬不慌不忙地说："梁国虽然还有很多兵力，但领兵将领不行，都是攀附权贵的小人，根本不会打仗。我们可以不用管他们，出奇兵直捣开封。臣了解过，开封守军不多，必会一举成功。只要拿下开封，捉住梁国皇帝，那些梁兵自会乖乖投降。"

　　李存勖大喜，于是依计而行。李存勖亲率大军，在夜间冒雨渡过黄河，一举攻占郓州。然后，从郓城出发，轻装前进，昼夜兼程，只用五天时间，就兵临开封城下。开封果然空虚，不堪一击，被攻破城池，后梁皇帝朱友贞自杀。梁军将领听说皇帝死了，果然乖乖地投降了，一切都与郭崇韬预料的一样。

灭掉后梁，郭崇韬立有首功。李存勖封他为赵国公，还赐给他免死铁券，可以免十次死罪。郭崇韬在朝廷的威望大增，又手握大权，许多人对他歌功颂德。郭崇韬自己也飘飘然起来，倚仗功高，说话做事很不谨慎。

后梁刚灭的时候，很多后梁官员给郭崇韬送礼行贿，求他给安排个好职位。郭崇韬总是来者不拒，一概收下。有亲友提醒他，郭崇韬说："梁国行贿受贿已成风气，如果不收礼，他们会多心的。反正这些财物都要上交，我问心无愧。"果然，郭崇韬后来把收受的贿赂全部上交国库，但他却落下了一个喜欢受贿的坏名声，给攻击他的人留下了把柄。

郭崇韬生性耿直，从不隐瞒自己的观点，说话做事直来直去，我行我素，不顾忌别人的感受，因而得罪了不少人。

李存勖和刘皇后信佛，有高僧从外地来，皇帝皇后总是带领群臣跪拜迎接，只有郭崇韬一人不拜，高高站着，如同鹤立鸡群一般。佛教徒们对他很有意见。

李存勖喜欢唱戏，宠信优伶。许多人都讨好巴结优伶，起码不敢得罪他们。只有郭崇韬不怕，他见了优伶，或者横眉冷对，或者厉声斥责。优伶们都怕他，躲得远远的，但心里充满了怨恨。

郭崇韬特别讨厌宦官，多次在公开场合说，宦官没一个好东西，应该全部除掉。不仅宦官不能用，连骟过的马也不能骑。宦官们对他恨之入骨。

郭崇韬对待大臣，态度也不友好。他总是夸耀，自己是郭子仪的后代子孙，因而重视门第出身。其实，他并不是郭子仪的后代。有出身低下的官员要求升职，郭崇韬讽刺说："我不敢提拔你，因为你的门第太低，我怕会被名流笑话。"大臣们对郭崇韬敢怒而不敢言。

郭崇韬甚至对皇帝说话也不客气。有一年酷夏，李存勖喊热。郭崇韬冷笑一声，说："陛下当年打天下的时候，酷暑严寒都不在乎，如今中原已定，吃喝享受，自然就怕热了。"李存勖听了，心里很不舒服。

郭崇韬在国家大事上胸有谋略，常出奇策，可在为人处世和保身立命方面，却相当弱智。这样时间不长，他把上上下下的人都得罪光了。优伶、宦官们不断对他攻击诬陷，皇帝也对他逐步改变了态度。郭崇韬却浑然不知，还以为自己德高望重呢。不过，郭崇韬对低级官吏和士兵们却很友好，士兵们都很拥护他。

925年，李存勖决定攻打前蜀。他本来打算让李嗣源率兵出征。郭崇韬建议说，太子年轻，应该建立功劳，以增加威望。其实，郭崇韬是想自己去立功。李存勖同意了，让郭崇韬辅佐太子李继岌，去讨伐前蜀。

郭崇韬确实不简单，只用七十天时间，就大功告成，灭掉了前蜀。不过，军中一切事务，他都独断专行，引起李继岌极大不满。李继岌身边的宦官们，趁机挑拨离间，火上浇油。

郭崇韬灭掉前蜀后，没有立即班师，而给皇帝上奏说，蜀地刚平，治安很乱，他需要多住些日子。将领率军在外，本来就容易遭到皇帝猜忌，郭崇韬又提出这个要求，李存勖顿时起了疑心。这个时候，不知道是郭崇韬授意，还是自发的，有官员给朝廷上书，建议让郭崇韬留下治理蜀地。李存勖疑心更重了，他担心郭崇韬会在蜀地自立为王。

李存勖下了诏令，命郭崇韬即刻班师，让宦官向延嗣前去传达诏令。向延嗣回来诬陷说，郭崇韬对诏令十分不满，有造反的迹象。李存勖有点相信了，但如何处置，他还没有拿定主意，想派人再去了解情况。

向延嗣联合宦官马彦圭，又去刘皇后处煽风点火，说郭崇韬如果造反，肯定会先拿李继岌开刀，李继岌危在旦夕。李继岌是刘皇后的亲儿子，刘皇后吓得哭泣，赶紧去找李存勖，要求诛杀郭崇韬。

李存勖犹豫说："事情没有搞清楚，怎么能随意诛杀大臣呢？朕已经派人去了解情况了，等等再说吧。"

刘皇后无奈回了后宫。马彦圭阴险地说："蜀地有数千里之遥，来往耗费许多时日，而祸乱发生，只是瞬间的事情。如果等到查明情况，太子的人头恐怕早就落地了。"刘皇后听了，更加恐慌，于是自作主张，给儿子写了份命令，让他抢先下手，诛杀郭崇韬，命马彦圭火速赶往蜀地，把命令亲手交给李继岌。

李继岌接到母亲的命令，也有些犹豫，说："没有皇帝的诏令，怎么能杀大臣呢?"宦官们全都趴在地上，哭泣着说："皇后已经下了命令，如不赶快动手，泄露了机密，我们全都没命了。"李继岌本来就对郭崇韬不满，于是下了决心，立即做了布置。

郭崇韬根本没有反心，对这一连串的阴谋丝毫没有觉察，更不知道大祸即将临头。

第二天，李继岌请他到府中议事，郭崇韬毫不怀疑，只身前往。郭崇韬刚一进门，左右伏兵齐出，将他斩杀。郭崇韬死时六十二岁。他有免死十次的铁券，一次也没用。郭崇韬随军的两个儿子，也同时被杀。

李存勖听说郭崇韬死了，松了一口气，他顺水推舟，下诏宣布郭崇韬谋反的罪行，并诛杀了郭崇韬另外三个儿子，没收其全部家产。

郭崇韬平蜀立有大功，却突然被杀，立刻在军中掀起轩然大波。当时，郭崇韬已经宣布了班师日期，全军做好了返回准备，所以，说郭崇韬造反，将士们都不相信，纷纷为他鸣不平。结果，在回师的路上，就发生了兵变，李继岌无奈，自杀身亡。

李嗣源称帝后，下诏为郭崇韬平反，归还其家产。

郭崇韬功成身死，固然是奸佞的阴谋，但他自身，也有一些原因。毕竟在乱世之中，学会保身立命，是很重要的。

后唐女婿石敬瑭

　　936 年，石敬瑭依靠契丹力量，一举灭掉后唐，建立后晋，李克用、李存勖父子浴血奋战几十年的后唐事业，顿时化为乌有。然而，石敬瑭起初并不是后唐的敌人，而是朝廷高官、唐明宗李嗣源的女婿，并且还为后唐立了不少功劳。

　　石敬瑭，892 年出生于太原。关于他是哪个民族的人，颇有争议。《旧五代史》说，他是汉族人，是春秋时期卫国大夫石碏、西汉丞相石奋的后代。石碏和石奋，都是历史上大名鼎鼎的人物。而《新五代史》却说，石敬瑭是西夷人，其父叫臬捩鸡，一听就是个胡人。所以，石敬瑭的族别有汉族、沙陀族、粟特族、突厥族等多种说法。

　　《旧五代史》对石敬瑭的身世和祖宗四代，都记载得十分详细。在汉朝衰亡的时候，有些石姓子弟流落到西部。石敬瑭的四代祖，名叫石璟，在唐宪宗时期，与沙陀人一起归附唐朝，官至朔州刺史。三代祖石郴早逝，被追封为左散骑常侍。祖父石翌，任振武军防御使，被追封为宰相。石敬瑭的父亲，名叫石绍雍，按番族读音叫臬捩鸡。石绍雍善骑射，跟随李克用、李存勖父子两代人，当过平、洺两州的刺史，功名显赫，仅次于周德威。

　　《新五代史》只记载了臬捩鸡，没有记载其祖上。笔者认为，《旧五代史》的记载，应该更可信一些。

　　石敬瑭出身名门和官宦世家，从小受到良好教育，长大后熟读经史，精于骑射，文武双全，而且性格沉稳恬淡，喜欢研究兵书，富有谋略，胸怀大志，常以李牧、周亚夫的品行功绩激励自己。石敬瑭在李嗣源手下为将，李嗣源看中了他，把三女儿嫁他为妻，说明石敬瑭是相当优秀的。

石敬瑭跟随李嗣源南征北战，屡立战功。李嗣源有一支亲兵部队，全是勇武之士，以一当十，十分精锐，号称"三讨军"。"三讨军"平时负责保卫李嗣源安全，关键时候当突击队使用，所向无敌。李嗣源视"三讨军"为命根子，交给石敬瑭统领。

晋王李存勖喜欢亲自上阵杀敌，常常遇到危险。有一次，李存勖不小心被梁军包围。梁军见围住了晋王，群情激奋，嗷嗷乱叫，都想擒杀晋王立功。梁兵越聚越多，李存勖身陷重重包围之中，情况万分危急。

李嗣源见了，急令"三讨军"出击。石敬瑭一马当先，挥舞大刀，勇不可当，率军冲破梁军包围圈，把李存勖救了出来。李存勖抚摸着石敬瑭的背说："将门出虎子，一点都不假。"赐给他大量财物，又亲自送给他酥食。石敬瑭从此声名远扬。

石敬瑭作为李嗣源的亲兵统领，多次救岳父于危难之中。李嗣源也喜欢亲自上阵杀敌，常常不顾个人安危，身先士卒，冲锋陷阵。石敬瑭紧随其后，寸步不离，时刻保护他的安全。

有一次，在激战当中，一名敌将从背后袭击李嗣源，兵刃眼看就要刺到他身上。石敬瑭来不及多想，挺身上前，用身体护住李嗣源，自己却挨了一刀，差点丧命。

又有一次，李嗣源忽然要到前边观察敌情，石敬瑭顾不上披甲，提刀紧紧跟随。李嗣源正在观察敌人阵地情况，冷不防有股敌人冲了过来。石敬瑭立即舞刀迎敌，像羽翼那样护住李嗣源。石敬瑭身上多处受伤，血流如注，仍然死战不退，直到增援骑兵赶到，李嗣源脱离危险，石敬瑭才倒在地上，昏死过去。

李嗣源身经百战，能够安然无恙，主要赖于石敬瑭的护卫之功。李嗣源常常十分感激地对石敬瑭说："你的功劳，我心里都很清楚。"

李存勖在建立后唐、登基称帝之后，逐渐丧失了打天下时那种雄心壮志，认为大功告成，变得追求享受、不恤将士、猜忌功臣，结果失去人心，引发兵变。

926 年，魏博发生兵变，李嗣源奉命率军平叛。可是没有想到，他率领的军队，同样对皇帝李存勖怨气十足，刚到魏博，就与城中叛军合为一伙，劫持了李嗣源，要拥立他为帝。李嗣源没有思想准备，坚决不答应。

石敬瑭觉得，这是拥戴岳父称帝的好机会，而且是大势所趋、人心所向。他再三劝说李嗣源答应下来，十分恳切地说："如今乱兵势大，都是由于皇帝昏暗不明造成的。您如果不答应，不仅性命难保，我们辛苦创立的唐朝基业，也必将毁于一旦。以您的英明睿智，如果主宰天下，一定会将基业发扬光大的，武皇（李克用）的在天之灵，也会感到欣慰。"在石敬瑭劝说下，李嗣源终于同意了。

不久，李存勖的亲兵部队也发生兵变，李存勖死于非命。李嗣源登基称帝，果然把后唐治理得一派兴旺。

李嗣源对石敬瑭十分信任，任命他为河东节度使。河东是后唐大本营和发迹之地，位置十分重要。石敬瑭不负重托，精心治理河东。他十分勤政，白天处理完公务，晚上在家里召集幕僚宾客，讨论执政得失，发现失误及时纠正。石敬瑭生活俭朴，不爱声乐美色，为官清廉。

石敬瑭重视法治，用刑严苛，而且喜欢亲自处理疑难案件。有一次，一个妇人和一名士兵发生纠纷。妇人说，士兵的马吃了她家晒在门口的粟米，要求赔偿；士兵则坚称妇人诬告。主审官员无法判断。

石敬瑭说："这好办，把马杀了，看看肠胃里有没有粟米。如果有，就杀士兵；如果没有，就杀妇人。"结果，马肠胃里没有粟米，于是杀了妇人。官吏百姓都佩服石敬瑭明察。由于石敬瑭用刑严厉而又公正，河东治安良好。

李嗣源年老时，有一次去河东巡视。石敬瑭见岳父年迈，身体也不好，禁不住悲上心头，抽泣流泪。李嗣源也流下泪来，翁婿俩相对而泣，情景十分感人。果然，李嗣源回去不久就病逝了。石敬瑭得到消息，号啕大哭，如丧考妣。

从史书记载来看，那个时候的石敬瑭，忠诚勇武，重情重义，十分优秀。

然而，令人想不到的是，石敬瑭后来做了一件令人不齿的事情，让他背上了千古骂名。

石敬瑭甘当"儿皇帝"

石敬瑭身为后唐高官、皇帝驸马，却向契丹称臣称儿，割让幽云十六州大片土地，借用契丹力量，灭掉后唐，建立后晋，自己甘当"儿皇帝"。从此，中国词典中便有了"儿皇帝"这个名词，成为依靠外敌、卑躬屈膝的代名词。石敬瑭这一做法，使他备受非议、遗臭万年。

933 年，李嗣源死了以后，他的第三子李从厚继位。李从厚软弱无能，只当了五个月皇帝，就被李嗣源养子李从珂夺去了皇位。李从珂战功卓著，带兵打仗很有一套，但不会治国理政，更不会用人，再加上他不是亲子，得位不正，致使朝廷混乱，人心不稳。

石敬瑭和李从珂，是李嗣源最倚重的两个人，功劳也最大，因而两人原先就有点貌合神离。李从珂当上皇帝之后，自然猜忌提防石敬瑭；石敬瑭心里有数，忐忑不安。

石敬瑭在洛阳为李嗣源守丧结束后，李从珂没说让他回河东，石敬瑭也不敢提，整日小心翼翼，愁眉不展，竟然患病，病得骨瘦如柴。夫人李氏知道丈夫的心思，去找母亲曹太后帮忙，由曹太后说情，李从珂才放石敬瑭回去。

石敬瑭松了一口气，赶紧回到河东自己的地盘。可没过多久，李从珂一纸诏令，命他去当太原节度使、北京留守，并冠冕堂皇地说，契丹势力日盛，需要由重臣镇守北大门。石敬瑭心里明白，这是在削弱他的势力。

石敬瑭知道，被皇帝怀疑，终究没有好下场，于是悄悄做着应变的准备。一方面，他千方百计麻痹李从珂，每次朝廷派来使者，石敬瑭都装出一副病歪歪的样子，说自己久病缠身，恐怕活不长了；另一方面，他以抵御契丹为名，积极扩军备战，加固城防，并且购买了大批武器粮草。

石敬瑭做的这一切，自然瞒不住人们的眼睛，连军队将士们都猜测到了。有一次，朝廷派遣使者来抚慰军队，并送来换季服装。有些将士为了讨好石敬瑭，竟向他口称万岁。吓得石敬瑭胆战心惊，立即斩杀了三十多人。

李从珂仍然对石敬瑭心存戒备。有一次，李从珂过生日，石敬瑭夫人李氏回洛阳为他祝寿。生日宴会刚一结束，李氏就急着要回太原。李从珂喝醉了，心里话脱口而出，说："你这么着急回去，是不是要和石郎一起造反啊？"石敬瑭知道以后，大惊失色，觉得李从珂快要对他下手了。

果然，936年五月，朝廷突然下发命令，调石敬瑭去当郓州节度使，并催他立即上任。石敬瑭对郓州人生地不熟，没有一点势力，如果去了那里，肯定就任人宰割了。石敬瑭十分惊恐。

石敬瑭急忙与心腹大臣桑维翰、刘知远商议。当时，石敬瑭的兵力不强，难以与朝廷对抗，三个人商议了半天，束手无策。最后，三人不约而同地都把目光盯上了北邻契丹，打算借用契丹的力量。

石敬瑭说："我本来没有异心，如果皇上能够容我，我自当尊奉朝廷。如今皇上昏庸，步步紧逼，大祸即将临头。我不能坐以待毙，只能去联络契丹，求他们相助了。"

契丹，是中国古代游牧民族，发源于东北地区。契丹部落长期比较松散，曾经臣服于突厥和回纥。在唐末的时候，契丹出了一位英雄人物，名叫耶律阿保机。耶律阿保机是契丹族杰出的政治家，他英勇善战，胸有谋略，统一了各部，力量大增，然后重用汉人，学习中原文化和制度，任命汉人韩延徽为宰相，建立了契丹国，登基称帝。耶律阿保机曾经与李克用结为兄弟，后因利益之争，又反目成仇。

耶律阿保机死后，第三子耶律德光继承了皇位。耶律德光也英勇了得，他继续重用韩延徽，按照汉族制度改革官吏和军队，进一步扩大势力，时常南侵。在李存勖时期，曾将契丹驱逐到漠北。后来，趁后唐混乱之际，契丹实力大增，拥有骑兵几十万，陈兵于边境，对后唐虎视眈眈。

石敬瑭、桑维翰、刘知远都认为，要想对抗朝廷，只有借助契丹的力量才行。可是，他们知道，请契丹出兵相助，必须给他们好处。

石敬瑭提出，割让幽云十六州给契丹；每年进贡帛三十万匹；向契丹称臣，并认耶律德光为义父。耶律德光生于902年，比石敬瑭小十岁。

桑维翰对这三条完全赞同。刘知远犹豫着说："前两条可以，第三条太过屈辱了，没必要许诺那么多吧？"

石敬瑭说："耶律德光本来就比我高一辈，认他做义父，顺理成章，有什么屈辱的？尊称他为父，他必定会全力支持我们，为一虚名而得到实惠，是很划算的。"

石敬瑭是李克用的孙辈，因耶律德光父亲与李克用的关系，认耶律德光为父辈，自己甘当儿子。

石敬瑭让桑维翰起草好有关文书，命心腹何福去和契丹商谈。耶律德光本来就想南侵，见石敬瑭给了这么优厚的条件，大喜过望，一口答应下来。

石敬瑭见契丹爽快答应，也是大喜，顿时有了底气。他给朝廷写信，不仅拒绝前往郓州，而且还指责李从珂不是亲子，没有资格当皇帝，要他退位，把皇位让给李嗣源五岁的幼子李从益。

李从珂见了石敬瑭书信，鼻子都气歪了，立即下诏，免去石敬瑭一切职务，并派兵讨伐。李从珂任命张敬达为主将、杨光远为副将，率十几万大军，气势汹汹地杀向太原。

石敬瑭也紧急调兵遣将，令部将安重荣等人率军进入太原，准备防御，同时与契丹联系，约定出兵日期。耶律德光立即调集部队，随时准备出兵南下。

936年八月，张敬达、杨光远率兵抵达太原，随即将太原城包围起来，四面攻打。城中早有准备，防守严密，顽强抵抗。石敬瑭亲自上城指挥，激励将士奋勇杀敌。张敬达攻城一月有余，没有进展。

九月，契丹皇帝耶律德光亲率大军，从雁门关南下，直扑太原，旌旗连绵不断，长达五十里。张敬达军队没有想到石敬瑭会勾结外敌，毫无防备，忽然听到背后擂鼓般的马蹄声，回头一看，契丹骑兵已经排山倒海般地冲到眼前，顿时大乱。契丹骑兵凶悍，挥舞马刀，狂呼乱叫，后唐军队死伤惨重，溃散而逃。

石敬瑭出了北门，亲自迎接契丹皇帝，像对待父亲那样，恭恭敬敬地跪拜行礼，从而确定了义父义子的身份。

耶律德光傲慢地说："我远奔三千里救援，大事必能成功。看你相貌堂堂，我想册封你为天子。"耶律德光解下自己的衣冠，赐予石敬瑭。石敬瑭感激涕零。

不久，在城南修筑祭坛，举行仪式，石敬瑭被册立为皇帝，国号为晋。为了与从前的晋朝相区别，史称后晋。石敬瑭这个后晋皇帝，实际上是契丹册立的，自然是"儿皇帝"了。

石敬瑭称帝以后，随即与契丹一起，急速向南进军。张敬达兵败之后，好不容易收拢起一些残兵，只剩下五六万人了。张敬达在晋安寨固守，很快被契丹骑兵包围起来，喊话叫他们投降。张敬达宁死不降。副将杨光远却把张敬达杀了，率部降了契丹。

李从珂听说石敬瑭勾结契丹，领兵南下，大吃一惊，急忙派枢密使赵延寿、魏博节度使范延光等人，分别率军抵御。契丹铁骑进军神速，攻势凌厉，沿途州县或者溃逃，或者投降。

936年闰十一月，石敬瑭和契丹军队攻破洛阳，李从珂自焚而死，后唐灭亡。石敬瑭建都洛阳，后来迁至开封。

石敬瑭在契丹扶持下，占领中原，当上"儿皇帝"。然而，他这个"儿皇帝"，当得并不稳固和舒心。

"儿皇帝"并不好当

石敬瑭靠着契丹势力，当上了"儿皇帝"，可是，"儿皇帝"并不好当。他要唯唯诺诺，事事顺从父皇帝的旨意，而父皇帝则盛气凌人，指手画脚；他除了割让大片土地外，还要每年给契丹进贡大量财物，加重百姓负担，搞得民怨沸腾；朝野很多人指责他没有骨气，甚至骂他认贼作父，造成兵乱迭起，动荡不安。所以，石敬瑭面临内忧外患的局面，并不舒心，只当了六年皇帝，就一命呜呼了。

石敬瑭十分感激契丹的恩德，心甘情愿地当"儿皇帝"。为了表示对耶律德光的恭敬，他每次上书，都使用臣子用的"表"，尊称"父皇帝"，落款称"儿臣"。遇有大事，石敬瑭从不敢自作主张，而是及时请示汇报。石敬瑭在称帝的六年中，向契丹派遣使者四十多次。耶律德光对石敬瑭很不客气，处处以父皇帝身份自居，石敬瑭只能忍受。

石敬瑭对契丹的大臣和使者，也是毕恭毕敬。每次契丹使者到来，宣读耶律德光诏敕，石敬瑭都要带领群臣跪拜聆听。使者趾高气扬，时常出言不逊，而石敬瑭的使者去丹契，却像孙子一样，受尽屈辱。

石敬瑭有时也觉得忍受不了，桑维翰多次劝解他，为他分析利弊，说如果没有契丹支持，后晋怕是撑不下去。石敬瑭只得忍气吞声。

石敬瑭能够忍受，许多大臣忍受不了，怨声载道，尤其是禁军统领景延广，更是愤愤不平。谁都不愿意出使契丹，也不愿意与契丹打交道。

有一次，耶律德光以父皇的身份，给石敬瑭加封号。石敬瑭不得不接受，而且还要派遣使者，前去契丹谢恩。满朝文武都不吭声，石敬瑭诏令兵部尚书王权为使者，王权却愤而辞官，坚决不去受辱。有不少官员，羞于在后晋为官，纷纷跑到南方，投靠了南方割据政权。

有些心术不正的朝廷官员，却想投机取巧，他们见石敬瑭受制于契丹，干脆绕过皇帝，直接抱契丹的大腿。降将赵德钧、赵延寿、杨光远等人，都直接与契丹联系，大献殷勤。石敬瑭权威尽失，毫无办法。

耶律德光很乐意赵德钧等人为他效忠，常常对他们夸耀说，他能扶立石敬瑭当皇帝，也照样能够扶立别人。这些人听了，恨不得趴在地上，磕头叫亲爹。

卢龙节度使赵德钧，长期镇守北方，很有势力，投降契丹之后，极力讨好，不断送上重金厚礼，请求让他也过把皇帝瘾。耶律德光态度暧昧，不置可否。

石敬瑭听说以后，大为恐慌，忙命桑维翰亲自去契丹求情，让契丹拒绝赵德钧。桑维翰到契丹以后，耶律德光却不见他。桑维翰跪在大帐前，痛哭流涕，从早晨一直跪到晚上，不肯离去。耶律德光被感动了，同意了石敬瑭的请求。耶律德光对桑维翰说："你十分忠心，回去告诉我儿，让他封你做宰相。"于是，桑维翰当上了后晋宰相，主理朝政。

石敬瑭仅对契丹恭顺不行，还要进献大量财物，除了许诺的每年三十万匹帛之外，契丹的节日、婚丧嫁娶等事项，都要送上厚礼。不仅给契丹朝廷和皇帝送礼，而且要给契丹的太后、皇后、皇子、王爷以及大臣送礼，以示孝敬。这些财物，当然是从老百姓身上搜刮来的，搞得民怨四起。

契丹的宰相，是汉族人韩延徽。韩延徽出身官宦世家，很有才干，被耶律阿保机聘为军师，后升为宰相。韩延徽辅佐耶律阿保机、耶律德光父子俩，为契丹强盛立有大功，深受信任，很有权势。石敬瑭极力讨好巴结韩延徽，韩延徽却对他很鄙视，不拿正眼看他。石敬瑭心里很不是滋味。

石敬瑭最受后人诟病的是，他为了达到称帝的野心，不惜出卖民族利益，把幽云十六州割让给契丹。

幽云十六州也叫燕云十六州，主要包括今北京、天津北部和河北、山西北部，在长城的南边，属于山势险峻地区，地理位置十分重要。失去这一地区，长城就毫无作用了，而且整个华北平原再也无险可守，南下千里，直到黄河，全是一马平川。从此，中原门户大开，塞外铁骑可以任意纵横驰骋。

契丹得到幽云十六州大片土地之后，进行了精心治理。当时，这一地区胡汉杂居，由于文化、风俗不同，常有纠纷。韩延徽提出了"胡汉分治"政策，设置了北面官和南面官两套制度，实现了各族民众和睦相处、共同发展。当地百姓觉得，比中原朝廷统治时期生活好得多，因而民心比较稳定，虽然也有反抗，但很少发生大的动乱。此后，幽云十六州长期被少数民族统治着。

对于后晋统治的中原地区，契丹自然不管那么多。契丹骑兵时常南下，进入中原，他们认为后晋是他们赐予的，因而骄横无礼，任意欺压官吏和百姓。他们不想远途运送军粮，就在当地征收，实际上是放纵士兵抢掠，称之为"打草谷"。不少百姓家中被抢劫一空，激起许多地方反抗。

不仅百姓奋起反抗，统兵将领也时常举兵叛乱。后晋建立的第二年，镇守魏州的节度使范延光反叛，企图自立为帝。石敬瑭派灵武节度使张从宾前去平叛，张从宾却与叛军勾结，合兵一处，使叛军势力大增。

石敬瑭又令杨光远率军镇压，后又派大将杜重威协助平叛。在平叛战争中，石敬瑭的次子石重信、三子石重义被杀。石敬瑭的长子石重英，已在他起兵时被李从珂杀了。叛乱虽然最终被平息，但石敬瑭却一次失去二子，使他痛不欲生。

941年，镇州节度使安重荣又起兵反叛，石敬瑭再次派杜重威平叛。安重荣是石敬瑭部将，追随石敬瑭在太原起兵。安重荣不满石敬瑭当"儿皇帝"，上书直斥为"此晋之万世耻也！"安重荣以抗击契丹为号召，占据镇州，最后因寡不敌众，兵败被杀。

石敬瑭当个"儿皇帝"，对外仰人鼻息，受人欺辱，内部又民怨四起，反叛不断，日子过得相当艰难。

942 年，石敬瑭忧郁成疾，不久病死，结束了他"儿皇帝"的屈辱生涯。

石敬瑭有六七个儿子，前几个已经死了，只剩下幼子石重睿，年仅四岁。《旧五代史》和《新五代史》都记载说，石敬瑭临终前，遗诏由侄子石重贵继承皇位。石重贵当时二十九岁。

有的史书说，石敬瑭临终前，把幼子石重睿托付给宰相冯道，想让幼子继位。可是，统领禁军的景延广坚持立个年长的，冯道圆滑，没有反对，于是拥立石重贵当了皇帝。

石重贵当上皇帝之后，后晋一反常态，不再对契丹称臣，惹恼了契丹，两家反目成仇了。

后晋与契丹反目

942 年，"儿皇帝"石敬瑭病死，侄子石重贵继位，史称后晋出帝或后晋少帝。

石重贵是石敬瑭兄长石敬儒的儿子，有人说石敬儒是石敬瑭的堂兄。石敬儒死得早，石敬瑭把石重贵当儿子看待。

石重贵少年时，喜欢骑马射箭，不爱读书。石敬瑭请了老师，教石重贵学《礼记》。石重贵学不会，对老师说："我家历代擅长骑射，读书不是我家干的事。"老师无可奈何，石敬瑭也只好任其所为。

石重贵长大以后，性情刚烈，威武雄壮，弓马娴熟。石敬瑭很喜欢他，常常带在身边，许多事情让他去办。不过，石重贵不懂文史，也没有谋略。

石敬瑭在太原起兵造反，被后唐大军围困。石敬瑭亲自上城头指挥，石重贵不离左右，抵挡飞箭流石，保护石敬瑭安全。石敬瑭更加喜欢和器重他了。

契丹击溃后唐军队，进入太原城，册立石敬瑭为皇帝，然后大军南下，准备灭掉后唐。石敬瑭打算留下一个儿子，镇守老巢太原。可是，这样的小事，石敬瑭都不敢做主，请耶律德光定夺。

耶律德光也不推辞，说："你把儿子们都叫来，我给你选一个。"石敬瑭儿子们来了以后，耶律德光见石重贵壮健，指着他说："就是这个眼睛大的吧。"于是，石重贵被任命为代理太原尹，镇守太原。那一年，石重贵二十三岁。后来，石重贵被封为齐王。

石敬瑭死后，石重贵继承了皇位。石重贵与禁军统领景延广关系很好，提拔他当了宰相，仍掌管禁军。景延广也是赳赳武夫，性情鲁莽，十分痛恨契丹。不过，景延广从前都是带兵打仗，从来没有理过政务。

石敬瑭死了，需要向契丹报丧，可是，在称呼问题上，却发生了争议。景延广说："我大晋与契丹是两个国家，地位平等。过去因为先帝是契丹人立的，向他称臣，还勉强可以；如今大晋皇帝是我们自己立的，凭什么还要向契丹称臣？"

许多大臣支持景延广的意见，景延广扬扬得意。于是，石重贵决定，落款只称孙，不再称臣。石重贵还说："朕自称孙，是看耶律德光那老头年龄大了，这就够给他面子了。"其实，耶律德光当时只有四十岁，称他老头，有轻蔑的意味。

耶律德光见后晋不称臣了，很生气，派了一个叫乔荣（《新五代史》称乔莹）的使者，前去责备。乔荣原是后唐官员，后来投降了契丹，很受契丹重用。

景延广一见乔荣，十分生气，骂他是软骨头。乔荣还没说出责备的话，景延广就想把他抓起来杀掉，多亏被石重贵制止了。乔荣自然不敢多说什么了，只是说："契丹与晋历来友好，您这样做，会给晋国带来灾祸的。"

景延广一听，更加恼怒，说："我们立的皇帝，英明威武，再也不会对契丹人低三下四了。你回去告诉耶律德光那老头，要打仗就早点来，我这里已经磨好了十万口剑，正等着他呢。"

乔荣见景延广如此狂妄，知道多说无益，便不再吭声了。临走时，乔荣耍了个花招，对景延广说："老夫年龄大了，记性不好，恐怕会忘了您说的话。您能不能把它写在纸上，我带回去禀告契丹皇帝。"

景延广头脑简单，没有多少心眼儿，真的取来纸笔，把他刚才说的话都写了下来，交给乔荣。后来，契丹灭掉后晋，捉住景延广，拿出了他写的纸张。白纸黑字，景延广无法抵赖，于是受尽酷刑，自杀而死。

乔荣回去以后，一五一十地禀告了耶律德光。耶律德光听了，火气直冲脑门，脸色铁青，恨不得立即出兵，灭掉后晋，把景延广撕成碎片。可是，耶律德光相当成熟老练，他知道灭掉后晋，不是一朝一夕的事情，需要做大量准备工作。于是，他强压怒火，没有发作，而是悄悄地备战。

耶律德光做的一项很重要的工作，是积极收买后晋的官员和领兵将领。在这方面，他有着很好的基础，时间不长，就大见成效。后来，在契丹灭晋战争中，大批将领投降，造成后晋崩溃。

石重贵和景延广二人，知道得罪了契丹，自然也做好了应战准备。可是，等了一段时间，没有动静，便放下心来，还认为契丹怕了呢。此后，他们更不把契丹放在眼里，原来每年进贡的财物，当然不给了；有书信或使者往来，都是平等对待。景延广憎恨契丹，有些契丹人在晋经商，被没收财产和货物，甚至被杀死。两国的关系迅速恶化，由父子转变为敌对，反目成仇了。

大臣们对这种转变，反应不一。很多人都感觉舒畅，扬眉吐气；有些人则十分担心，他们了解契丹人的秉性，知道他们绝不会善罢甘休。

石重贵却没有这样的眼光和谋略，根本没有意识到潜在的危险，没有为战争做一系列准备。石重贵和景延广都是武夫，不会治国，整天游玩打猎。石重贵又好奢华，大建宫室，装饰后庭，广置器玩，挥霍钱财。石重贵更不知道关心百姓生活，大灾之年，也不开仓赈济，只顾自己吃喝玩乐。朝臣们对石重贵很失望，百姓们更是怨声载道，都认为石重贵是个亡国之君。

契丹做好了一系列准备，开始对后晋下手了。后晋果然面临着亡国的危险。

契丹灭掉后晋

契丹做好准备之后，开始攻击后晋。后晋的确不是很容易被灭掉的，双方打了四年，最后由于后晋主帅杜重威卖国投敌，契丹才终于灭了后晋。

943年十二月，在石重贵称帝一年半之后，契丹借口后晋忘恩负义，出兵讨伐。赵延寿、杨光远等人，正式叛晋归降契丹。耶律德光命赵延寿率五万兵马为先锋，自己亲率十万大军随后，出幽州，攻击河北；另一路兵马出雁门关，攻击太原。契丹两路出兵，东西并进，声势浩大。

石重贵等了一年多，不见契丹出兵，早已松懈下来，如今见契丹大举进犯，急忙调兵遣将，进行抵抗。石重贵命大将刘知远据守太原，抵御契丹西路军。刘知远英勇善战，大败契丹，西路军只好并入东路军，一起从河北南下。刘知远此后镇守太原，扩充实力，称雄一方，为日后建汉奠定了基础。

河北无险可守，石重贵只好以黄河为屏障，部署防御，令悍将张彦泽等人，分别把守各个黄河渡口，又令皇甫遇、李守贞率领大军，沿黄河水陆并进，阻击契丹。石重贵率领禁军，抵达濮阳，亲自指挥作战。整个部署有条不紊，相当不错。

944年二月，契丹用了两个多月时间，占领河北一些州县，大军抵达黄河附近，攻打戚城、博州、杨刘、河阳等战略要地。后晋将士奋勇抵抗，战况激烈。契丹在黄河一带大战一月有余，进展不大。耶律德光想偷渡黄河，晋军早有防备，乘其半渡而击之，契丹死伤惨重。

三月，耶律德光见黄河天险难以逾越，军粮又供应不上，乘夜迅速退兵北返。晋军随即展开反攻，收复河北失地，杀死叛将杨光远。契丹第一次攻晋，遂以失败告终。

在这次战斗中，景延广表现不佳，引起将士不满。石重贵撤了他的职，调他到洛阳当了地方官。石重贵任命杜重威为主帅，统领河北、河南、山东各地兵马，杜重威从此掌握了兵权，李守贞作为他的副手。杜重威是石敬瑭的妹夫，当过潞州节度使、成德军节度使，立有军功，但品行不端。

945年初，契丹第二次南下攻晋，仍然以叛将赵延寿为先锋。耶律德光许诺说，灭了后晋，就立他为皇帝。赵延寿异常兴奋，特别卖力。

杜重威组织十几万兵马，在相州一带与契丹大战。将领皇甫遇身先士卒，奋勇拼杀，战马死了，就和敌人步战。后晋与契丹在相州、滑州、定州、泰州等地反复争夺，大战四五个月，双方损失都很惨重。

耶律德光见晋军顽强抵抗，短时间内难以取胜，不得已再次撤兵北返。回去以后，耶律德光大发脾气，把将领们统统杖责一遍。

耶律德光见靠武力难以获胜，便搞起了阴谋，派人诱降手握重兵的杜重威，许诺说，等灭了后晋，就立他当皇帝。杜重威利欲熏心，答应了。李守贞与杜重威关系不错，也同意了。

946年七月，契丹第三次出兵攻晋。石重贵命杜重威、李守贞率军北上迎敌。杜重威心怀鬼胎，到达前线后，并不出击，也不议军事，整日置酒作乐。

杜重威只做一件事，就是不断地向皇帝报告，说契丹势大，难以抵御，要求增兵。石重贵头脑简单，陆续把几十万晋军主力调往前线，全都交给了他。

杜重威手握重兵，仍不出击。契丹也不进攻，只是派兵绕到晋军背后，切断其粮道。杜重威任由契丹断粮，并不阻挡。

众将见晋军即将陷入绝境，纷纷要求出战，杜重威一概不许。众将都摸不着头脑，不知道杜重威葫芦里卖的是什么药。

946 年底，杜重威、李守贞觉得时机成熟，在帐内布置好武士，召集众将前来，说全军粮断，陷入绝境，因而决定投降契丹，有不听命令者即刻斩首。众将这才恍然大悟，原来杜重威的葫芦里，卖的是叛国投敌的药。许多将领内心并不同意，但在刀剑威胁之下，只能在投降书上签字。

当杜重威、李守贞宣布投降后，全军恸哭，震天动地。皇甫遇不愿投降，愤而自杀，以身殉国。

晋军将领中，也有见利忘义之人。悍将张彦泽投敌后，为了向新主子邀功，带骑兵急速南下，攻击都城开封。后晋兵力全失，开封空虚，张彦泽攻破城池，俘虏了皇帝石重贵等人，并在开封城中大肆烧杀抢掠。不料，耶律德光进城后，厌恶张彦泽杀戮过重，下令把他斩了。

后晋存在十一年，历经两个皇帝，最终被契丹灭掉了。

耶律德光灭亡了后晋，但没有杀皇帝石重贵，把皇族一家安置在建州（今辽宁朝阳一带），划给五十顷土地，让他们自种自食。石重贵由皇帝变成了农夫，自食其力。二十七年之后，石重贵病逝，终年六十一岁。石重贵比起其他亡国之君，算是幸运多了。

耶律德光对景延广恨之入骨，派兵把他抓来，施以酷刑。景延广忍受不了折磨，自己扼喉自杀，就是自己把自己掐死了。景延广求死的欲望，竟然如此强烈。

赵延寿和杜重威两个卖国贼，自恃为契丹立有大功，都想当皇帝。耶律德光哈哈大笑，让人取来两件龙袍，给他们穿上，算是当皇帝了。直到这时，两人才明白，他们都被耶律德光耍了，但已经无可奈何。

杜重威、李守贞后来又叛契丹，投靠后汉刘知远。刘知远憎恨杜重威反复无常，临终遗命把他杀了。赵延寿在后晋灭亡的第二年，死在契丹。两个卖国贼，都没有好下场。

后晋灭亡时，后晋大将刘知远仍在镇守太原，他借机登基称帝，仍以晋朝名义，号召中原民众反抗契丹。后晋旧臣纷纷归附，民众也踊跃参加。刘知远势力大增，不久驱逐契丹，收复了中原。

耶律德光灭掉后晋、占领开封以后，把契丹改为辽国，把中原纳入辽国版图。但耶律德光无法统治中原，中原民众的反抗此起彼伏。契丹人也不适应中原的气候和生活条件，于是，耶律德光在灭掉后晋不久，就匆忙任命唐明宗李嗣源的儿子李从益为知南朝军国事，相当于中原皇帝，自己带兵回去了。不料，行至半途，得病去世，终年四十六岁。

契丹主力撤走后，刘知远率军进入开封，杀掉李从益，改国号为汉，史称后汉。历史进入了后汉时期。

桑维翰脸长一尺

桑维翰是后晋大臣，是石敬瑭的心腹谋士。在石敬瑭勾结契丹、当"儿皇帝"过程中，桑维翰出谋献策，跑前跑后，出力最多，因而备受人们指责。桑维翰外貌有一个明显特征，就是身子短而脸长。

桑维翰，汉族，洛阳人。他长得面容丑陋，五短身材，脸特别长，足有一尺多。别人都笑话他，桑维翰却并不在意。有一天，桑维翰照着铜镜，顾影自怜，自嘲地说："人长得高大，有什么用呢？追求富贵，全靠脑瓜，七尺之身，不如一尺之面。"

桑维翰长得丑，但读书很刻苦，精通文史，满腹学问。他长大以后，参加科举考试，成绩不错。可主考官嫌他丑陋，又讨厌他姓桑，桑与丧同音，因而不录取他。有人劝他，不要走科举这条路了。桑维翰不死心，连续参考，终于在925年，考上了后唐的进士，步入仕途。

931年，石敬瑭网罗人才，他不嫌桑维翰丑，将其招至帐下，当了掌书记。桑维翰头脑灵活，胸有谋略，经常出谋献策，很快成为石敬瑭的心腹谋士。

936年，石敬瑭打算借用契丹力量，反唐夺位。石敬瑭私下里试探诸将态度，诸将恐惧，都装作听不懂他的话，不敢吭声。只有桑维翰、刘知远明确表示赞同，于是，石敬瑭与桑、刘二人密商大计。

石敬瑭提出割地、进贡、称儿三个优厚条件，以吸引契丹出兵。刘知远不同意称儿，认为太丢面子了。桑维翰说："要想干成大事，不能顾及面子。契丹与我们相邻，万一有急，可以朝呼夕至，何愁大事不成？"

石敬瑭让桑维翰给契丹写信，起草各种文书，此后与契丹的各种信件文书，全都出自桑维翰之手。桑维翰语气恭敬，说事透彻，很得契丹欢心。桑维翰还经常出使契丹，与耶律德光当面会谈。桑维翰是石敬瑭联络契丹、当上"儿皇帝"的第一功臣。《新五代史》说："灭唐而兴晋，维翰之力也。"

耶律德光很欣赏桑维翰，常常夸他忠心、会办事。后晋建立时，耶律德光指定桑维翰为宰相。石敬瑭除了任命桑维翰为宰相，还封他为枢密院和翰林学士。桑维翰虽然长得丑，但却集三大要职于一身，权倾朝野，得到荣华富贵。真是脸长有福。

石敬瑭当上"儿皇帝"之后，处处受气，日子很不好过。朝臣和百姓也深感耻辱，指责石敬瑭没有骨气，认贼作父。镇州节度使安重荣公开上书，要求对抗契丹。石敬瑭有些犹豫。

在这关键时刻，桑维翰密写奏书，力陈不能对抗契丹，一连讲了"七不可"。桑维翰在奏书中，分析了当前形势、后晋与契丹的力量对比、与契丹友好的利弊，论述透彻，观点鲜明，很有说服力。石敬瑭听从了，出兵镇压了安重荣，继续与契丹保持友好。

桑维翰的奏书，有一定道理，符合当时情况，特别在最后，桑维翰建议，要养兵息农，训农习战，增强国力，一旦时机成熟，可伺机而动，动则务求成功。这表明，桑维翰并不是打算长久屈从于契丹。

桑维翰确实在增强国力方面下了很大功夫，也见到了成效。桑维翰很有政治才干和治国理政能力，他主持朝政期间，重视农业生产，减轻税赋，鼓励农桑，兴修水利，同时重视商业，与契丹扩大贸易往来，促进了后晋的经济社会发展。后来，后晋能够两次击退契丹的进攻，与这一时期奠定的物质基础是分不开的。

不过，桑维翰为官不廉，他利用职权，大肆收受贿赂，积攒了万贯家产，还有大量金银宝器，受到大臣弹劾。可是，耶律德光和石敬瑭庇护他，谁也拿他没办法。桑维翰没有想到的是，他最终却死在了这些财宝上。

942 年，石敬瑭病死，石重贵继位。后晋对契丹的政策发生了巨大变化，桑维翰多次上言，反对与契丹结怨，均被否定。桑维翰是与契丹友好的代表人物，如今与契丹反目成仇，他就不起作用了。于是，桑维翰称病在家，很少上朝。

947 年，后晋主帅杜重威，率全军投降契丹，决定了后晋灭亡的命运。耶律德光在进军开封的路上，对左右说："入城之后，一定要找到桑维翰和景延广。这两个人，一个是契丹与晋结好的开创者，一个是破坏者。"耶律德光的态度很明显，他要优待桑维翰，惩罚景延广。

投降契丹的后晋悍将张彦泽，为了向新主子邀功，首先率兵攻破开封。听说契丹兵进了城，手下人都劝桑维翰外出避难。桑维翰镇静地说："我作为大臣，国家到了这一步，我又能逃到哪儿去呢？"于是端坐府中不动。

其实，桑维翰心里有数，凭他与契丹的关系，耶律德光一定会厚待他的，因此，他并不害怕契丹兵。特别是，张彦泽是桑维翰提拔起来的，桑维翰觉得有底气。可是，桑维翰万万没有想到，张彦泽早就忘了他的提携之恩，而是惦记着他的财产。

张彦泽进城之后，先抢掠了皇宫，然后直奔桑维翰家，将桑维翰用丝绸勒死，又伪装成上吊自杀的样子，随后，把他家的财宝抢劫一空。桑维翰死时四十九岁。张彦泽又在城中纵兵抢掠，杀人放火，无恶不作。

耶律德光进城后，要找桑维翰。张彦泽报告说："桑维翰上吊自杀了。"耶律德光吃了一惊，有点不相信，说："桑维翰和我关系很好，他为什么要自杀呢？"

耶律德光派人去查验桑维翰的尸体，回报说确实是自杀，丝绸还在脖子上系着呢。耶律德光仍然半信半疑，他叹息良久，下令将其厚葬，并优待他的家属。桑维翰如果不死，肯定会投降契丹的。

耶律德光厌恶张彦泽杀人抢掠，下令将他处斩。耶律德光大概怀疑桑维翰也是他杀的。张彦泽为了贪图财物，却把小命丢了。

后世对桑维翰评价很差，把他指责为石敬瑭卖国的帮凶，甚至有人骂他为"万世之罪人"。

石敬瑭、桑维翰之流的所作所为，固然有其客观原因，但不管什么时候，凡依靠外部势力、出卖国家民族利益、卑躬屈膝、毫无气节和骨气之人，都会受到谴责的。

杨光远杀帅求荣

　　杨光远是后唐将领，他起初憎恨契丹人，但在契丹攻击后唐的时候，他为求荣华富贵，却悍然杀掉主帅，率部投降契丹，促成后唐灭亡。杨光远因此留下千古恶名，遭到人骂天谴。

　　杨光远，沙陀族人。其父跟随李克用起兵，担任队长，很受信任。杨光远年龄不大，就从军打仗，立有战功，担任了李存勖的骑将。

　　911年，李存勖为了完成父亲的遗愿，命周德威率军攻打幽州，杨光远成了周德威的部将。攻占幽州之后，契丹出兵南犯，杨光远又跟随周德威抗击契丹。在一次战斗中，杨光远被契丹骑兵砍去一条胳膊，成了残废。因此，杨光远对契丹人十分痛恨。

　　杨光远身体有残，还没有文化，大字也不识几个，后来娶了一个瘸女当媳妇。但是，杨光远精通为官之道，善于投机钻营，在唐明宗李嗣源时期，他当上刺史，成了朝廷高官。

　　有一次，后唐军队与契丹交战，获得大胜，俘虏了几十名契丹将领。李嗣源仁厚，没有杀掉他们，只是囚禁起来，而且给予优待。几年之后，契丹与后唐通好，请求把被俘的将领放回去，李嗣源准备答应。

　　杨光远痛恨契丹人，听说以后，找到李嗣源说："千万不能放，这些人在这里已经好几年了，熟知我军情况，放回去无疑是放虎归山，于我们十分不利，应该把他们全都杀掉。"李嗣源觉得有道理，于是就没有释放俘虏，但也没有杀他们，继续囚禁着。

　　936年，石敬瑭在太原造反，皇帝李从珂任命张敬达为主将、杨光远为副将，率兵攻打太原。正当围城战斗正酣之时，契丹铁骑突然从背后杀来，唐军大乱，伤亡惨重。张敬达、杨光远费了好大劲，收拢起部队，在晋安筑构城栅，形成了晋安寨。契丹军队随即包围了晋安寨。

此时，晋安寨中的唐军，还有五六万人，其中骑兵一万余人，尚有一定的战斗力。契丹军队连续几天攻寨，都被唐军击退。张敬达命将领高行周率骑兵出战，却也无法冲破敌军包围，张敬达只好下令坚守晋安寨。契丹不消灭这支唐军，有后顾之忧，便不敢贸然南下，只好围困晋安寨，双方形成对峙。

晋安寨是临时修筑的军寨，没有储备粮草，时间不长，唐军就断粮了，只好忍痛宰杀战马。军中缺医少药，伤员得不到救治，重伤员疼得号叫，搅得人心惶惶，军心不稳。契丹知道唐军的困境，并不急于攻寨，而是展开攻心战术，不停地喊话劝降。每天都有唐军士兵投降。

杨光远见军队陷入绝境，试探着劝张敬达投降。张敬达十分坚定地说："我家世代受朝廷厚恩，如今打了败仗，已经是很大罪过了，怎么还能投降呢？我已经决心以身报国了。"

张敬达是代州（今山西代县）人，出身将门，其父张审，跟随李克用多年。张敬达长大以后，先后跟随李存勖、李嗣源、李从珂几任皇帝，久经沙场，出生入死，忠心耿耿。这次被契丹军队打败，张敬达痛心疾首，觉得对不住皇上，他是宁死不会投降的。

杨光远见张敬达意志坚定，宁死不屈，不仅没有受到感动，反而动了邪念。杨光远可不想以身报国，他还要追求荣华富贵呢。

杨光远与手下几个心腹将领密谋，打算出寨投降。可转念一想，这样投降，不会受到契丹厚待，如果带着张敬达的人头，率领全军投降，那功劳可就大了，肯定能够得到富贵。

几个手下有点不忍，杨光远铁青着脸说："无毒不丈夫，只有这样，我们才能够继续统兵做官。再说，张敬达已经不想活了，我们不杀他，他也会死的，我们只是借他的人头用一用罢了。"

杨光远几个人时常嘀嘀咕咕，引起高行周警觉。他知道杨光远为人凶狠，什么事情都做得出来，便暗中告诫张敬达，要他小心提防。高行周还时常跟在张敬达身后，暗中保护他。

张敬达把杨光远叫来，推心置腹地说："我们现在虽然被围，但还没有到山穷水尽的地步，皇上也一定会派救兵来的，再坚持一下吧。如果到了最后时刻，你就砍了我的头，拿去投降，足可以保命，我不会怪你的。"

杨光远利欲熏心，不仅要保命，而且要富贵，如果等到契丹攻破军寨再投降，就不会得到重用了。于是，杨光远与几个心腹商议，决定尽快动手。

张敬达每天早晨，都会在帐中召集诸将，商议军情。这一天，杨光远率兵提前来到大帐。张敬达见杨光远气势汹汹而来，知道他要动手了，凄惨地说："我已经把人头许诺给你了，何必那么着急呢？"杨光远冷笑一声，说："到那个时候，你的人头就不值钱了。"

杨光远杀了张敬达，布置好士兵，等到诸将到来，便宣布全军出寨投降。诸将面面相觑，无可奈何，只得服从。高行周见主帅已死，也只好跟随着投降了。

耶律德光听说唐军投降，自然大喜，重赏杨光远。杨光远被任命为后晋的检校太尉、宣武军节度使，而且加封同平章事。同平章事属于宰相，地位很高，但五代时期没有实权。杨光远如愿以偿得到了荣华富贵，扬扬得意。

不过，耶律德光从心里并看不起他，而是敬佩张敬达。耶律德光下令安葬张敬达，率百官为他哀悼。耶律德光对百官说："做臣子的，就应该像张敬达这样！"杨光远听了，低着头不吭声。

由于杨光远率部投降，契丹免去后顾之忧，便大举南下，灭了后唐。所以，《新五代史》说，招来夷狄，创伤中原三十多年，都是杨光远造成的。

杨光远摇身一变，由后唐将领变成后晋高官。他降晋之初，十分卖力，曾率军灭掉企图称帝的范延光。后来，随着权势扩大，杨光远野心也大了起来，企图当皇帝。为此，他拼命巴结契丹，后来干脆降了契丹，帮助契丹攻打后晋，结果兵败被杀。

杨光远死后，儿子们给他立碑。不料，天降霹雳，把墓碑炸得粉碎。老百姓都说，这是上天在谴责他。

范延光梦蛇想称帝

五代时期，战火纷飞，天下大乱，称王称帝的不计其数。有个叫范延光的将领，夜里梦见一条大蛇，认为是吉兆，便举兵造反，企图当皇帝。不料没有成功，反而死于非命，给后人留下笑柄。

范延光，汉族，相州临漳（今河北邯郸）人，曾在李嗣源手下当差。范延光沉默寡言，没有过人之处，李嗣源认为他是平凡之人，没有重用他。

有一次，后唐与后梁交战。李嗣源私下里策反了后梁的一个将领，需要派人去联络。因事关机密，李嗣源心里掂量着，派谁去好呢？范延光主动请求前往，并表示决心说，即便被敌人捉住了，也决不泄露机密。李嗣源同意了。

范延光在半路上，果然被梁军抓住了。梁军怀疑他身负重要使命，把他押往开封，严刑拷打，逼他招供。范延光遭受了各种酷刑，宁死不招，被关在监狱里半年多，受尽折磨。直到后唐军队攻占开封，范延光才死里逃生。此后，李嗣源对他另眼相看，范延光也就步步高升了。

到李从珂时期，范延光已升任魏博节度使，手下雄兵数万，称霸一方。936年，石敬瑭造反，与契丹兵一起南下攻唐。李从珂急令赵延寿、范延光等将领，率本部兵马抵御。契丹兵凶悍，唐军抵挡不住，赵延寿兵败投降，范延光也退回了魏州。

石敬瑭攻占洛阳、开封以后，招降范延光。范延光见后唐已经灭亡，便归附了后晋，依然镇守魏州。

范延光当个土皇帝，管辖一方，日子过得悠哉。一天晚上，范延光做了一个骇人的梦，梦见一条蛇从他肚脐眼儿钻到肚子里。范延光吓得大叫，抓着蛇拼命往外拽，忽然惊醒了。

梦醒后，范延光心头突突乱跳，浑身大汗淋漓。范延光再也不敢入睡，起身在屋子里到处寻找，生怕真有一条蛇。

第二天一早，范延光把术士张生叫来，给他解梦。张生跟随范延光多年，他头脑灵活，善于察言观色，自称精通阴阳，能预测祸福。范延光很相信他，遇事常找他咨询。

张生听了范延光讲的梦，眼珠一转，马上伏地磕头，口称庆贺。范延光摸不着头脑，忙问缘故。

张生故作神秘地说："蛇乃吉祥之物，属于龙类。您梦见龙缠身，显然是吉兆，预示您能当皇帝。小臣给陛下祝贺了！"范延光听了，心中大喜，重赏了张生。

很快，范延光龙缠身的事情，就传得沸沸扬扬，许多人似乎都相信了。当时天下混乱，称王称帝的比比皆是，当个皇帝并不稀奇。石敬瑭昨天还是节度使，今天不就成皇帝了吗？

更有一些谄媚小人，觉得是个博得富贵的好机会，天天围在范延光身边，撺掇他称帝。范延光手下有个将领，叫孙锐，是范延光的同乡故旧，很受信任。孙锐比范延光还热心，为范延光出谋划策，鼓劲打气。孙锐是想水涨船高，弄个开国功臣当当。

孙锐对范延光说："石敬瑭刚当上皇帝，许多人并不服气，他又认贼作父，对契丹低声下气，人们都瞧不起他。您是唐朝大臣，德高望重，登高一呼，必定天下响应，大事可成。"范延光眯着眼睛，听得心里舒服极了。于是，范延光飘飘然地做起了皇帝梦。

范延光虽然有当皇帝的梦想，却没有做皇帝的才能和德行。范延光不会用人，身边全是阿谀逢迎之辈。孙锐无才无德，范延光却视为心腹，把军政大权全委托他。孙锐大权在握，作威作福，重用小人，排挤忠良，欺压百姓，政局一片混乱。

范延光的个人品行，也被人诟病。他的部将梁汉唐，得了匹宝马，范延光羡慕不已，找了个借口，把梁汉唐杀了，将宝马据为己有。

有一次，齐州防御使秘琼路经魏州。范延光见他带了大量财物，随身小妾又很漂亮，顿时起了歹心，派人杀死秘琼，抢了他的财物和小妾。

范延光生活糜烂，花天酒地，却不管百姓死活，人心尽失。如此品行之人，居然也想当皇帝。

937年，范延光在魏州公开造反，但没有出现一呼百应的局面，其他地方无人响应。石敬瑭派杨光远率军平叛，后来，又派杜重威前去协助。

孙锐带两万兵马，出城迎敌。在两军对阵之时，孙锐竟然还讲排场，乘坐带有顶盖的豪华车辆，身边还有十几个花枝招展的女人跟随。结果可想而知，孙锐一败涂地，仓皇逃入城中，再也不敢出来了。

杨光远、杜重威指挥大军，将魏州城团团包围。杨光远不愿意损耗自己的兵力，并不奋力攻城，而是围而不打。范延光见杨光远势大，龟缩在城内，也不敢出来，双方对峙。

杨光远围城一年多，城内粮食断绝，大批士兵和百姓饿死，无法坚持了。范延光心里清楚，自己的皇帝梦做不成了。无奈之下，范延光找了个替罪羊，把孙锐杀了，说造反是他鼓动的，向朝廷请求投降。

石敬瑭答应了，赦免他的死罪，免除官职，允许他回原籍养老。范延光携带家人，装着满满几大车金银财宝，准备回家过富翁的生活。

杨光远见范延光有如此多的财宝，起了歹心，半路上将他杀死，把尸体扔进河里，抢走了他的财物。杨光远奏报说，范延光自己掉到河里淹死了。石敬瑭心知肚明，并不追究，只是派人找到他的尸体，送回老家安葬。

范延光下葬的时候，忽然轰隆一声，刚修好的墓倒塌了，砸破了棺材，也砸碎了范延光的头颅，搞得他面目全非。这大概也是天谴吧。

安重荣恃强起叛乱

安重荣是石敬瑭手下大将，他崇尚武力，常对人说："天子宁有种乎？兵强马壮者为之耳！"意思是说，只要兵强马壮，谁都可以当皇帝。因此，当他拥有实力以后，便起兵造反，欲图天下。

安重荣，汉族，朔州（今山西朔州）人。他出身将门，祖父、父亲都当过官。安重荣从小习武，身体壮健，擅长骑射，尤其是臂力强劲，箭术精妙。

安重荣长大以后，入伍从军，立有战功，在唐明宗李嗣源时期，升任振武道巡边指挥使。有一次，安重荣不知犯了什么罪，被捕入狱，要判死刑。他的母亲跑到京师，向李嗣源苦苦哀求。李嗣源仁慈，以安重荣有军功为由，赦免了他。

936年，石敬瑭打算反唐夺位，派人联络安重荣，许以高官厚禄。安重荣很动心，但他母亲不同意。安重荣对母亲说："我来射箭占卜，看看天意如何？如果射中了，就去跟随石公，博取富贵；如果射不中，就依从母亲。"母亲同意了。

安重荣把两支箭插到地上，退到百步之外，取出一箭，说："如果射中，石公当做天子。"结果一箭射中。安重荣又取出一支箭，说："如果射中，我当为节度使。"结果又射中了。母亲无话可说，只好同意了。

于是，安重荣率部下千余骑兵奔赴太原，跟随石敬瑭起兵。在契丹帮助下，石敬瑭灭掉后唐，得到天下，建晋称帝。安重荣如愿以偿当上成德军节度使。

成德军治所在镇州，管辖范围在河北北部，当时属于边境地区。

安重荣虽是武夫，但对于治理地方很感兴趣。他精明干练，精力充沛，像百姓徭役、课税等事，都是亲自过问，手下官吏便不敢懈怠，也不敢胡作非为。

安重荣喜欢断案，遇有百姓诉讼之事，常常亲临大堂，听取诉讼，亲自裁决。但他断案并不依据法律，而是凭自己的好恶，而且用刑严酷，随意杀人。

有一次，一对老年夫妻来告状，说儿子不孝。安重荣下令把他们的儿子抓来，抽出佩剑，递给其父，说："这等不孝之子，留他何用？你去把他杀了。"

父亲接过佩剑，流下泪来，说不忍心杀儿子。旁边的妻子却一把夺过佩剑，气势汹汹地追着要杀儿子。安重荣觉得奇怪，一问，才知道她是后娘。安重荣顿时大怒，拿起弓箭，一箭把妇人射死了。

安重荣性情暴戾，部下校官贾章得罪了他，被他杀了。贾章有一个女儿，哭哭啼啼说："我家原本有三十口人，这几年兵荒马乱，已经死了二十八人，只剩下我们父女俩。如今父亲又死了，我也不想活了。"

安重荣毫无怜悯之心，竟然说："那好，你们父女就到阴间团聚吧。"于是下令，把贾章女儿也杀了。士兵和百姓们都骂安重荣残暴不仁。

安重荣当了节度使，称霸一方，为所欲为，但他仍然不满足，怀有更大的野心。于是，他利用靠近北部草原的优势，购买了大量马匹，又豢养聚集一批亡命之徒，悄悄扩充自己的实力，一旦时机成熟，就要起兵造反。

石敬瑭依靠契丹力量，当上了"儿皇帝"，对契丹卑躬屈膝，百依百顺，引起许多人反感。安重荣看不惯石敬瑭低三下四的样子，又觉得可以利用众人的反感和不满情绪，因而对契丹表现出强硬的态度。

安重荣对待契丹使者，态度傲慢，轻视侮辱，出言不逊，还时常鼓动手下，煽动对契丹的仇恨。有一次，几十名契丹骑兵路过他的辖地，因发生纠纷，安重荣下令，把他们全都杀了。

安重荣还给石敬瑭上书，指责他不该割地称臣，不该把大批财富进贡给契丹，不该纵容契丹欺负汉人，说这是晋朝的耻辱，要求对契丹进行反击。安重荣故意把上书的内容，透露给朝廷大臣和各地藩将，引起大家共鸣。安重荣成了不惧契丹的英雄人物。

得知安重荣的所作所为，契丹皇帝耶律德光大怒，向石敬瑭问罪。石敬瑭赶紧下发诏令，责备安重荣，让他不要激怒契丹。石敬瑭还亲自跑到镇州，去劝说安重荣。

石敬瑭对安重荣说："我是依靠契丹才成就帝业，你是依靠我才得到富贵。如今，我不敢忘记这一点，你怎么能忘记呢？契丹势力十分强大，希望你不要惹祸。"

安重荣根本不听，反而加快了叛乱的步伐。为了扩大势力，安重荣加强与其他少数民族部落的联系。每当有部落使者前来，安重荣总是炫耀他的箭法。安重荣的确是神箭手，空中飞过的大雁，没有不应弦而落的。安重荣常常夸耀，他可以一箭定天下。

安重荣想要造反，他母亲又不同意。安重荣故技重演，指着幡竿上的龙口说："我如果能据有天下，请上天保佑，让我射中龙口。"安重荣弯弓射箭，一箭正中龙口。他母亲不好阻拦了。

941年，中原发生旱灾和蝗灾，百姓流离失所，饥民遍地。安重荣见有机可乘，于年底起兵造反。安重荣打着反契丹的旗号，聚集了数万饥民，实力大增。

安重荣名义上反契丹，却并没有北上攻击契丹，而是率兵南下，企图攻占开封，夺取天下。石敬瑭派大将杜重威，领兵前去迎敌。双方在河北威县一带相遇，随即摆开阵势，展开厮杀。

安重荣虽然有当皇帝的野心，却没有当皇帝的才能，他只知道崇尚武力，却不懂得收服军心民心，许多将士对他悍然起兵并不满意。所以，战斗刚一开始，他手下大将赵彦之突然倒戈，导致安重荣数万大军迅速溃散。安重荣只带着十余名骑兵，狼狈地逃回了镇州。

安重荣知道大事不妙，但事已至此，无可奈何，只得赶紧部署守城。时间不长，杜重威率大军将镇州团团包围。此时，城中尚有两万多军队，只要指挥得当，是能够抵挡一阵子的。

安重荣困兽犹斗，亲自上城指挥防御。安重荣箭无虚发，射死了不少敌人。杜重威攻城多日，没有进展。不料，在战斗最激烈的时候，安重荣手下又一将领倒戈，打开城西水门，引晋军入城。

杜重威指挥大军，蜂拥入城，纵容杀戮，杀死士兵和百姓一万余人。那个引晋军入城的降将前来邀功，却被杜重威一刀砍了，把功劳据为己有。

安重荣在城破之时，带领数百名士兵奋力杀出，退守牙城，但很快又被包围，全军覆没，安重荣当了俘虏。死时四十二岁。

石敬瑭把安重荣的头颅，装在匣子里，送往契丹。

安重荣自恃兵强马壮，起兵造反，企图谋取天下，不料只有一个月，就兵败身亡。

由于安重荣起兵，是打着反契丹的旗号，所以有人赞扬他具有爱国心和民族气节，甚至夸他是民族英雄。

安重荣与石敬瑭相比，表面上是有一些骨气，但他造反的目的，不是为了反契丹，而是为了自己谋取天下。

景延广外强中干

造成后晋与契丹反目的关键人物，是景延广。景延广面对契丹使者，口出大言，气壮如牛；而当契丹大军真的打来时，他却畏敌如鼠，不敢出战。

景延广，陕州（今河南三门峡）人。他出身将门，父亲景建，是有名的神射手，从小教他射箭。父亲常对他说："如果射箭不能射进铁里，就不如不射。"在父亲的言传身教之下，景延广箭术出众，臂力过人。

景延广长大以后，投入军中，谋求前途。他起初参加了后梁军队，不久后梁被后唐灭掉，景延广便投靠了后唐将领朱守殷。不料，朱守殷叛乱被杀，牵连了景延广，他也将被处死。景延广眼看性命不保。

当时，石敬瑭处理此事，他见景延广无辜，偷偷把他放了，使景延广死里逃生。后来，石敬瑭把景延广收入帐下，做了贴身侍卫。景延广对石敬瑭感恩戴德，对他忠心耿耿。

石敬瑭在太原起兵，灭唐建晋，当上皇帝。景延广也升迁至侍卫亲军都指挥使，负责保卫石敬瑭安全。在石敬瑭时期，景延广忠于职守，行事谨慎，从不干预朝政。当然，他也不懂政务。

942年，石敬瑭死后，景延广扶立石重贵当上皇帝。石重贵很信任景延广，把军政大权都交给他，景延广从此独揽朝政。可惜，景延广是武将，不会理政。他大权在握之后，就变得十分跋扈，傲视群臣，自己说一不二。石重贵作为皇帝，对景延广也是言听计从。

在为石敬瑭发丧的时候，景延广下令，所有文武官员，都必须在宫门外下马，步行进去，以显示对石敬瑭的尊敬。可是，这要走很长的一段路，过去从来没有这样的先例，惹得群臣心里都不高兴。

石敬瑭在世时，对契丹称臣称儿，低三下四，景延广心里很反感，现在手握大权，便极力主张不再对契丹称臣，开始与契丹反目。景延广还出口大言，说已经磨好了十万口剑，让耶律德光早点来打，而且把这话写在了纸上，让使者带给耶律德光，终于惹恼了契丹。

943年十二月，契丹第一次攻击后晋。景延广只好领兵迎敌，可是，景延广过去只负责保卫皇帝安全，很少率军在战场上厮杀，他被气势汹汹的契丹大军吓住了，躲在大营里不敢出来。

契丹士兵在晋军营前挑衅，大叫道："景延广要我们早点来厮杀，现在为什么不敢出来？"契丹士兵叫着景延广的名字，百般辱骂。景延广装聋作哑，就是不敢出战。

在契丹攻击后晋过程中，后晋将领高行周被围，情况危急，派人向景延广求救，景延广却不敢分兵去救。还是皇帝石重贵亲自领兵，击退契丹，解了高行周之围。

将士们对景延广的怯战行为大为不满，纷纷议论说："昔日与契丹绝交，是何等的英勇无畏；现在契丹人来了，怎么变得如此怯懦气短！""当初大言不惭，说是磨好了十万口剑，现在剑在哪里？"石重贵对景延广的表现也不满意，深感失望。

虽然景延广怯懦避战，但将士们仍然奋勇杀敌，终于粉碎了契丹的进攻，契丹第一次攻晋以失败而告终。

战后，大臣们纷纷上书弹劾景延广，他从前的一些劣迹，也被揭露出来。景延广母亲去世，他怕失去权力，竟然不回家奔丧，这是极大的不孝。景延广与大臣王绪不和，诬陷王绪通敌，滥施酷刑，逼迫王绪招供，致使王绪含冤而死。景延广成了过街老鼠，人人喊打。最后，石重贵念其有拥立之功，没有治罪，只是免去他的军职，调他去洛阳做了地方官。

景延广到了洛阳以后，就像霜打的茄子一样，蔫得再也坚强不起来了。不知道为什么，景延广对契丹的看法，也来了一个一百八十度的大转弯，认为契丹非常强大，后晋不可能取胜。景延广悲观失望，既对个人前途失去信心，也对国家命运失去信心。于是，他整日整夜地喝酒浇愁，用酒精麻醉自己。

后晋与契丹反目，招来灾祸，关键人物就是景延广。然而，当契丹攻击后晋、后晋处于危险之中的时候，景延广却像变了个人一样，没有了原先的英雄气概，也没有为后晋做过一点贡献。这说明，景延广就是一个外强中干的人物。

947年，由于领兵主帅杜重威卖国投敌，后晋灭亡了。耶律德光十分痛恨景延广，专门下令说，一定要活捉景延广，即便他跑到吴国或者蜀国，也要抓回来。

景延广被捉住了，耶律德光痛斥他："两国关系失和，现在晋国灭亡，都是因你而起，你难逃罪责！"

景延广不敢再说大话，只是百般狡赖，推卸责任。耶律德光气愤地将他亲笔写的纸张，甩到他脸上。白纸黑字，无法抵赖，景延广只好低着头，不吭声，任由耶律德光呵斥怒骂。

耶律德光对皇帝石重贵给予宽大处理，给了他家族五十顷土地，让他们自耕自食。可是，对景延广却恨之入骨，天天用酷刑折磨他，让他生不如死。

景延广实在忍受不了酷刑折磨，一天晚上，在夜深人静的时候，他用手掐住自己的喉咙，生生地把自己掐死了。景延广死时五十六岁。

自己把自己掐死，这在中外历史上，恐怕没有几个。这是何等的悲惨、悲哀、悲壮啊！

尽管景延广有些问题，人们还是寄予他很大同情和怜悯。刘知远建汉称帝后，追赠景延广为中书令。

赵延寿认贼作父

在五代时期，不仅社会纷乱，有些人也道德沦丧，利欲熏心，朝三暮四，甚至认贼作父，赵延寿就是这样。

赵延寿，常山人，与三国名将赵云是同乡，但其道德品行，与赵云却有着天渊之别。

赵延寿原本姓刘，出身官宦之家，父亲刘邟，担任蓨县县令。赵延寿从小习文练武，长大后很有学问，并且武艺高强，弓马娴熟，特别是长着一副漂亮的外表，很像是谦谦君子。

刘邟是后梁的官员。有一次，燕王刘守光的大将赵德钧，奉命攻打蓨县。蓨县守军不多，很快沦陷，刘邟被杀，赵延寿和母亲当了俘虏。赵德钧见赵延寿长得清秀，又聪明伶俐，很是喜欢，收他为养子，改名叫赵延寿。赵延寿为了活命，第一次认贼作父了。

后来，赵德钧见李存勖势大，便带着赵延寿，背叛刘守光，投降了李存勖。赵延寿跟着养父，参加了灭梁战争，立有功劳。赵德钧被任命为幽州节度使，从此镇守北方重镇。

到了唐明宗李嗣源时期，李嗣源很器重赵延寿，提拔他当了徐州节度使，并且把自己的十三女兴平公主嫁他为妻。赵延寿与石敬瑭一样，都是李嗣源的女婿。

赵德钧镇守幽州十九年，势力大增，李嗣源加封他为北平王。赵德钧开始滋生野心，他不断招兵买马，扩大军队，同时与北邻的契丹进行联络，打算一旦时局有变，就要干一番大事业。

时局真的发生了巨变。936年，石敬瑭勾结契丹，起兵反唐。皇帝李从珂派张敬达、杨光远围攻太原，不料兵败被围。当时，幽州离张敬达军队最近，李从珂令赵德钧、赵延寿出兵救援。赵德钧不想去救，反而向朝廷提出一大堆苛刻条件。

李从珂十分恼怒，对众人说："赵德钧、赵延寿父子不思报国，反而在国难当头进行要挟，真是可恨！他们这样目无君王，到最后只会是一起完蛋。"

赵德钧也想学石敬瑭的样子，让契丹扶立他当个皇帝，但没有成功。李从珂下令免去他的职务，赵德钧和赵延寿便公开投降了契丹。不久，赵德钧在契丹病死。赵延寿得到契丹重用，被任命为幽州节度使，加封燕王。赵延寿第二次认贼作父了。

赵延寿千方百计讨好契丹，他虽然是后晋的官员，却一心抱契丹的大腿，对契丹卑躬屈膝，低三下四。契丹也极力拉拢他，双方打得火热。石敬瑭对此无可奈何。

石敬瑭死后，后晋改变政策，不再向契丹称臣纳贡。契丹恼怒，出兵攻打后晋。契丹皇帝耶律德光很有政治头脑，又有汉人宰相韩延徽为他出谋划策，因而采取了许多有效策略，其中之一，就是收买和利用汉人。

耶律德光忽悠赵延寿，说："等灭了晋朝，就立你当皇帝。"赵延寿信以为真，大喜过望，急忙跪倒磕头，激动得流下泪来。从此，赵延寿死心塌地地为契丹卖命，每次攻晋，他都主动请求当先锋，在战场上冲锋陷阵。

赵延寿当过后唐、后晋两朝官员，而且是唐明宗李嗣源的女婿。兴平公主病死后，赵延寿又娶了李嗣源之女永安公主为妻。赵延寿接连娶了皇帝的两个女儿，够有本事的。所以，赵延寿在后晋朝廷人脉很广，他利用这个优势，招降了不少后晋官员，为契丹灭晋立下了汗马功劳。

可是，灭掉后晋之后，耶律德光只是给了他一件龙袍穿，并没有立他当皇帝。为了表彰赵延寿的功绩，耶律德光很大方地封给他一串高官，包括大丞相、录尚书事、都督中外诸军事、枢密使、燕王。

不过，在正式任命的时候，耶律德光却把录尚书事和都督中外诸军事两个最有实权的职务划掉了。看来，耶律德光不想让赵延寿掌握实权。

赵延寿得到高官厚禄，但并不满足，因为他想当皇帝，何况耶律德光曾经亲口许诺过他。可是，赵延寿不敢提当皇帝之事，让人婉转地对耶律德光说，他想当契丹皇帝的太子。

耶律德光听了，哈哈大笑，不屑地说："他又不是契丹人，怎么能当太子呢？"

耶律德光灭掉后晋、占领中原以后，把契丹国改名为辽国，定都开封。赵延寿劝耶律德光善待中原百姓，以收买人心。耶律德光身体不好，不适应中原气候，又惧于中原民众反抗激烈，于是便想回北方老家。

耶律德光派人镇守开封，又封李嗣源的幼子李从益为知南朝军国事，名义上是最高官职，相当于中原皇帝。李从益只有十七岁。耶律德光之所以不立赵延寿为帝，是因为知道赵延寿不得人心，又担心他称帝后不好控制。李嗣源是后唐的开明皇帝，在中原深得人心，所以立了他的儿子当傀儡。

赵延寿内心愤愤不平，他没有随耶律德光北返，而是留在中原，以待时机。耶律德光在返回途中病逝，赵延寿趁此机会，假借耶律德光的名义，自封为知南朝军国事，企图取代李从益。赵延寿仍然执迷不悟地做着皇帝梦。

赵延寿的擅自举动，引起契丹新皇帝耶律阮的不满，他派兵把赵延寿抓起来，押送到北方草原。

948 年，也就是后晋灭亡的第二年，赵延寿孤独地死在异国他乡，结束了他认贼作父的可耻一生。史书没有记载他的年龄，不知道他终年多少。

赵延寿认贼作父，甘当走狗，没想到兔死狗烹了。这就是不讲道德、利欲熏心的下场。

皇甫遇崇尚名节

五代时期，也有不少忠贞之士，他们不慕富贵，不惜生命，忠心报国，气节高尚。与赵延寿同乡的皇甫遇，就是其中之一。

皇甫遇，也是常山人。其父皇甫武，是下级军官，在边塞从军多年。皇甫遇从小练武，长大后身强力壮，擅长骑射，长着一脸络腮胡子，很是威风。

皇甫遇入伍从军，在李嗣源手下当兵。皇甫遇作战勇敢，不惧生死，屡立战功。他为人侠义，乐于助人，士兵们都佩服他。李嗣源对皇甫遇很器重，多次提升他的职务，后来担任了邓州节度使。后唐灭亡以后，皇甫遇不得已归顺了后晋，成为石敬瑭手下一员得力大将。

皇甫遇性情耿直，从不趋炎附势。他看不惯石敬瑭对契丹低眉顺眼的样子，心中愤愤不平。石敬瑭死后，后晋与契丹反目成仇，皇甫遇长出了一口气，觉得心里痛快极了。当契丹攻打后晋的时候，皇甫遇积极请缨求战，决心保卫国家。

943 年，契丹第一次攻打后晋，以赵延寿为先锋。皇甫遇率军抵御，在郓州一带与赵延寿相遇。两人虽然是同乡，但不是一类人，此时战场相见，分外眼红，随即展开大战。皇甫遇身先士卒，带头拼杀，勇不可当。士兵们同仇敌忾，奋勇杀敌。契丹军队大败溃逃，被杀数千人。朝廷对皇甫遇给予奖赏，升迁他为滑州节度使。

945 年，契丹第二次南下攻晋，仍然由赵延寿为先锋。后晋皇帝石重贵本来打算率军亲征，不料忽然染病，只好派亲信张从恩领兵御敌。张从恩率军走到相州，因惧怕契丹势大，就地安营扎寨，不再前进了。

皇甫遇请求，由他率领一支军队，攻击前进，侦察敌情，张从恩同意了。于是，皇甫遇率五千骑兵，继续向北进军。不料，走出去不久，迎头撞见数万契丹军队。契丹见晋军人少，呼叫着冲了过来。

晋军惊慌失措，有的掉转马头，就想逃跑。皇甫遇大喝一声："敌众我寡，逃跑没有活路，不如血战一场。"说着，挥舞大刀，带头冲向敌军。士兵们受其鼓舞，也高声呐喊，紧随其后，与敌血战。

晋军士兵皆抱定必死之决心，斗志高昂，以一当十，奋力拼杀。契丹虽然人多，一时也占不到便宜。战场上刀光剑影，人喊马嘶，一片混乱，从早晨一直打到下午，战况异常激烈，双方伤亡惨重。契丹毕竟人多，最终将晋军团团包围起来，晋军处于不利态势。

皇甫遇在混战中，奋起拼杀，把大刀舞得呼呼响，触者非死即伤。皇甫遇身上也多处受伤，鲜血染红了战袍。皇甫遇杀得眼红，并不理会自己的伤情，只顾奋勇杀敌，死在皇甫遇刀下的敌兵不计其数。

契丹士兵见不能奈何皇甫遇，便集中攻击他的坐骑。皇甫遇的战马死了，他便步行作战。部将杜知敏见皇甫遇身处险境，赶紧把自己的战马让给了他。皇甫遇跨上战马，率领手下士兵，奋力冲出了契丹的包围圈。

皇甫遇脱离了危险，但没有看见杜知敏。有人说，杜知敏因为没有马，被敌人捉去了。皇甫遇感叹道："杜知敏是义士，他在危难之际把马让给我，我怎么能置他于不顾呢？就算死，也要死在一起。"

皇甫遇带领部分士兵，反身又冲入敌人包围圈，到处寻找杜知敏。忽见几个敌兵押着杜知敏，正要去领赏，皇甫遇大吼一声，奋力向前，杀散敌兵，救下了杜知敏。

皇甫遇救下了杜知敏，但却身陷敌军重重包围之中，无法脱身。皇甫遇大叫："今天是我们以身报国的时候，为国尽忠，无比光荣！"士兵们齐声呐喊："愿以死报国！"

正当皇甫遇军队陷入绝境的时候，突然，在敌军背后响起一片喊杀声，一支骑兵急速赶来。契丹军队顿时大乱，纷纷溃逃，皇甫遇他们得救了。

原来，眼见太阳就要落山，仍不见皇甫遇回去，大营内将士们纷纷议论，都认为皇甫遇遇到了危险。将军安审琦主动请缨，率军前去救援，终于救出了皇甫遇。

　　后来，石重贵病好，亲自出征，军心大振。杜重威率晋军主力，赶来参战。在将士们的浴血奋战下，契丹第二次进攻又被粉碎。

　　946年，契丹第三次攻打后晋。由于事先收买了晋军主帅杜重威，杜重威带晋军主力投降，致使契丹军队长驱直入，一举灭亡了后晋。

　　在杜重威投降的时候，皇甫遇没有参与。当国灭之时，皇甫遇悲怆地说："我身蒙国恩，本应该死在战场上，侥幸不死，却不能拯救国难。如今国灭，我岂能独生？"

　　皇甫遇向南遥拜之后，挥剑自杀，为国捐躯。史书没有记载他的年龄，不知道他享年多少。

　　人们得知皇甫遇的义举，无不为他的高尚气节所感动，为他悲伤流泪。

杜重威卖国投敌

致使后晋亡国的一个关键人物，是杜重威。杜重威为了一己私利，卖国投敌，带领晋军主力投降契丹，直接导致后晋灭亡。

杜重威，朔州人，出身官宦世家。他的祖父杜兴、父亲杜堆金，都当过后唐的将军；他的妻子石氏，是石敬瑭的妹妹。杜重威身世显赫，却品行不端，特别自私。

杜重威年轻时，跟随唐明宗李嗣源，担任护圣军校，后升为防州刺史。石敬瑭建晋称帝以后，杜重威对大舅哥大表忠心，因而得到重用，在京城掌管禁军，并兼任舒州刺史。

石敬瑭建晋之后，叛乱不断，杜重威率领朝廷军队，先后平定张从宾、范延光、安重荣叛乱，立有功劳。石敬瑭对杜重威很信任，升任他为成德军节度使，镇守镇州，守护北大门。

杜重威十分羡慕石敬瑭，认为他在一夜之间，就由节度使变成了皇帝，觉得当皇帝并不是很难的事情，有机会自己也可以做到。

石敬瑭死后，后晋与契丹反目成仇。契丹不断在边境挑衅滋事，烧杀抢掠。杜重威紧闭城门，并不还击。后来，契丹胆子大了起来，开始攻打城邑。眼见镇州境内的城邑一个个被攻占，生灵涂炭，杜重威作为当地最高长官，却没有派出一兵一卒。

曾经有过多次，契丹押着掳掠的汉人，满载抢来的财物，大摇大摆地从镇州城下经过。将士们在城头看见，个个义愤填膺，要求出击，解救百姓。杜重威一次也不允许，任由契丹耀武扬威。将士们都偷骂他胆小如鼠，殊不知，杜重威心里是另有打算，他不想得罪契丹，有朝一日可能还要依靠他们呢。

杜重威不敢得罪契丹，却不怕得罪老百姓。他在正常税收之外，又增加赋贡，大力搜刮百姓财物，造成境内衰败困乏，十室九空，百姓对他十分痛恨。

杜重威家里财富堆积如山，光粮食就囤积十多万斛。当时军粮供应不上，朝廷打算拿数万匹绢给杜重威，买他的粮食，却被杜重威拒绝。

契丹第一次攻晋被击退之后，因景延广表现不佳，被免去军职。皇帝石重贵觉得姑父可靠，任命杜重威为北面行营招讨使。杜重威从此掌握军权，主持与契丹作战。

杜重威在与契丹作战中，有一个明显特点，就是打败敌人以后，从不追击，任由敌兵逃走。有时候敌军溃逃，将士们都要求乘胜追击。杜重威却说："遇上强敌，能保住性命就万幸了，还能指望有更多的收获吗？"

契丹连续两次大规模攻击后晋，都被击退，于是改变策略，用重金收买后晋将领。杜重威家财万贯，送金钱是不行的，于是，契丹忽悠他说，只要杜重威归降，灭了后晋，就立他当皇帝。

当皇帝的诱惑力无与伦比，也是杜重威梦寐以求的。杜重威大喜，并且十分相信。有石敬瑭的例子在那里摆着，杜重威当然深信不疑。从此，杜重威心生邪念，处心积虑地搞垮后晋，想自己当皇帝。

946 年，契丹第三次大举南侵后晋。石重贵命杜重威率十万大军，北上迎敌。杜重威到达镇州前线，随即派人与契丹联系，准备卖国投敌。

杜重威不断地向皇帝石重贵要求增兵，并信誓旦旦地说，只要有足够的兵力，一定可以打败契丹。石重贵头脑简单，信以为真，源源不断地把晋军主力都交给了杜重威。

杜重威手握重兵，仍不出击。契丹趁机绕到晋军背后，截断了晋军粮道。晋军将士看到了面临的危险，纷纷要求出战。杜重威坚决不许，任由晋军陷入无粮的危险境地。

杜重威做好一切准备，布置好武士，召集诸将，逼他们在投降书上签字。杜重威集合士兵，士兵们欢喜跳跃，还以为是要与契丹决战呢。不料，杜重威却宣布全军投降。士兵们恼怒悲伤，脱掉铠甲，放下武器，同声大哭，声震原野。

杜重威把晋军主力拱手送给了契丹，后晋自然灭亡了。杜重威随契丹进入开封，在街上遭到民众辱骂，他不敢抬头，低头匆匆而过。

不仅老百姓痛恨杜重威，契丹人也鄙视他。耶律德光不仅没有让杜重威当皇帝，甚至连个像样的官职也没有给他，只封了他一个有名无实的太傅，远不如赵延寿的待遇好。

杜重威心怀怨恨，又投降了在太原的刘知远，刘知远暂时接纳了他。杜重威的皇帝梦没有做成，倒成了丧家犬。

948年，也就是后晋灭亡的第二年，刘知远病重，临终前留下遗诏，说："杜重威包藏祸心，本性像毒蛇一样，必须处以极刑。杜重威父子一并处斩，但不要伤害他的妻子晋朝公主，仍然予以供养。"

杜重威和他的三个儿子，一同被绑赴闹市，公开斩首示众。愤怒的民众拥上前去，用棍棒石块打砸杜重威尸体。

张彦泽残暴招祸

张彦泽，是后晋有名的悍将，他投降契丹以后，为了向新主子邀功，率两千骑兵为先锋，率先攻入开封，然后烧杀抢掠，无恶不作。张彦泽的暴行，连契丹人都看不下去，耶律德光下令将他斩首。

张彦泽，突厥族，出生在太原。张彦泽为人骄悍残暴，眼珠是赤黄色，在夜里闪闪发光，如同猛兽一般。

张彦泽投军以后，先后跟随李存勖、李嗣源征战，他打仗勇猛，杀人无数，因功升为将领。后来，张彦泽与石敬瑭结为姻亲。石敬瑭称帝后，张彦泽步步高升，任彰义节度使。

张彦泽生性残暴，他打仗从来不要俘虏，都是一刀砍了，对属下和其他人，稍不顺心，也是一刀砍了。甚至对待亲生儿子，也是暴虐不仁。他的儿子已在朝廷做官，还经常遭到父亲的鞭杖毒打。

有一次，儿子偶有过失，张彦泽拿刀要杀他，被跟随他多年的掌书记张式拦住，儿子趁机跑掉了。

张彦泽怒气未消，又要杀张式，吓得张式也逃走了。张彦泽命骑兵将张式追回来，先砍去手脚，再剖腹挖心，残忍至极。

张式的父亲为儿子申冤，到京城告御状。大臣们借机弹劾张彦泽，列举了他二十六项大罪。石敬瑭却没有重罚，只是把他降了一级了事。众人议论纷纷，都说石敬瑭徇私包庇张彦泽。

石敬瑭死后，后晋与契丹反目成仇，双方开始打仗。张彦泽以杀人为乐，到了战场，便无所顾忌，大显身手，杀人如麻。张彦泽杀敌最多、立功最多，军功在诸将之上。人们都认为，他是在报答石敬瑭的不杀之恩。其实并非如此，张彦泽有杀人的嗜好，本性所致。

946 年，杜重威率军投降。张彦泽积极支持，也投靠了契丹。他为了邀功，主动要求充当先锋，南下攻打开封。

耶律德光见降将如此忠心，大为高兴，令张彦泽率两千骑兵先行，自己率大军随后。耶律德光嘱咐张彦泽说："如果攻占了开封，势必人心惶惶，局势大乱，你要张贴布告，宣扬我国仁义，稳定人心。"

张彦泽立功心切，日夜兼程，把耶律德光远远甩到后边。张彦泽很快抵达开封，开封空虚，守军不多，而且失去斗志，张彦泽一举攻破城池，挥军入城。

张彦泽入城后，立即包围了皇宫，囚禁了皇帝石重贵。石重贵在城破之时，本想自杀，被身边人拦住，此时只好做了俘虏。

张彦泽把皇宫里的金银珠宝，装了满满几大车，全都运到自己在京城的家里。皇帝的嫔妃，也被他霸占了好几个。

抢劫完皇宫，张彦泽又直奔大臣桑维翰家。桑维翰曾经对张彦泽有提携之恩，此时张彦泽全不记得了，只记得桑维翰家里财宝多。张彦泽杀死桑维翰，将他家财宝抢掠一空。

京城里的富裕人家，张彦泽一个也没有放过，都是先杀死主人，再洗劫财宝。很快，张彦泽家里的财宝堆积如山，库房装不下，只好堆在院子里。张彦泽愿当先锋，不光是为了立功，也是为了财宝。

见主将带了头，做出了表率，手下将士也不甘落后，纷纷入室抢劫，稍有不从，就杀死主人，有的还放火烧掉房屋。不管是朝廷大臣，还是普通百姓，统统都不放过。开封城陷入一片哭号之中，成了人间地狱。

张彦泽主宰了京城，便为所欲为，横行无忌。他抢劫完财物，又想起从前和他有矛盾的一些人，下令把他们全部抓来，一律处死，有的还被施以腰斩的酷刑。张彦泽实施腰斩也有特点，与众不同，不是把人拦腰斩断，而是把身子砍成三段，惨不忍睹。张彦泽却觉得很痛快，他就是一个杀人恶魔。

张彦泽在京城犯下滔天大罪，他却令人做了一面大旗，上写"赤心为主"四个大字，标榜自己忠于新主子契丹。城中人见了，无不嗤之以鼻。

几天之后，耶律德光率大军赶到，进了开封城。张彦泽打着"赤心为主"的大旗，跪拜迎接。耶律德光大喜。

不料，城中百姓纷纷拥来，许多人身穿白色丧服，人们声泪俱下，哭喊着控诉张彦泽的暴行。耶律德光见张彦泽如此暴虐无道，转喜为怒，下令把他抓了起来。

耶律德光召集群臣商议，如何处置张彦泽。群臣异口同声，皆言必杀，没有一人为他说情。于是，耶律德光下令，在闹市公开处斩张彦泽，以平民愤。可是，当有人提议，把张彦泽抢劫的财物归还百姓时，耶律德光却没有同意，而是全部运往北方大本营。

契丹宰相是汉人

在五代时期，契丹势力迅速崛起，连续灭了后唐、后晋。契丹灭掉后晋以后，改国号为辽，称霸北方。

契丹崛起的一个重要原因，是学习借鉴了中原的文化、法律和制度，极大地促进了自身发展。在南北朝时期，经过各民族的大融合，许多少数民族，已经不再愚昧、野蛮、落后了，而且和其他民族杂居。有许多汉人，为少数民族发展做出了重要贡献。契丹的宰相韩延徽，就是其中之一。

韩延徽，幽州安次（今河北廊坊）人，生于882年。韩延徽出身官宦之家，他的父亲韩梦殷，曾经担任过蓟州、儒州、顺州刺史，官声颇佳。韩延徽年少时，就以德才出名，长大后满腹学问，胸有智谋。当时正是唐末乱世，韩延徽很想有一番作为。

割据幽州的刘仁恭，听说韩延徽有才华，征召他为幽都府文学，不久又升任他为幽州观察度支使。后来，刘仁恭的儿子刘守光囚禁父亲，夺取权力，建立燕国，自称皇帝。韩延徽仍然为燕国服务。

911年，晋王李存勖攻打幽州。刘守光不敌，打算求契丹救援，派韩延徽出使契丹。韩延徽见了契丹首领耶律阿保机，不愿失去尊严，不肯行跪拜之礼。耶律阿保机觉得，你来求我，却还端着架子，一气之下，把韩延徽扣留，不让他回去了。不久，刘守光被李存勖灭掉，韩延徽也回不去了。

耶律阿保机让韩延徽去放马，当奴隶使唤。俗话说，是金子在哪里都发光，韩延徽的才华，逐渐显现出来。耶律阿保机的夫人述律平，是个贤内助，她对耶律阿保机说："我看韩延徽是个贤才，应该重用他。"

耶律阿保机说："我早看出韩延徽是个人才，只是他是汉人，恐怕难以为我所用，特别是他性格倔强，所以我让他去放马，磨磨他的性子。"

述律平说："对待贤人，不能粗鲁，即便他不能为我们所用，也应该以礼相待。"述律平见识高远，在契丹崛起过程中发挥了重要作用。

耶律阿保机认为夫人说得对，于是不再让韩延徽去放马，而是留在自己身边，按贵宾对待。耶律阿保机常常与韩延徽谈论军国大事，韩延徽有时发表自己的看法，耶律阿保机感觉受益匪浅。耶律阿保机要授他官职，韩延徽却婉言拒绝了。

韩延徽与耶律阿保机接触多了，对他有了新的认识，认为他怀有大志，胸襟宽阔，是个英雄人物，对他越来越敬佩。不过，韩延徽觉得自己是汉人，还是应该为中原政权服务。当时，晋王李存勖已经占据今山西、河北大片土地，即将灭掉后梁，统一中原。于是，韩延徽不辞而别，偷偷跑到了太原。

韩延徽见了李存勖，李存勖不了解他，便让掌书记王缄给他在府中安排个职位。谁知王缄心胸狭窄，他也是刘仁恭的旧吏，原先与韩延徽不和，又妒忌他的才华，便进谗言说："韩延徽在契丹住了很长时间，现在突然来到，恐怕是奸细，不能不防。"

韩延徽见情况不妙，只好赶快逃走了。他遍观天下英雄，觉得除了李存勖之外，就只有耶律阿保机了。于是，他决定重回契丹。

韩延徽在返回途中，留宿在好朋友王德明家里。王德明很担心他，说："你不辞而别，如今再回去，契丹国主会不会怪罪你呢？不会有危险吧？"

韩延徽哈哈大笑说："契丹国主见我回去，高兴还来不及，怎么会怪罪呢？更不会有危险，反而要给我高官厚禄。"

果然，耶律阿保机见韩延徽回来，高兴地把他抱起来，拍打着他的背说："这段时间你到哪里去了？可想死我了。"

耶律阿保机十分聪明，自然猜到了韩延徽为什么去而复返，所以异常高兴，也不追问，立即任命他为守政事令、崇文馆大学士，参与决断内外大事。韩延徽原先多次拒绝契丹的官职，这次却愉快地接受了，他已经决定为契丹效力了。

韩延徽给李存勖写了一封信，说自己并非不思念故乡，只是怕受小人陷害，不得不离开，还保证说，只要他在契丹，契丹就不会南侵。果然，有很长一段时间，契丹没有对李存勖采取军事行动，使李存勖顺利灭掉了后梁。

耶律阿保机是契丹族杰出的政治家，是辽朝的开国皇帝。他在唐末动乱时期，把分散的契丹部落统一起来，使契丹势力迅速崛起，耶律阿保机当了契丹部落联盟的大首领。

耶律阿保机得到了韩延徽，如虎添翼。韩延徽尽心竭力辅佐他，大力推行汉文化，改革契丹习俗，学习借鉴中原政权的政治法律制度，设置政权机构和官吏，制定法律政策，发展农业和商业，使契丹呈现出一派兴旺景象。

916年，耶律阿保机正式建立契丹国，登基称帝。契丹建国后，在全国各地大建孔子庙，尊孔祭孔，并设立学校，推广儒学。韩延徽是契丹开国功臣，因功被拜为左仆射，封为鲁国公。韩延徽位居宰相，主理朝政。耶律阿保机对韩延徽十分信任，放手让他施展才华。

926年，耶律阿保机病逝，终年五十五岁。在葬礼上，韩延徽号啕大哭，几次昏厥，悲痛之情感动了所有人。韩延徽是从心里感谢耶律阿保机的知遇之恩。

耶律阿保机死后，他的儿子耶律德光继位。韩延徽继续尽心辅佐新皇帝，耶律德光也仍然重用这位汉人宰相。耶律德光在任期间，先后灭掉后唐、后晋，势力大增，并改国号为辽。在这个过程中，都是韩延徽为他出谋划策。

韩延徽做出的重要贡献之一，是在契丹最早提出并实施"胡汉分治"政策。这一政策，在南北朝时期就有，但契丹从未实行过。当时契丹的地盘很大，但地广人少，韩延徽采取鼓励政策，吸引大批汉人到北方垦荒，很快形成了胡汉杂居地带。特别是幽云十六州割让给契丹以后，契丹国的汉人大量增加。为了减少民族纠纷，韩延徽采取胡汉分治办法，既减少了矛盾，又促进了契丹经济发展，使契丹越来越强盛。

耶律德光死后，他的侄子耶律阮继位。韩延徽已经六十六岁了，但仍然位居宰相，继续为契丹发展尽心尽力。韩延徽历任三朝宰相，为契丹国的创立和发展，做出了卓越的贡献。

959 年，韩延徽病逝，享年七十八岁。契丹朝廷为他举行了隆重的葬礼，追赠他为尚书令，并让其后代世袭崇文令公的爵位。

韩延徽作为汉族人，却为契丹的崛起和发展，贡献了毕生智慧和精力，而且他的子孙后代，都在辽国为官。后来，在宋朝与辽国的战争中，韩延徽的子孙很多是辽国将领，率兵与宋朝作战。他们可都是汉人啊！

这表明，在中国历史上，汉族与少数民族你中有我，我中有你，相互牵连，源远流长。这是今天五十六个民族共同组成中华民族大家庭的坚实基础。

刘知远趁乱建后汉

契丹灭掉后晋，改国号为辽，企图把中原纳入它的版图。可是，凭契丹当时的能力，是控制不了中原地区的，中原民众反抗情绪高涨，局势一片混乱。镇守太原的后晋大将刘知远，趁乱称帝，建立了后汉政权。

刘知远，祖先是沙陀族人，后迁居太原。刘知远脸色紫黑，眼珠白多黑少，性格内向，寡言少语，但胸有谋略，深沉稳重。

刘知远出身贫寒，年轻时给大户人家放马，有幸被大户人家的姑娘李氏看中，两人私定终身。李氏的父亲嫌刘知远家贫，死活不同意。刘知远伙同几个朋友，半夜里潜入李家，把李氏抢走了。刘知远称帝后，封李氏为皇后。李氏帮助刘知远成就大业，是有名的贤内助。刘知远与李氏的爱情故事，被编成戏剧，广泛传唱。

刘知远为博取功名，投到李嗣源手下当兵，因作战勇敢，被升为偏将，成为石敬瑭的部属。在一次战斗中，石敬瑭的马甲突然断裂，刘知远将马换给石敬瑭，自己骑上没有马甲的马断后，掩护石敬瑭撤退。石敬瑭很感激他，从此视为亲信。

刘知远在石敬瑭反唐建晋过程中立有大功，并支持借用契丹力量。石敬瑭建晋称帝后，刘知远任河东节度使，长期镇守大本营太原。

石重贵继任皇帝后，与契丹关系恶化。943 年，契丹第一次大规模攻击后晋，分东西两路出兵，分别攻击河北、山西。西路军出雁门关，直扑太原。

刘知远早有准备，迅速率军出击，在忻口大败契丹。刘知远治军严整，号令严明，部队战斗力很强。契丹西路军被打得一败涂地，狼狈逃窜，只好与东路军合并了。此后，契丹一直从河北出兵，再也不敢觊觎山西了。

刘知远一心经营山西，也不主动招惹契丹。他在太原招兵买马，扩充实力，强化自己的统治，意图称霸河东，成就大业。

刘知远崇尚武力，凶狠嗜杀。当年张敬达率唐军攻打太原时，有一千多名唐军士兵投降，石敬瑭交给刘知远处理。刘知远二话不说，下令将降兵全部杀掉。他镇守太原时，吐谷浑首领白承福得罪了他，刘知远将其家族四百余人全部诛杀。刘知远的亲信将领苏逢吉、史弘肇等人，也都是残暴嗜杀。

后晋与契丹交恶以后，时常发生战争，局势混乱。刘知远滋生了野心，雄踞山西，企图乱中取利。后晋与契丹打得你死我活，刘知远很少出兵，而是坐山观虎斗。对朝廷诏令阳奉阴违，有时不予理睬，石重贵拿他没有办法。

946 年七月，契丹第三次大举南侵，由于杜重威率全军投降，后晋危在旦夕。在后晋生死存亡关头，刘知远依然拥兵观望，并不出兵相救。

947 年初，契丹占领开封，俘虏了石重贵，后晋灭亡。耶律德光将契丹改为辽国，把中原纳入辽国版图。耶律德光穿上汉人服装，按照汉人礼仪，在崇元殿接受百官朝拜，称为辽国皇帝，大赦天下。

刘知远见契丹势大，便派亲信王峻去开封，奉表投降，表示愿意归顺大辽。耶律德光很高兴，下诏对刘知远进行褒扬嘉奖。《旧五代史》和《新五代史》都记载说，耶律德光称刘知远为儿子，刘知远欣然接受。当年石敬瑭向契丹称儿的时候，刘知远觉得是个耻辱，如今他也想当"儿皇帝"了。刘知远比耶律德光大七岁。

耶律德光还赐给刘知远一根木拐，这是契丹最贵重的赏赐，无论大臣还是百姓，见了木拐都要回避，如同皇帝亲临一般。果然，王峻在城中露出木拐，契丹人见了，都纷纷避让。王峻得意扬扬地拿着木拐回去了。

王峻回到太原，对刘知远说："契丹虽然占了开封，建了辽国，但朝臣大都不服；契丹政治混乱，没有治理中原的能力；契丹兵不服中原水土，很多人生病。因此，依我看来，契丹在中原必不能长久，您不如趁此机会，建国称帝。"

刘知远闻言，正合心意，于是立即筹备称帝事宜。947年二月十五日，刘知远在太原称帝，仍然打着晋国旗号，号召中原人士反抗契丹，得到中原人士的热烈拥护，后晋官员和大批民众跑到太原，各地纷纷响应。刘知远一跃成为抗击契丹的英雄。

在许多文学作品中，刘知远被塑造成反抗契丹的英雄，广受赞誉。但从史书记载来看，他打着反抗契丹的旗号，是为了自己当皇帝，而且起初臣服于契丹，也想当个"儿皇帝"。

刘知远称帝三天后，听说契丹要把石重贵皇族迁往北方，将士们纷纷请求半途拦截。刘知远亲自率兵去救石重贵，却无功而返，说是已经过去了。其实，刘知远只是装装样子罢了，他已经成为晋朝皇帝了，怎么可能再把石重贵救回来？

耶律德光果然不适应中原的气候和生活条件，他在开封只住了两个月，就带领契丹主力返回北方，在半路上病死了。

耶律德光临走前，让其舅父萧翰镇守开封，又让李嗣源的儿子李从益当傀儡。与此同时，在代州、潞州、泽州等重要地方，都留下将领镇守，但兵力都不是很强。

耶律德光一走，刘知远就开始反攻了，很快攻占了代州、潞州、泽州等地。磁州、丹州等地纷纷归降。晋州、延州等地发生民众暴动，杀掉契丹将领。只有短短三个多月时间，刘知远就顺利收复中原。

947年五月，刘知远留弟弟刘崇镇守太原，自己率兵攻取开封。萧翰见大势已去，也跑回北方去了。刘知远兵不血刃进入开封，杀掉了李从益和他的母亲。其实，李从益母子完全是无辜的。

六月十五日，刘知远在开封正式改国号为汉，史称后汉。

刘知远这皇帝当得比较容易。所以，《旧五代史》说他"乘虚而取神器，因乱而有帝图"。可是，刘知远只当了不到一年皇帝，就得病死了，终年五十四岁。后汉失国也比较容易，只有三年就亡国了。

948年正月，刘知远驾崩，因长子早死，由次子刘承祐继位。

后汉是五代时期最短命的政权，它的一个重要特点，是喜欢杀人，戾气过重，这是有悖于人性的。

后汉宰相喜杀戮

　　后汉政权虽然时间很短，却以残暴闻名，从皇帝到大臣，都喜欢杀人。其中宰相苏逢吉，就喜好杀戮，不讲仁德。

　　苏逢吉，汉族，长安（今陕西西安）人，出身官宦之家。他的父亲苏悦，当初是蜀国的臣子，后投靠了刘知远。刘知远很器重他，留在身边当幕僚。苏悦妻子去世后，他没有再娶，与儿子苏逢吉一块儿生活。苏逢吉为了照顾父亲，学会了做饭炒菜，而且手艺精湛，后来父亲只吃他做的饭菜。苏逢吉学习也很好，常代父亲撰写公文。

　　苏悦年老体衰，向刘知远推荐儿子，说："老夫年高，无法为您效力了。我儿子粗通文墨，性情恭顺，如果您不在意他像猪狗一样微贱，我愿意让他侍奉您。"

　　刘知远召见苏逢吉，看他聪明机灵，很是喜欢，便留在身边，不久，擢升他为宾佐。苏逢吉小心翼翼地伺候刘知远，他头脑灵活，做事麻利，也有一些智谋，逐渐成为刘知远的心腹，职务也不断得到提升。

　　刘知远镇守太原的时候，位高权重，他又严肃刚毅，许多人不敢接近他。只有苏逢吉整日陪在他身边，协助他处理公务。有下属上报公文，都是先交给苏逢吉，由苏逢吉转呈。苏逢吉总是把公文揣在怀里，趁着刘知远高兴时呈给他，刘知远批示后，再由苏逢吉负责督办。

　　刘知远称帝以后，任命苏逢吉为宰相，主持政务。苏逢吉跟随刘知远多年，熟悉他的习性，处理的事情都符合刘知远心意。苏逢吉干练果断，办事从不拖泥带水，不管有多少公务，几乎都是当天办完。

刘知远十分满意。

苏逢吉与刘知远一样，喜欢杀戮。有一次，刘知远过生日，让苏逢吉清理监狱里的囚犯，本意是把重犯杀掉，轻犯释放。苏逢吉干脆把所有囚犯全部杀掉，把监狱腾空。苏逢吉回报刘知远说，囚犯都处理完了。刘知远夸他办事效率高。

苏逢吉喜爱杀戮，总嫌司法部门判案时，杀的人少。有一次，有个大臣犯罪，司法部门判决灭族，斩杀二十人。案件呈报给苏逢吉，苏逢吉大笔一挥，将二十人改成了五十人。

苏逢吉当宰相以后，制定了一项法令，凡犯盗窃罪的，一律斩杀全族和四邻。司法部门不同意，说灭族已经够重了，还要杀四邻，历史上从来没有过。

苏逢吉坚持己见，说："只有这样，才能震慑住盗贼，而且还能让四邻一起监督，有什么不好？"

苏逢吉崇尚严刑峻法，后汉的法律十分严酷。当时郓州盗贼较多，苏逢吉派大臣张令柔去督导。张令柔也是个杀人狂，竟下令把平阴县十七个村子的民众全部杀光。

卫州刺史叶仁鲁带兵追剿盗贼，许多村民自发相助，把盗贼赶进山里。叶仁鲁率兵赶到后，却认为这些村民是盗贼，不由分说，把他们全部抓了起来。叶仁鲁没有当场杀死他们，而是残忍地挑断他们的手脚筋，抛在大路上示众。这些人长声悲号，过了好几天才死去。苏逢吉听说以后，夸奖叶仁鲁能干。

后汉时期，滥杀百姓之事屡见不鲜，泛滥成灾。老百姓处于水深火热之中，怨声载道。

苏逢吉对别人严苛暴戾，对自己却放纵骄奢。他生性奢侈挥霍，喜欢穿华丽衣服，吃山珍海味，讲究排场。他经常在家中大摆宴席，招待权贵和名流，每次都要花费一千多缗钱。他的妻子武氏死了，葬礼非常隆重，朝廷百官和地方官吏，都来送礼送葬。苏逢吉的开支大，费用不够，就大肆收受贿赂，搜刮民脂民膏。

苏逢吉贪图财产，竟然图财害命。刘知远进入开封时，后晋的宰相冯道和李崧被契丹掳走了，刘知远就把李崧的豪宅赐给了苏逢吉。

苏逢吉贪心不足，又把李崧在洛阳的豪宅霸占了。不料，李崧后来回来了，投靠了刘知远，成了后汉的大臣。苏逢吉十分尴尬，他不想把豪宅归还李崧，便心生奸计，诬陷李崧谋反，把他全家都杀了。人们都知道李崧的冤情，对苏逢吉十分痛恨。

刘知远死后，儿子刘承祐继位。刘承祐只有十八岁，苏逢吉、史弘肇、杨邠、王章、郭威等大臣辅佐朝廷。这帮老臣对刘承祐不够恭敬，刘承祐想倚重舅舅李业。李业与史弘肇、杨邠、王章等老臣产生了矛盾，只有苏逢吉奸猾，与李业关系很好。

苏逢吉多次鼓动李业，先下手为强。李业与刘承祐商议，利用上朝的机会，一举将史弘肇、杨邠、王章杀死，并灭其族。

当时，郭威领兵在外，刘承祐、李业又派人去刺杀他，逼得郭威起兵造反。郭威率军攻打开封，城内守军响应郭威。皇帝刘承祐只好带着苏逢吉、郭允明等人落荒而逃。苏逢吉见走投无路，只好自杀。刘承祐被郭允明杀死，后汉灭亡。

史弘肇残暴绝伦

在后汉政权中，皇帝和宰相喜好杀戮，其他大臣也不甘落后，大将史弘肇就以残暴绝伦而著称。

史弘肇，郑州荥泽（今河南郑州）人，粟特族。他出身平民，却不喜欢干活，整天舞枪弄棒，研习武艺，因而练就了一身好功夫。史弘肇身手矫健，行走如飞，能追得上飞奔的马匹，日行二百多里。

史弘肇入伍从军，被石敬瑭看中，做了他的贴身侍卫。刘知远也看好史弘肇，把他要去做了自己手下，并不断提升他的职务。史弘肇成了刘知远的一员得力大将。

史弘肇治军非常严厉，不管是军官还是士兵，只要违反了军纪，就当着所有士兵的面，用乱棍打死，而且一直打到血肉横飞。士兵们都吓得两腿发抖，魂飞魄散。因而，史弘肇的队伍纪律严明，令行禁止，战斗力很强。刘知远主要靠着史弘肇的队伍，打败契丹西路军，称雄于太原。

史弘肇为刘知远成就帝业，立下了汗马功劳。在契丹主力撤走之后，刘知远展开反攻，史弘肇充当先锋。他率军一路南下，所向披靡，战无不胜，很快攻占洛阳、开封，收复了中原地区。与史弘肇同时立有大功的，是另一位大将郭威。郭威是后汉少有的不好杀戮的将领，深得军心民心。所以，后汉灭亡以后，郭威当上了后周皇帝。

948 年，刘知远病重，临终前把年少的儿子托付给史弘肇、苏逢吉、杨邠、王章、郭威等几位重臣。史弘肇对刘知远忠心耿耿，他很认真地担负起辅佐幼主的责任。

当时，史弘肇掌管禁军，负责治理京师。可是，史弘肇只会带兵打仗，不会治理地方。他为人暴戾，用刑严酷，这一套用来整治军队，还能有效，但对待百姓，就是暴虐无道了。

史弘肇执法，只知道砍头，百姓偶尔犯一点过错，不问罪行大小，一律处死。一开始百姓不服，被杀者的家属往往到朝廷喊冤。史弘肇下令，将喊冤者一律斩首。很快，喊冤者就绝迹了，史弘肇心里十分得意。

史弘肇经常亲自带领士兵，沿街进行巡逻，发现酗酒闹事者、打架斗殴者、违反禁令者，一律就地处死，并暴尸街头，以儆效尤。于是，大街上行人稀少，冷冷清清。

史弘肇杀人随心所欲。有一次，太白金星在白天出现，许多人驻足观看。史弘肇认为，这些人私观天象，必有反叛之心，令士兵把百姓包围起来，全部腰斩。百姓看天也被处死，真是闻所未闻！

史弘肇残暴，毫无仁义之心。他残害百姓时，往往采取虐杀的方式，如割舌、抽筋、砍去四肢等等，无所不用其极。所以，有人说，后汉时间虽短，却是五代最黑暗暴戾的时期，这是有道理的。百姓和一些士兵，都对史弘肇恨之入骨，纷纷咒他不得好死。

史弘肇是武夫，看不起文人，常常对人说："安朝廷，定祸乱，有长枪大剑就足够了，毛锥子（毛笔）有什么用呢？"宰相苏逢吉自然与他产生了矛盾。苏逢吉诡计多端，经常抓一些过错轻微的百姓，送给史弘肇处理。史弘肇总是来者不拒，一律杀掉。苏逢吉心里暗自高兴，他就是想让史弘肇落一个滥杀的恶名。

史弘肇性情粗暴，对待皇帝和太后，态度也不恭敬。有一次，太后有个故人，求太后说情，想补任军职。史弘肇丝毫不给太后面子，不仅没有让他补任军职，反而将那人斩首示众。这有点太过分了。

皇帝刘承祐喜欢观舞听乐，有一次听得高兴，赏赐伶人一件锦袍。不料，史弘肇闯了进来，抬手扇了伶人一个耳光，把锦袍夺去，愤愤地说："将士们守卫边疆，冒风雪，忍严寒，还没有皇上赏赐的衣服。你是个什么东西，也配穿锦袍？"皇帝被气得脸上红一阵、青一阵。

史弘肇与辅政大臣杨邠、王章关系比较好，经常对皇帝有所限制。刘承祐对几个大臣感到不满。在苏逢吉的煽动下，刘承祐与舅舅李业定下计策，要诛杀这几个大臣。

史弘肇等人虽然蛮横，却没有反心，也没有提防。950年的一天，史弘肇照例上朝，刚走到宫殿外边的走廊，突然涌出几十名武士，对他进行攻击。史弘肇虽然武艺高强，但毕竟寡不敌众，顿时死于刀枪之下。杨邠、王章也同时丧命。

李守贞割据叛乱

后汉虽然只有短短三年时间，却出现了三镇叛乱，为首的是河中节度使李守贞。李守贞自封秦王，还企图称帝，最终被郭威率兵灭掉。

李守贞，汉族，孟州河阳（今河南孟州）人。他年少时四处漂泊，后来投靠了石敬瑭。石敬瑭对他很器重，李守贞步步升迁，后来做到了宣徽使。

石敬瑭死后，石重贵继位。石重贵对李守贞也很好，升任他为滑州节度使。943年，契丹第一次大举南侵，李守贞奉命迎敌，大败契丹，杀敌数千，生擒偏将七十多人，还杀死了叛将杨光远。李守贞立有大功，石重贵升任他为兖州节度使，兼侍卫都虞侯。

945年，契丹第二次大举南侵，李守贞被任命为杜重威的副手，共同领兵对敌。大军在阳城遭遇契丹军队，杜重威不敢出战，李守贞说："您善于防御，就让我率军与敌人决战吧。"李守贞身先士卒，带领晋军向契丹进攻，打得契丹大败而逃。李守贞因功加封为侍中。

946年，契丹第三次大举南侵。杜重威率全军投降契丹，李守贞与杜重威关系不错，也附和投降了。后来，杜重威和李守贞又一同投降了刘知远。刘知远任命李守贞为河中节度使，镇守陕西一带。

948年，刘知远在临终前留下遗诏，诛杀了杜重威。李守贞受到惊吓，感到兔死狐悲，心中忐忑不安。这时，有个叫总伦的僧人，给李守贞占卜说，他命中该当天子，李守贞很高兴。不久，永兴军节度使赵思绾叛乱，想拉上李守贞，派使者给李守贞送来一套皇帝穿的服装，李守贞更为高兴。李守贞认为，天时人和，于是决定起兵造反。

凤翔节度使王景崇也想叛乱，与赵思绾共同推举李守贞为盟主，尊奉他为秦王。这样，三镇联合，反叛后汉，打算割据陕西和甘肃东部一带。

　　李守贞出兵占据潼关，暗中联络吴、蜀、契丹，请他们出兵相助，还写信给朝中的权贵重臣，遍求荫庇支持。与此同时，李守贞命人日夜不停地打造兵器，加固城防，积蓄粮草，做好守城准备。

　　后汉皇帝刘承祐听说三镇反叛，大为恼火，命老将军白文珂率军讨伐。白文珂最早跟随李克用征战，历经后唐、后晋、后汉三朝，久经沙场，身经百战，此时已经七十三岁了。

　　白文珂经验丰富，率军很快攻占了许多战略要地。李守贞抵挡不住，只好退守河中城，闭门不战，凭坚据守。李守贞在城中已做好了充分准备，白文珂多次攻城，没有效果。

　　白文珂率领的部队，都是临时征调来的，对情况不熟，号令不统一，将领郭从义、常思、王峻等人，又矛盾重重，再加上河中城池坚固，所以，攻城数月，始终不能攻克。

　　刘承祐心中着急，又派枢密使郭威去前线指挥。郭威是后汉名将，有着很高的威望。郭威到达河中后，轻装简骑，围着河中城转了几圈。他发现城墙高大，护城河水很深，如果强攻，必然导致重大伤亡。郭威仁厚，不愿意让士兵们白白丢了性命，于是，他决定采取长期围城的办法，坐等城中粮尽自乱。

　　郭威下令，在城外修筑了三个栅寨，又调集五个县的民夫，连接三寨修建了一道长城，做好长期围困的准备。

　　李守贞看出了郭威的意图，出兵破坏长城。郭威早有准备，对出城的叛军进行截杀，然后快速修补好长城。这样，李守贞的士兵每出来一次，几乎都要损失一半。几次之后，李守贞再也不敢派兵出来了。

　　过了几个月，城中粮食逐渐减少。面临危机，李守贞焦急，召僧人总伦询问凶吉。总伦拍着胸脯说："大王放心吧，吉人自有天相。等到城中只剩一人一骑的时候，大王就会时来运转了。"

　　李守贞听了，半信半疑。他手持弓箭，遥指一幅老虎舐掌的图画说："我如果能够成就帝业，就让我一箭射中虎掌。"结果一箭射中。众人都向他拜贺，李守贞似乎也放了心。

可是，射中虎掌，并不能当饭吃。李守贞又勉强支撑了几个月，城中断粮了，只好宰杀战马，最后，到了人吃人的地步。赵思绾、王景崇也被郭威派兵包围，自顾不暇，无法救援。这样，李守贞内无粮草、外无救兵，陷入了绝境。

郭威围城一年多，城中已是山穷水尽，无法坚持了，可李守贞仍不肯投降。郭威下令攻城，守军早已没有了斗志，汉军很快破城而入。

李守贞已经做好了自杀准备，在家中堆满了干柴。等到城破之时，李守贞举火，全家人一同葬身火海。李守贞的儿媳符氏机灵，独自一人逃命，后来嫁给了柴荣。那个僧人总伦，也被乱兵杀死。

灭掉了李守贞，赵思绾见大势已去，只好投降了，但仍然被斩首。王景崇学着李守贞的样子，全家自焚而死。

郭威平定了三镇叛乱，又为后汉立下大功。

郭威宽厚仁义

后汉时期，戾气很重，许多人嗜杀成性，但也有人不好杀戮，郭威就是其中之一。郭威行侠仗义，待人宽厚，尤其善于和士兵打成一片，深得军心民心，因而成就了大业。

郭威，汉族，邢州尧山（今河北隆尧）人。其父郭简，当过李克用的顺州刺史，被割据幽州的刘仁恭所杀。不久，其母王氏也死了。当时，郭威只有几岁，还不到换牙齿的年龄，就不幸成为孤儿。姨母韩氏可怜他，将他抚养长大。也有人说，郭威本来姓常，随母改嫁到了郭家。总之，郭威小小年纪，就历经坎坷。

郭威长大以后，身材魁梧，勇力过人，有胆有识，便去投军，想博个前程。潞州节度使李继韬见他不同寻常，把他留在身边，当了亲兵。郭威为人忠诚宽厚，作战勇敢，性情豪爽，乐于助人，李继韬很喜欢他。

郭威喜欢喝酒，爱打抱不平。潞州城内有个杀猪卖肉的屠户，长得粗大彪悍，很有蛮力，他便恃力凌人，欺行霸市，横行霸道，有点像《水浒传》里的镇关西，人们都痛恨他。郭威听说了屠户的劣迹，就想找机会教训他一顿。

有一天，郭威喝醉了酒，摇摇晃晃地去找屠户，质问他为何仗势欺人。屠户见一当兵的来找碴儿，强压火气，尽量忍耐，可郭威不依不饶，非要他当众认错不可。屠户终于恼怒，一把扯开衣服，露出白胖的肚皮，说："小子！你要有种，就朝爷爷这儿来一刀。"

郭威大怒，没有多想，抄起刀子，一刀插进了屠户的肚子。屠户在地上翻滚号叫了几声，气绝身亡。

郭威被送交官府，主官李继韬惋惜他的才干，故意放他逃走。不久，李继韬重新召回郭威。是年，李继韬叛晋降梁。晋灭梁后，李存勖诛杀李继韬，将其部属编入自己的亲军"从马直"，郭威也在其中。

刘知远任后晋侍卫亲军都虞候时，郭威主动投奔麾下。郭威英勇善战，屡立战功，职务不断提升。刘知远看出郭威是个英雄人物，对他特别器重，授予他兵权。郭威为刘知远称霸太原、抗击契丹、收复中原立下大功，他与史弘肇成为刘知远军中的左右手。

不过，在为人处世方面，郭威与史弘肇截然不同。史弘肇崇尚武力，认为有长枪大剑就足够了；而郭威却喜欢读书，一有空闲，就手捧书籍，躲到一边阅读。

郭威识字不多，但读书很用心，有不懂的地方就请教别人。郭威不仅读兵书，也读文史，在书中汲取了大量营养。郭威打仗不靠蛮力，常用计谋，喜欢用最小的代价，获取最大的效益。人们都称他智勇双全。

郭威不好杀戮，总是宽厚待人，尤其是善待士兵。他与士兵同甘共苦，吃同样的饭，住同样的帐篷，不搞特殊化。打仗时，他身先士卒，亲冒矢石，与将士们一起冲锋陷阵；在平时，郭威常常与士兵们混在一起，同他们谈天说地，无拘无束，丝毫没有架子。郭威关心士兵疾苦，每次战斗结束后，郭威必定亲自看望抚慰伤员，奖赐有功将士。郭威心胸宽广，有人得罪了他，他也不计较。因此，郭威在军中有很高的威望，将士们都乐意为他效力。

刘知远死后，儿子刘承祐继位，郭威又尽心竭力地辅佐年少的皇帝。李守贞等三镇叛乱时，郭威率军讨伐，他采取长期围困的战术，没有造成士兵过多伤亡，就平定了三镇之乱。郭威的声望，进一步得到提升。

然而，面对功高权重的郭威，刘承祐却起了猜忌之心，他在别人的挑唆下，打算置郭威于死地。那么，郭威该怎么办呢？

后汉三年而亡

刘知远建立后汉，只当了不到一年皇帝就死了，他的儿子刘承祐又当了两年皇帝，后汉就亡国了。后汉是五代时期寿命最短的政权，也是历史上最短的朝代之一。

947年二月，刘知远趁契丹灭掉后晋、天下混乱之际，在太原称帝，仍然使用晋朝年号。契丹主力撤走之后，刘知远迅速收复中原，占领开封，于同年六月改国号为汉，定都开封。

刘知远称帝后，于948年正月立长子刘承训为皇太子。刘承训聪明贤良，宽厚温和，容貌俊美，很有学问，当时二十五岁，正是年富力强的时候。刘知远很满意，觉得接班人很理想。

不料，天有不测风云，人有旦夕祸福。刘承训在被立为太子的当月，突发急病死了。刘知远受不了这个沉重打击，整日恸哭，痛不欲生，很快得病，也在当月死了。

刘知远的儿子不多，史书记载只有三个亲子、一个养子。三子刘承勋身体不好，久病卧床。这样，能够继承帝位的，只有十八岁的次子刘承祐。

由于事发突然，刘知远、刘承祐都没有做好交接班的准备，当时，刘承祐还没有被封王。宰相苏逢吉赶紧上奏说，按照礼制，刘承祐应该先当王，才能继承帝位。刘知远让苏逢吉抓紧办理。不料，刘知远病情急剧恶化，还没来得及办好封王之事，就驾崩了。

刘知远在临终前，把年少的儿子托付给他信任的大臣苏逢吉、史弘肇、杨邠、王章、郭威等人，依依不舍地离开了人间。

刘承祐没有继位的思想准备，稀里糊涂当上了皇帝。他平时不学无术，没有能力，又缺乏历练和经验，不会当皇帝。不过，刘承祐如果稍微有点政治才干，用好父亲留给他的这些大臣，后汉政权应该没有问题，起码不会二世而亡。

刘知远指定的这几个辅政大臣，个个精明能干，跟随刘知远多年，忠心耿耿，没有二心。不过，这些人除了郭威之外，都是性情暴戾，手段强硬，他们恃着自己是开国功臣，又是长辈，对小皇帝并不恭顺。

杨邠，魏州冠氏（今山东冠县）人，出身小吏，因办事干练受到刘知远提拔重用，与苏逢吉同为宰相。杨邠性情耿直，为官清廉，熟悉政务，把朝政处理得井井有条。

可是，杨邠为人苛刻，做事古板。刘承祐想让舅舅李业当宣徽使，杨邠断然拒绝，李太后又向杨邠求情，杨邠仍然不给面子。刘承祐想封他宠爱的耿妃当皇后，杨邠反对；后来耿妃死了，刘承祐想用皇后之礼安葬她，杨邠又反对。刘承祐心里很不满意。

在杨邠看来，皇帝年少，不会理政，只要自己竭力辅佐就可以了。有一次，杨邠、王章和几个大臣，与刘承祐一起议事。刘承祐讲了自己的意见，杨邠觉得皇帝说得不对，很不客气地说："陛下不要多管，有臣处理政务就行了。"王章也随声附和。刘承祐心里很生气。

杨邠与王章、史弘肇、郭威关系不错。当时郭威领兵在外，不在朝中。王章、史弘肇经常附和杨邠的意见，也对皇帝不够恭敬。尤其是史弘肇，专横跋扈，不把皇帝放在眼里。刘承祐对三人怀有怨恨，可杨邠等人浑然不知。

宰相苏逢吉与杨邠、史弘肇都有矛盾，他煽风点火，鼓动李业，企图让李业铲除他们。李业对杨邠等人恨之入骨，挑唆刘承祐说："杨邠等人专权跋扈，藐视皇上，日后必会谋反篡位。应该趁他们不备，及早将他们一网打尽，以绝后患。"

刘承祐早就对他们不满意了，于是与李业密谋，准备在他们上朝的时候，埋伏武士，突然袭击，将他们全部诛杀。杨邠等人虽然对皇帝不够恭敬，但没有反心，更没有防备，不知道大祸即将临头。

950年的一天，杨邠、史弘肇、王章像往常一样，有说有笑地上朝。刚进宫门，突然冲出几十名武士，把他们全部杀死。

三个辅政大臣被杀，立刻引发轩然大波。这三人都是开国功臣，又是朝廷的顶梁柱，人们议论纷纷，说什么的都有。

刘承祐、李业杀了三个大臣以后，走错了一步棋，就是大开杀戒，将三人的家族全部诛灭。三个大臣虽然有些专横，但没有谋反，也没有大罪，灭其全族，明显过分了。这下舆论比较一致了，都在背后指责皇帝狠毒，不仁不义。

紧接着，刘承祐、李业又走错了一步棋，而且是致命的一步。他们猜忌在外领兵的郭威，想把他也除掉。

郭威手握兵权，威望又高，刘承祐、李业不敢明着来，便派出刺客，打算暗地里将郭威干掉，同时刺杀王峻、王殷等多名将领。结果事情败露，众将领群情激愤，纷纷要求讨伐奸臣。郭威迫不得已，打着"清君侧"的名义，起兵问罪了。

刘承祐、李业见郭威起兵，又走了更为错误的一步棋，将郭威在京城的家人全部杀掉，包括襁褓中的婴儿。郭威只有两个儿子，全都遇害。同时，将柴荣、王峻等将领的家属一并诛杀，杀死数百人。这就太过分了。他们不知道，在杀死别人的同时，也等于杀自己。果然，郭威和众将们悲痛欲绝，真的下决心造反了，他们率领大军，杀向开封。

刘承祐听说郭威率军到来，便亲自出城迎战。刘承祐天真地认为，皇帝天威，将士们见了皇帝，还不立即下马跪拜。不料，郭威的将士们见了皇帝，分外眼红，都高声呐喊，冲杀过来。刘承祐哪里见过这种阵势，吓得跋马就往城里跑。

刘承祐跑到城门口，却见城门紧闭，不能进入。守城将领在城头客客气气地说："陛下残暴不仁，我们打算归顺郭将军。陛下请自便吧。"

刘承祐大怒，高声责骂，但没有任何办法。刘承祐的侍卫部队被冲散了，他只好带着苏逢吉、郭允明几个人，仓皇向西北方向逃窜。

刘承祐等人逃到赵村，躲进一座民宅中。苏逢吉见大势已去，自杀了，刘承祐身边，只剩下了郭允明一个人。郭允明从小被刘知远养大，与刘承祐关系亲狎，两人形影不离。在这危难关头，刘承祐觉得，还是郭允明对他最好。

过了一会儿，忽听后面马嘶人叫，似有追兵赶来，两人惊恐不已。郭允明在刘承祐背后，悄悄拔出刀来，趁其不备，一刀插入刘承祐后背。

刘承祐大叫一声，扭过头来，瞪着血红的眼睛，用手指着郭允明，好像在问为什么？话没出口，刘承祐气绝身亡。这位稀里糊涂当皇帝的人，又稀里糊涂地死在他最亲密的人手里。

郭允明杀死刘承祐，是想拿着他的人头，向郭威邀功请赏。过了一会儿，有兵马赶到。郭允明赶紧跑出屋去，高声喊道："刘承祐已经被我杀了！"

兵马走到跟前，郭允明定眼一看，原来不是郭威的将士，而是皇帝的侍卫部队，为寻找皇帝而来。郭允明傻了眼，知道已无生路，一狠心，横刀自刎了。

李业见郭威率军而来，知道刘承祐抵挡不住，匆忙逃出城去，投奔大哥李洪信。李洪信担任保义军节度使，他见弟弟前来，不仅没有收留，反而将他痛斥一顿。李业无奈，只好又逃往绛州，途中被人杀死。

郭威率军入京，拜见李太后，请求太后临朝听政，并立刘知远养子刘赟为帝。将士们愤愤不平，在北上征伐契丹的路上发生兵变。将士们撕下黄旗，硬披在郭威身上，拥立他为帝。

事已至此，郭威也不是不想当皇帝，于是半推半就，登上帝位，改国号大周，史称后周。

五代时期的历史，又掀开了新的一页。

郭威黄袍加身建后周

提起黄袍加身，最出名的是宋朝皇帝赵匡胤。然而，早在赵匡胤之前，郭威就演了一出黄袍加身的好戏。

950 年十一月，郭威在邺城起兵，向京师开封进军。后汉皇帝刘承祐亲自领兵迎战，兵败逃亡，被随从郭允明所杀。十一月二十三日，郭威率军进入开封。

郭威入城后，领百官朝见李太后，哭诉了自己的一番苦衷，表明起兵是不得已而为之。李太后是聪慧之人，此时无可奈何，也只好流着泪宽慰郭威。这一出感情戏，似乎挺动人的。

郭威奏请李太后临朝听政，并请求立个新皇帝。李太后没有客气，发诰命立刘赟为皇帝，派太师冯道去迎接他。刘赟是刘知远的养子，此时担任徐州节度使。刘知远的三个亲子都死了，只好让刘赟继承皇位。刘赟的生父，是刘知远的弟弟刘崇，此时镇守太原。

因皇帝未到，李太后就行使起了权力。她任命了一批官员，其中王峻升任枢密使，范质升任副使，但对郭威没有任何奖赏。郭威很失落，也很纠结，刘赟年富力强，如果回来当上皇帝，那么起兵不是白忙活了吗？郭威需要考虑对策。

正在这时，镇州、定州驰马来报，说契丹进犯，黄河以北各州纷纷告急。郭威请求率军抵御契丹，李太后不能不答应。结果，就在出兵途中，郭威被众将士黄袍加身了。《旧五代史》详细记载了郭威黄袍加身的过程。

950 年十二月初一，郭威离开京师，率军北上，四天后到达滑州，部队在滑州停留了几天。这个期间，正在赶往开封登基的刘赟，听说大军北上抗击契丹，立即派使者快马赶往滑州，以皇帝的名义慰劳将士们。刘赟是想收买人心。

不料，将士们在接受宣慰时，面面相觑，不肯拜领谢恩。随后，军中流传说："咱们这些人，攻陷了京师，皇帝因此而死，我们都犯下大罪，如果再由姓刘的当皇帝，我们肯定没有活路了。郭将军宽厚，待兵如子，我们不如拥立他当皇帝。"这话一传十、十传百，很快在全军引起共鸣。

有人把这话告诉了郭威，郭威愕然，没有态度，也不加制止。大军继续北上，十六日到达澶州。不知为何，部队又在澶州停留了几日。在此期间，将士们无事，纷纷议论拥戴郭威称帝之事，达成共识，形成了强大舆论。

二十日，各军将士涌向郭威歇息的驿站，大声呼喊着，要拥戴郭威称帝。郭威关上大门，不见他们。将士们把驿站围得水泄不通，群情激奋，齐声呐喊，声势很是壮观。

将士们越来越多，像山一样聚集。许多人登房越墙进入驿站，驿站内外挤满了人。将士们有的向郭威叩头，有的哭泣请求，有的干脆撕下黄旗，披在郭威身上。呐喊声惊天动地。

郭威被众人拥着，"声气沮丧，闷绝数四"，不得不答应下来。郭威登上城楼，安抚将士。将士们一片欢腾，齐呼万岁。

第二天一大早，郭威率军回返，直奔开封。北边契丹进犯之事不管了，也不知道那事是真是假。大军到达黄河，准备搭浮桥过河，却不想当夜北风凛冽，黄河结冰，将士们踏冰而过，很快抵达开封。

开封城中的王峻，在澶州兵变之时，立即派兵南下，在宋州截住刘赟，囚禁起来，不久李洪义赶到，将刘赟毒死。这大概都是奉了郭威的命令。

郭威北上时磨磨蹭蹭，返回时进军神速，五天时间就回到开封。郭威把军队驻扎在城外，文武百官都出城拜见。郭威带心腹将领入城，拜见李太后，陈述事情缘由。李太后知道事情已经无可挽回，于是下发诰命，让郭威监国，朝廷事务全由他处置。

郭威没有立即称帝，而是以监国的身份总揽朝政。这时，郭威称帝之心，已经昭然若揭。朝廷大臣和地方官吏，接连不断地上书，拥戴郭威称帝。

951年正月丁卯（初五），李太后颁发诰命说："自古以来，帝业都不是一家一姓，顺天者兴，违天者废。我刘氏遇上不顺的命运，奸佞制造祸乱，大臣蒙冤被诛，年少的君主自招灾祸。郭威有功于社稷，贤明神武，受六军拥戴，万民敬仰。现奉上汉朝国宝印玺，请郭威登上帝位。改朝换代，天命所归，我刘氏深以为幸。"

李太后将汉朝江山让给郭威，虽然是无奈之举，但她心里明白，刘氏已经后继无人了，郭威称帝是大势所趋。因此，李太后十分配合，没有进行阻挠。郭威称帝以后，依然对李太后十分敬重。李太后活到四十二岁病逝。

李太后的弟弟李洪信，当时任保义军节度使，也拥戴郭威称帝。后周建立后，李洪信升任宰相、左武卫上将军，一直活到宋朝时期，享年七十四岁。

李太后的另一个弟弟李洪义，当时任镇宁军节度使。皇帝刘承祐曾密令李洪义诛杀郭威，李洪义却将机密告诉了郭威，可见他与郭威关系非同一般。澶州兵变后，郭威密令李洪义赶到宋州，毒杀了准皇帝刘赟。后周建立后，李洪义官至京兆尹、永兴军节度使。宋初，加兼中书令。活到五十九岁病死，死后追赠太师。

在李太后颁发诰命的当天，郭威进入崇元殿，登基称帝，国号大周。

郭威说，自己是周朝虢叔的后代。虢叔是周文王的侄子，因虢、郭同音，后代就姓郭了。所以，郭威把国号定为周，史称后周。

郭威建周称帝后，镇守太原的刘崇大怒，也随即称帝，仍然沿用后汉年号，史称北汉。此后，北汉与后周为敌，多次发生战争，最终被宋朝灭掉。

从史书记载来看，澶州兵变、郭威黄袍加身，实际上是郭威自己导演的一出戏。不过，郭威能够得到众多将士拥护，也是很不简单的。这是他改朝换代、荣登帝位的民意基础。

郭威治国有方

郭威不仅会带兵打仗，而且善于治国理政。他建周称帝以后，励精图治，革新弊端，崇尚节俭，后周呈现出兴旺景象。

郭威称帝不久，就做了一件骇人之事。有一天，他命人将皇宫里的珍宝玉器、金银首饰、精美食具，全都搬到宫殿庭院里，堆得像个小山。郭威召集大臣前来，群臣以为要把这些宝器赏赐给他们，个个喜笑颜开。

不料，郭威下令，将这些宝器全部砸得粉碎，众人大惊失色。郭威庄严地说："我当皇帝，是要让天下人富裕，用不着这些东西。宝器只会让人滋生享受，削弱志向，是不祥之物，没有一点好处。今后宫廷之中，一律禁止华丽东西入内。希望各位爱卿，也要远离这些不祥之物。"大臣们听了，心中暗暗佩服。

郭威下发诏书，告示天下，说："朕出身行伍，本是微贱出身，今承天命，自当以天下为重。如今百姓困苦，不能再加重他们的负担。即日起，各地向朝廷的贡物一律停止，不仅是贵重之物，就是低廉的土特产品，也不准进献。"

郭威在诏书中，列举了数百种土特产的名字，包括江浙的姜瓜、怀州的杏仁、镇州的水梨、绛州的葡萄、湖南的枕子茶、河东的绿豆粉，等等。《旧五代史》对这些土特产作了详尽记载。郭威诏书一下，万民欢颜。

郭威着手革除后汉的一些弊端，尤其在法律方面，废除严刑峻法，实行轻刑慎罚。后汉法律严酷，对盗窃犯人要株连四邻。郭威认为，犯盗窃罪的多是穷人，为生活所迫，因而废止酷刑，宽严适度，有些穷人则给予救济。郭威下令，禁止腰斩、割舌、挑筋、砍手足等残暴刑罚，对一般罪犯，不牵连家人，也不没收家产。

郭威在宽缓刑罚的同时，大力推行文化和道德教育。后汉崇尚武力，轻视文化。郭威虽是武将出身，却知道文治天下的道理，这是难能可贵的。郭威称帝的第二年，就专门跑到曲阜，去祭祀孔子。

在祭祀孔子的时候，郭威撩起龙袍，就要下跪。身边的人说："孔子是人臣，君主不宜跪拜。"

郭威正色说道："孔圣人是百世帝王之师，焉能不跪拜？"郭威恭恭敬敬地向孔子像行跪拜大礼。

祭祀完孔子，郭威问："孔子、孟子的后代，在曲阜的还有什么人？"手下人连忙去找，找来了孔子四十三代孙孔仁玉，又找来颜渊的后代颜涉。郭威召见他们，当即任命孔仁玉为曲阜县令，任命颜涉为主簿。

郭威着力发展经济，减轻民众负担，改革不合理制度。郭威在经济方面的改革，最重要的是废除牛租和撤销营田务。

牛租，是后梁朱温时期实行的制度，政府将牛租给农民使用，农民每年缴纳租金。这项制度，当初对发展农业生产起到了积极作用，可是，几十年过去了，当年的牛早就老死了，但农民仍然要交牛租，明显不合理。过去的政权，不顾百姓死活，没人管这事，牛租制度一直延续下来。郭威称帝后，下令把它取消了。

营田务，是唐朝在各地设立的管理农业的机构，有的还直接经营田地，他们的费用，都由百姓承担。后来兵荒马乱，营田务根本不起作用，但百姓照样缴纳费用，没有人为百姓着想。郭威一纸诏令，把营田务撤销了，百姓们拍手叫好。

在撤销营田务时，有人建议，将他们经营的田地卖掉，国家可得到数十万缗钱的收入。郭威说："百姓们承担了太多的赋税，这些田应该无偿分给百姓。民富才能国强，百姓得利，就像国家得利一样。"

在郭威的精心治理下，后周改变了后汉的残暴戾气，开始推广儒学，崇尚文化，社会风气有了很大改变，经济也得到快速恢复，百姓们安居乐业，呈现出一幅生机勃勃的景象。郭威是五代时期为数不多的有为君主之一。

后周的疆域，主要包括今华北、关中和黄河流域。后周的主要敌人，一是占据太原的北汉以及其背后的辽国；二是南方的南唐。

南唐的开国皇帝李昇，自称是唐宪宗之子李恪的四世孙，所以建国号为唐。南唐占据江南部分地区和江淮一带，时常骚扰北方。不过，后周势力强大，能够抵御住南唐。

北汉的皇帝刘崇，是刘知远的弟弟、刘赟的父亲。郭威夺去了后汉江山，又杀死他的儿子，刘崇对后周有着深仇大恨。北汉地方狭小，本不足为虑，可北汉与辽国勾结，学着石敬瑭的样子，甘当"侄皇帝"，力量就不容小觑了。北汉与辽国联合，经常进犯后周，但均被后周击退。

郭威当时的主要精力，放在治理国家内部上，很少主动出兵。郭威是想先实现国家强盛，再对外扩张。这个思路是对的，可惜，郭威只当了四年皇帝就死了，壮志未酬。

954年正月，郭威得了重病，感觉情况不好，对养子柴荣说："我死后要赶快修治陵寝下葬，不要长时间在殿内停灵，以免妨碍政务。陵寝要节俭，陵墓前不要有石人石兽，只立一块碑，刻上几句话，就说我一生习惯节俭。我死后，切不可用金银陪葬，也不要穿华丽衣服，只用纸衣装殓，用瓦棺作椁就可以了。下葬时不要兴师动众，不要扰乱百姓，也不要派人守陵。"郭威还向柴荣交代了政治、人事等事项。

954年正月十七日，壮志未酬的郭威，依依不舍地离开了人间，终年五十一岁。

郭威没有儿子，他的养子、柴皇后的娘家侄子柴荣继位。柴荣继承了皇位，也担负起了振兴后周的重任，后周继续兴旺。

皇后侄子继承帝位

在中国历史上，由皇后侄子继承帝位的，唯有柴荣一人。柴荣之所以能够当上皇帝，是因为郭威没有儿子，也是因为郭威对柴皇后感情深厚，对柴荣特别信任和宠爱。

柴荣，邢州龙冈（今河北隆尧）人，921年出生，父亲叫柴守礼。柴守礼是柴皇后的哥哥。

郭威在穷困潦倒的时候，偶遇柴姑娘。柴姑娘怜悯他，慷慨解囊，又见郭威有英雄之气，便以身相许，与郭威结为夫妻。

郭威与柴氏感情深厚，可一直没有孩子。柴荣敦厚谨慎，办事干练，深得郭威喜爱，遂被收为养子。后来，郭威有了两个儿子，分别叫郭侗、郭信。两个儿子的母亲不详，看来地位低微。郭威虽然有了亲生儿子，但对柴荣依然十分宠爱，视如己出。

柴荣生性谨厚，聪明能干，年龄不大，就跟着邺城的商人去做茶货生意，往返于江陵等地。由于经常走南闯北，使柴荣增长了阅历和见识，了解到民间疾苦，这对他日后执政很有益处。

柴荣不仅学经商，还习文练武。柴荣学习很刻苦，从不浪费一点时间，因此，他学问很好，通晓文史，喜欢黄老学说，骑射也很精良，常常得到郭威夸赞。郭威在柴氏的鼓励下，二次投军，屡立战功，升为将领。柴荣便弃商从戎，跟随郭威南征北战，也立了不少战功。

947年，刘知远建立后汉，郭威因功被授予枢密使。枢密使是唐末所设，职权很大，高于宰相。柴荣被任命为左监门卫大将军，不久升任天雄牙内都指挥使，兼领贵州刺史、检校右仆射。当时，柴荣二十七八岁，正是年富力强、大有作为的年龄。

950年底，后汉皇帝刘承祐在舅舅李业鼓动下，诛杀辅政大臣杨邠、史弘肇、王章，并灭其族，接着又要杀害在外领兵的郭威，结果引发兵变。郭威打着"清君侧"的名义，在邺城起兵。刘承祐、李业将郭威在开封的家人全部杀害，包括他的两个儿子。郭威悲痛欲绝，率兵杀向开封。

郭威留下一部分兵力，交由柴荣指挥，让柴荣镇守大本营邺城。柴荣自知责任重大，不敢有丝毫怠慢，他白天整顿兵马，四处巡视，鼓舞士气，守护邺城安全，夜里不敢脱衣睡觉，有时干脆住在军营里。将士们对他的恪尽职守都十分敬佩。

951年初，郭威建周称帝，追封早逝的爱妻柴氏为皇后，明确柴荣的皇子身份。柴荣也叫郭荣。

郭威任命柴荣为澶州节度使，让他镇守这一重镇。在此期间，柴荣整顿官吏，严明法纪，盗贼不敢入境。柴荣为官清廉，关心百姓生活。澶州街巷潮湿狭窄，有些民房墙壁坍塌。柴荣组织人力，拓宽街巷，修补民房，得到百姓赞誉。郭威对柴荣的表现很满意。

郭威称帝不久，兖州节度使慕容彦超反叛。柴荣上书，请求率军平叛。郭威很高兴，对大臣们说："我儿如果前往，必能成功。"枢密使王峻担心柴荣年轻，予以劝阻。郭威便亲自率军，平定了叛乱。

后来，柴荣被调入朝廷，封为检校太傅，同平章事，属于宰相。不久，柴荣又担任开封府尹，兼功德使，被封为晋王。这样，柴荣既处理朝政，又控制京师，还掌管军队。郭威在全方位地培养锻炼他。

954年正月，郭威病逝，遗诏由柴荣继位。于是，柴荣在郭威灵柩前即皇帝位，是为周世宗。

柴荣称帝后，面临的一个难题，是如何处理他与生父柴守礼的关系。柴守礼当时在朝中任御史大夫。

一般来说，皇帝的父亲会被尊为太上皇。可柴荣的帝位来自姑父，他只能以郭家的继承人自居。于是，柴荣封给柴守礼金紫光禄大夫、检校司空这样的荣誉职务，让他居住在洛阳。按照礼仪，柴守礼见了儿子也要下拜，两人都觉得别扭。于是，自柴荣当上皇帝以后，这爷儿俩再也没有见过面。

柴守礼恃着儿子是皇帝，在洛阳横行无忌，放纵不法，在大街上就敢杀人。官府报到朝廷，柴荣十分为难，最终徇情没有追究。柴守礼活到七十三岁病逝。

柴荣称帝后，立符氏为皇后。符氏也有传奇经历，她出身于高贵的将相之家，美丽端庄，明敏果断，很有智慧。

符氏起初嫁给了李守贞的儿子李崇训。有一个术士，善于听人的声音判断祸福。李守贞把他请来，让他听家人的声音。术士听了符氏的声音，很吃惊，说："这是天下的母亲。"

李守贞本来就有异志，听了术士的话，更加自负，说："我儿媳都是天下的母亲，我自然就会当天子了。"于是决定起兵造反，谋取天下。

郭威率军灭掉了李守贞。李守贞在最后关头，令全家自焚而死，可符氏却悄悄躲了起来。郭威士兵进入李守贞府中，符氏端坐在大厅里，一副凛然不可侵犯的样子。符氏对士兵们说："我父亲与郭将军有交情，你们不要动我。"士兵们果然没敢动她。

郭威听说以后，很惊奇，召来一见，原来是大臣符彦卿的女儿，符彦卿果真与郭威有交情。符氏很乖巧，当即认郭威为义父。

符氏回娘家以后，她母亲认为，李守贞一家全死了，只有女儿一人独活，真是天幸，想让女儿削发为尼。符氏却不同意，说："大难不死，必有后福，为什么要出家呢？"

郭威佩服符氏的聪慧和胆量，柴荣的妻子刘氏死了以后，就让柴荣娶符氏为妻。如今，符氏被封为皇后，真的成了天下之母。符皇后经常提一些好的建议，为后周兴旺做出了贡献。

柴荣称帝时三十四岁，年富力强，阅历丰富，雄心勃勃，准备大显身手，光大后周事业。

柴荣光大后周事业

柴荣是五代时期最有作为的皇帝。他励精图治，神武雄略，对内整军练兵，修订制度刑法，发展经济，增强国力；对外南征北战，开疆拓土，宣扬国威，柴荣被称为"一代之英主"。在郭威、柴荣两代人的联合奋斗下，后周安定强盛，为宋朝统一天下奠定了基础。

柴荣登基之初，雄心勃勃，想干出一番大事业。他向精通术数的大臣王朴询问："朕能当多少年皇帝？"王朴推算了一番，说："臣学疏才浅，只能推算到三十年，三十年以后就不知道了。"

柴荣很高兴，说："三十年足够了。我用十年统一天下，十年富裕百姓，再用十年，就能实现太平盛世了。"柴荣当时三十四岁，三十年以后才六十多岁，还不算太老。于是，柴荣制定了"三步走"的战略目标，有计划地进行实施。

柴荣刚刚即位，郭威葬礼还未举行，北汉和辽国就打过来了。他们是想乘郭威病亡之际，一举攻灭后周。柴荣要亲自领兵迎敌，宰相冯道等人劝谏说："先帝灵柩尚未入土，人心很不稳定，陛下不宜亲征。"柴荣说："当年唐太宗创业时，无不亲自征伐。朕欲平定天下，必当以唐太宗为楷模。"

柴荣力排众议，御驾亲征。将士们深受鼓舞，围着柴荣坐的车子高呼万岁。后周与来犯之敌在高平一带决战，柴荣不畏矢石，冒死督战，大败北汉军队。高平一战，北汉遭受重创，此后轻易不敢南犯了。柴荣巩固了统治地位，提升了威望。赵匡胤在高平之战中脱颖而出，逐步得到重用。

柴荣地位得到巩固，便开始实施第一步战略目标，即平定天下。

柴荣的目光，首先瞄向了西邻秦州等地。当时，秦州一带属后蜀管辖。955年，柴荣派兵攻打后蜀，经过半年多战斗，攻占了秦州、凤州、成州、阶州，扩大了地盘。

平定了西方，柴荣又把目光转向南方。955年十一月，柴荣亲征南唐，先后攻占滁州、扬州、泰州、光州、舒州等地，南唐军队难以抵挡。后因雨季来临，柴荣带兵返回。

957年，柴荣第二次带兵南下，消灭唐军四万多人，缴获船舰数百艘，攻占寿州、濠州、亳州等地。后周军队所向披靡，打得唐军溃不成军。

958年，柴荣第三次亲征南唐，又攻占楚州。南唐经过几次打击，遭受重创，疲惫不堪，士气低落，无法再战。南唐皇帝李璟只好派人求和，自愿去掉帝号，俯首称臣；割让江北四州土地，每年进献贡物数十万钱。柴荣经过三次南征，得到了江北十四州、六十多个县，把后周国界推进到长江北岸，而且削弱了南唐力量，震慑了南方各个割据政权，为宋朝统一南方奠定了基础。

柴荣在平定西方、镇服南方之后，回过头来，向北方进兵。959年，柴荣亲率大军，从沧州北上，攻打辽国，深入辽境。后周军队围攻宁州，宁州刺史王洪献城投降。大军势如破竹，连续攻占宁州、霸州、莫州，得到十七县。另外，还攻克了北汉的辽州。

柴荣的第一步战略目标，是统一天下，结束国家的分裂状态。因此，在几年时间里，柴荣不辞辛苦，率军南征北战，扩大疆域，打出了威名，取得了一系列辉煌成果。

与此同时，柴荣重用范质、王溥等一批贤臣，精心治国理政。在政治上，推行科举，整顿吏治，打击腐败，选才纳谏，修订刑律，以至政治清明，社会稳定；在经济上，均定田赋，兴修水利，奖励农耕，恢复漕运，使国力不断增强；在文化上，重视教育，推广儒学，制定礼乐，编修史书，修订历法，改善社会风气。

柴荣最著名的一件事，是开展灭佛运动。在中国历史上，有过四次大规模灭佛事件，除"三武灭佛"以外，第四次就是周世宗柴荣了，史称"三武一宗灭佛"。

柴荣信奉黄老学说，不信佛教。佛教占去了大量财物和劳动力，不利于经济发展。所以，从955年开始，柴荣下达一系列诏令，限制佛教发展。全国共拆除寺院三万多所，还俗僧民六万多人，销毁了大批铜制佛像，使佛教势力受到沉重打击。

柴荣雄心勃勃，计划用三十年时间，打造一个太平盛世。很可惜，他只当了五年多皇帝，第一步战略目标尚未完成，就突然得病，撒手人寰。

959年，柴荣病逝，年仅三十九岁。柴荣壮志未酬，那么，他开创的宏伟事业，谁能继承下去呢？

赵匡胤执掌兵权

在柴荣南征北战过程中，青年将领赵匡胤脱颖而出，表现出超人的胆量和杰出的军事才能。柴荣对赵匡胤十分赏识和信任，视为亲信，逐步提拔重用，使赵匡胤执掌了禁军兵权。

赵匡胤，字元朗，小名赵九重、香孩儿，涿郡（今河北涿州）人，927年生于洛阳，比柴荣小六岁。

赵匡胤出身官宦世家，其高祖、曾祖、祖父、父亲都当过朝廷官员。赵匡胤受到过良好教育，从小习文练武，长大后文武双全，胸有大志，谋略过人。赵匡胤受过高人指点，武功高强。

948年，赵匡胤投入郭威军中，跟随郭威平定李守贞叛乱，立有战功。郭威称帝后，赵匡胤补任东西班行首，是个类似于队长一样的小官，后升任滑州副指挥使。柴荣担任开封府尹后，赵匡胤转任为开封府马直军使，从此跟随柴荣左右。

954年，北汉和辽国趁郭威病亡，联合出兵，号称十万，大举攻周。柴荣御驾亲征，在高平一带与敌决战。北汉军队恃着人多势众，抢先发动进攻，攻击后周的右军。右军将领樊爱能、何徽怯敌，带头逃跑，致使右军崩散。

柴荣见情况危急，不顾危险，打马向前，要亲自与敌人搏斗。赵匡胤抢先一步，挡在前边，振臂高呼："主上面临险境，我等当拼死一战，决不能后退半步！"

赵匡胤一边高呼，一边跃马舞棍，带头杀向敌人。在赵匡胤的带动下，两千多名禁军齐声呐喊，猛虎般地冲了上去，很快稳住阵脚，扭转了局势。禁军大将张永德、李重进也率军出击，北汉军队抵挡不住，纷纷溃逃。周军乘胜追杀，北汉兵尸横遍野，丢弃的军械到处都是，北汉先锋张元徽也死于乱军之中。后周取得高平之战的辉煌胜利。

战后，柴荣对溃散的右军十分生气，下令斩杀了樊爱能、何徽等七十多名将校军官，同时重奖了赵匡胤、张永德、李重进等人。柴荣对赵匡胤的出色表现十分满意，提升他为殿前都虞侯，位居禁军高级将领之列。当时，赵匡胤二十七岁。

高平之战以后，柴荣对军队不太满意，下令进行整顿。赵匡胤治军有方，剔除军中老弱，充实勇武之人，严明军纪，加强训练，把禁军打造成精锐之师。柴荣对赵匡胤十分赏识，不断提升他的职务。赵匡胤先后被加封为严州刺史、永州防御使、殿前都指挥使。

柴荣三征南唐、北伐辽国，赵匡胤都率军跟随，屡立战功。在战斗中，赵匡胤经常出其不意，做出一鸣惊人的举动。

在第一次攻打南唐的时候，南唐大将皇甫晖率十五万兵马迎战。皇甫晖曾是后唐、后晋的名将，很有骨气，契丹灭掉后晋时，皇甫晖不肯归附契丹，投奔了南唐，得到南唐重用。

皇甫晖久经沙场，打仗并不外行，可与赵匡胤军队作战，却屡战屡败。赵匡胤善施计谋，常常出奇制胜。皇甫晖不服气，对赵匡胤说："咱们拉开阵式，痛痛快快地打一仗，如何？"赵匡胤笑着答应了。

第二天，两军摆好阵势，准备决战。忽然，赵匡胤口衔单刀，搂着马脖子，强行冲阵，直冲到皇甫晖跟前，翻身一跃，一刀砍破他的头盔，把他擒获过来。后周士兵见主将英勇无敌，欢声雷动，挥舞刀枪，一齐冲杀过来。南唐将士胆战心惊，纷纷溃散逃命。

皇甫晖被带到大营后，沮丧地对柴荣说："我曾经与契丹人交战，契丹人凶悍，却比不上赵将军的兵雄壮。"柴荣见他的头盔破了，脑袋还在流血，赶紧令人给他医治。皇甫晖苦笑着说："我兵败被俘，还有什么脸面活在世上？"皇甫晖拒绝治疗，几天后伤重而死，为南唐尽忠了。赵匡胤叹息良久，将其安葬。

赵匡胤凭着累累战功，得到将士们的敬佩和拥戴。他也凭着出色的表现，得到柴荣的赏识和重用。最后，赵匡胤被任命为殿前都点检，这是禁军殿前司的最高统领。

殿前都点检的职位非常重要，之前一直由张永德担任。张永德是郭威的女婿，娶了郭威的四女儿寿安公主为妻。可是，柴荣觉得赵匡胤忠诚可靠，让他取代了张永德。

没有想到的是，赵匡胤掌握兵权以后，就黄袍加身，篡夺了后周江山，建立了大宋王朝。

人心不足蛇吞象

有个著名短语，叫人心不足蛇吞象，比喻人的欲望越来越大，不能节制，最终会危害自身。在现实中，贪心不足的人确实存在，后周大臣王峻就是典型的一例。

王峻，河南安阳人，出身微贱，父亲以卖唱为生。在父亲的影响下，王峻从小就练习唱歌。王峻的音乐天赋极高，嗓音特别洪亮，又经过多年练习，唱歌水平很高。

后梁大臣张筠喜欢音乐，听说王峻唱得好，把他召进府里，专职唱歌。王峻由民间艺人变成了高官的侍从，十分高兴。有一次，张筠宴请租庸使赵岩，让王峻唱歌助兴，不想王峻又被赵岩看中，把他带入府中。王峻兴高采烈，十分卖力地侍奉赵岩。

王峻头脑灵活，不满足于唱歌，想弄个官当当。赵岩果真赏给了他一个官，王峻从此步入仕途，而且步步高升。后梁灭亡后，王峻投靠了后唐，之后又投靠了后晋、后汉，最后混成了郭威的监军。郭威待人宽厚，王峻为人机敏，两人关系很好。

950 年，后汉皇帝刘承祐诛杀大臣，猜忌郭威，杀害了郭威家人，同时把王峻的家人也杀了。两人怀有共同的仇恨，关系更亲密了。王峻积极帮助郭威起兵造反，又帮助他登上帝位。王峻成为后周的开国功臣。

郭威对王峻很信任，封他为枢密使，兼同中书门下平章事，即宰相，把朝廷事务都交给他处理。王峻成了后周第一重臣，处于一人之下、万人之上的崇高地位，这与当年给人唱歌相比，真是一个天上，一个地下。王峻很兴奋，干得特别带劲，日夜加班，任劳任怨，为后周政权的稳固起到了重要作用。

不过，时间不长，王峻就不满足了，他想扩大自己的权势，要求兼任青州节度使。郭威愣住了，他没想到王峻胃口这么大。本来，枢密使兼宰相，就十分破例了，再兼地方节度使，是从来没有过的事情，何况青州是个重镇。郭威虽然心里不乐意，可碍于情面，还是答应了。这样，王峻一身兼任三个重要职务，惹得朝野议论纷纷。

王峻不仅在官位上不满足，在生活方面也不满足。他衣食用具，都要最好的，十分讲究，极尽奢华。王峻嫌枢密院的房子不够排场，专门修建了一座高大雄伟的公署，装饰得富丽堂皇，比皇宫还要好。郭威崇尚节俭，见了很不高兴，但仍然碍于情面，没有说他。

郭威对王峻很尊敬，因王峻比他大两岁，所以一直称王峻为兄，从不称呼他的名字或官职。然而，王峻竟然也以兄长自居，对郭威不够恭敬。王峻想办的事情，如果郭威同意，自然十分欢喜；如果郭威不同意，王峻当场就拉下脸来，满面怒气，有时嘴里还骂骂咧咧的。郭威对他一直迁就忍让，但心里很不痛快。

王峻身兼数职，大权在握，他喜欢独断专行，所有朝廷事务，都要按他的意思办，谁的意见也不听，有时皇帝说了也不管用。因此，大臣们都对他有意见，经常在郭威面前告状。郭威总是不吭声。

王峻有了权力、地位、荣誉和奢华生活，但仍不满足，他认为自己功高盖世，要求朝廷为他立碑褒扬，歌功颂德，以求万世留名。王峻还搬出一个先例，说后梁就曾经给赵岩立过碑。大臣们纷纷反对，并讽刺他说："赵岩败坏后梁江山，万人痛恨。他的碑早就被人砸碎了，你想学他的样子吗？"

王峻哑口无言，恼羞成怒。他要求郭威，罢免一些与他作对的大臣，而且要郭威当场批准。郭威不同意，王峻就纠缠不走，大发牢骚。郭威只好推辞说："大臣的进退，要经过朝议，现在正在过节，不便上朝，等过了节再议吧。"郭威勉强把王峻打发走了，却窝了一肚子火。

王峻把郭威的忍让当成软弱，认为朝廷离了他不行，于是更加专横跋扈。有一次科举考试，王峻交给主考官赵上交一个名单，让他照顾。赵上交坚持原则，没有照他的意见办。王峻大怒，宣布这次科举作废，并将赵上交贬为商州司马。

王峻甚至对柴荣也很霸道，他嫉妒柴荣的威望，找机会就要压制一下。有时柴荣进京，王峻横加阻拦，即使进了京，也不让柴荣在京城过夜。

王峻的欲望越来越强，得寸进尺，郭威终于忍无可忍了。他把冯道等一批大臣召来，流着泪说："王峻既当枢密使，又兼宰相，还做节度使，可他仍不满足。他想除尽朕的左右僚臣，去掉朕的羽翼；阻挠朕的儿子进京；专权跋扈，目中无人，连朕都不放在眼里。你们说，谁能忍受得了？"

见皇帝公开发泄对王峻的不满，大臣们立刻就像炸了锅，纷纷声讨王峻的罪行，要求治罪严惩。

最终，郭威看在过去的情义和功劳上，没有对王峻治罪，只是把他贬为商州司马，逐出朝廷。那个赵上交尚未到任，王峻自己先去了。

王峻由位极人臣到被贬为司马，一夜之间，权力、地位、荣誉全都没有了。王峻自然忧郁愤懑，不久便得病死了，终年五十二岁。

王峻贪心不足，欲望过强，得寸进尺，最终自取败道。

朝梁暮晋不倒翁

有个成语，叫朝梁暮晋，意思是说，早晨还是梁国的臣子，晚上就为晋国效力了，比喻人反复无常，没有节操。这个成语，源自五代时期的大臣冯道。

冯道先后当过后唐、后晋、后汉、后周四朝的大臣，服侍了十位皇帝，不管朝代如何更替，他始终都担任宰相、三公、三师之类的高官，堪称不倒翁。

冯道，字可道，号长乐老，瀛洲景城（今河北沧州一带）人。冯道出身农家，家境贫寒，居住陋室。但他酷爱读书，即便大雪拥门，房间里布满灰尘，他也整日以读书为乐。因此，冯道满腹经纶，擅长写文章，颇知礼义，被人称道。

冯道性情宽厚，乐于助人，而且做好事不留姓名，不愿让人知道。在耕种季节，有乡邻家无劳力，耕种困难，冯道就在夜里偷偷帮别人耕种。时间长了，冯道出了贤名，人们都夸他是君子。

911年，刘守光在幽州建立燕国，自称大燕皇帝。刘守光听说冯道品行淳厚，名声很好，召辟他为掾属。冯道从此步入仕途，开始为燕国服务。

刘守光不讲仁义道德，囚父杀兄，残害百姓，暴虐无道，燕国被称为"桀燕"。冯道看不惯刘守光的所作所为，多次相劝。刘守光不仅不听，反而恼怒，把冯道关进监狱，还想杀掉他。多亏冯道人缘好，很多人为他求情，这才免于一死。

913年，晋王李存勖灭掉燕国，冯道改换门庭，投靠了李存勖。李存勖欣赏冯道的文才和品德，任命他为掌书记，负责起草文书。

冯道起草文书，并不完全顺从李存勖的意思，而是经常提出一些好的建议。有一次，将领郭崇韬上书，提出裁减人员的建议。李存勖不同意，而且很恼火，让冯道起草文书，驳斥郭崇韬。

冯道犹豫，不肯下笔。李存勖在旁边催促，冯道徐徐说道："郭将军上书，是为大王考虑的，即便说得不对，您不听就是了，何必大动肝火？如果敌人知道了，会认为我们内部不和，于我们不利。"李存勖顿时醒悟。后来，在冯道的调和下，郭崇韬向李存勖道了歉。

李存勖在征讨后梁过程中，冯道一直跟随，他负责的各类文书和檄文，从未出过差错，而且经常提出好的意见建议。李存勖对他越来越信任。

冯道在生活上十分随意，极其简单。在行军打仗期间，他经常睡在马棚里，连席子都没有，直接睡在干草上，并与士兵、杂役同锅吃饭。有的将领掳到美女送给他，冯道总是将美女送还她家中，自己一个也不留。冯道赢得了很高的声誉。

923 年，李存勖建唐称帝后，擢升冯道为中书舍人、户部侍郎、翰林学士。在此期间，冯道父亲去世，他回家守孝。李存勖赐给他大量财物。冯道回家之后，见家乡正在受灾，不少人饥寒交迫，便把财物连同自己的俸禄，全都拿出来救济乡民，自己却居住在茅草棚里。

冯道贤德的美名，传得很远，连契丹都知道了。契丹打算派兵把冯道抢去，但因边防有备，没有成功。

926 年，李存勖在兵变中被杀，李嗣源当了皇帝。李嗣源仁厚贤明，很赏识冯道，拜授他为宰相。冯道兢兢业业，朝廷文书大多出自他手，可在大的治国策略方面，冯道却并无出色表现。

李嗣源在任期间，五谷丰登，天下太平。李嗣源感到很满意。有一次，冯道与李嗣源在一块儿聊天。冯道说："臣曾经去中山，路过险要地段时，都会紧抓缰绳，十分小心，所以平安无事。但到了平坦之路，心情放松，不再谨慎，结果被摔下马来。"李嗣源听出了冯道的弦外之音，深以为然，于是保持了谨慎的治国态度。

933 年，李嗣源病逝，儿子李从厚继位，冯道仍为宰相。李从厚无能，只当了五个月皇帝，就被李嗣源养子李从珂夺去皇位。李从厚被杀。

李从珂率大军入城，冯道率文武百官迎接，并上表劝李从珂称帝。冯道对大臣们说："事已至此，我们应该事当务实。"意思是让大家承认现实，顺势而为。

李从珂却看不上冯道的为人，免去他的宰相职务，封他为司空。司空也属于朝廷高官，但没有实权，相当于荣誉职务。冯道并不在意，毫无怨言。

936年，石敬瑭勾结契丹，灭唐称帝。冯道再次改换门庭，成了后晋大臣。石敬瑭看中冯道的名声，又封他为宰相。石敬瑭甘当"儿皇帝"，对契丹卑躬屈膝，引发许多人嘲笑和不满。当时，满朝文武皆不愿出使契丹，有的甚至为此辞官。

冯道却愿意出使契丹，他悄悄在纸上写了"道去"两字，交给石敬瑭。石敬瑭有些担心，说："您官高德重，契丹人早就想得到您，您去恐怕不妥吧？"冯道说："陛下受契丹的恩惠，臣受陛下的恩惠，有何不妥？"

听说冯道出使契丹，耶律德光很高兴，想亲自去城外迎接。群臣劝阻说："自古以来，没有天子迎接下国宰相的道理。"耶律德光这才作罢。耶律德光给了冯道很高的礼遇，赐给他牛头、牙笏。冯道很高兴，觉得不虚此行。

耶律德光果然想把冯道留在契丹，不放他回去了。冯道说："晋朝与契丹是父子之国，我在两国都是臣子，在哪里都一样。"

冯道在契丹住了两年，终因北地苦寒，生活不便，于是再三请求，想回中原，耶律德光答应了。冯道在南下途中，磨磨蹭蹭，每到驿站都要停留，走了两个多月，才出了契丹国境。

随从问他："别人从契丹回去，都恨不得肋生双翼，您为什么不着急呢？难道不怕被契丹追回去吗？"冯道笑答："即便急走，若契丹追赶，也是跑不掉的。这样慢慢走，反而安全。"

942年，石敬瑭病逝，侄子石重贵继位，加授冯道为中书令。后晋与契丹反目成仇，于947年被契丹灭掉。耶律德光率大军进入开封，冯道前去拜见。关于冯道拜见耶律德光之事，《旧五代史》与《新五代史》的记载大相径庭。

《旧五代史》说，耶律德光见到冯道，很高兴，问："天下百姓，怎样可以得救？"冯道回答："如今乱世，百姓受难，即便佛祖也不能相救。能够救百姓的，唯有皇帝您了。"冯道劝耶律德光善待中原百姓，禁止士兵烧杀抢掠。耶律德光答应了。《旧五代史》还评价说，对中原百姓减轻伤害，都是冯道和赵延寿暗中庇护的结果。

《新五代史》却说，耶律德光见到冯道，很生气，指责他没有尽职尽责，致使后晋忘恩负义，自取灭亡。冯道无言以对。耶律德光又问冯道："你来干什么？"冯道回答："我无城无兵，安敢不来？"耶律德光嘲弄他说："你是个什么人呢？"冯道说："我是一个无才无德、愚蠢迟钝的老头。"冯道是想投靠契丹。

耶律德光返回北方时，把冯道一同带走。不料，耶律德光在中途病死，冯道被滞留在镇州。刘知远建立后汉、收复镇州以后，冯道第三次改换门庭，成为后汉大臣，而且被授为太师，仍居高位。

951 年，郭威建立后周，任冯道为太师、中书令，仍为宰相。冯道第四次改换门庭，又侍奉了郭威、柴荣两任皇帝。

954 年四月，冯道病逝，终年七十三岁。

冯道一生，历仕后唐、后晋、后汉、后周四朝，侍奉李存勖、李嗣源、李从厚、李从珂、石敬瑭、石重贵、刘知远、刘承祐、郭威、柴荣十位皇帝，还不算大燕皇帝刘守光和契丹皇帝耶律德光。这在五代时期绝无仅有，在历史上都是罕见的，是名副其实的常青树、不倒翁。

冯道能在乱世之中，左右逢源，长期不倒，被人称奇。他自己也自鸣得意，晚年号称"长乐老"，并写了《长乐老自叙》，历叙平生所得官爵，引以为荣。

不过，后人对冯道评价普遍不佳。许多人认为，冯道没有气节，对丧君亡国毫不在意，是反复无常的小人，没有可荣耀之处。

元代诗人刘因专门作诗，讽刺他道："亡国降臣固位难，痴顽老子几朝官。朝梁暮晋浑闲事，更舍残骸与契丹。"从此，朝梁暮晋的成语，便流传下来。

赵匡胤篡周建宋朝

后周皇帝柴荣，是一代英主，他神武雄略，雄心勃勃，计划用三十年时间，打造一个太平盛世。然而，柴荣没有想到，仅仅过了五年，他就英年早逝了。更令柴荣没有想到的是，他亲手提拔的大将赵匡胤，竟然夺去了后周江山，建立了大宋王朝。

954年，柴荣登基为帝，他怀着十年平天下、十年富百姓、十年致太平的雄心壮志，开始艰苦创业。柴荣亲自率兵，进行高平之战，击退并重创北汉，然后攻占后蜀四州，又三次御驾亲征，夺取南唐十四州，把国境推进到长江北岸。

在上述战斗中，赵匡胤表现出色，忠勇双全，得到柴荣赏识和重用。柴荣不断提升赵匡胤的职务，使他由一名低级军官跃升为高级将领，成为禁军殿前司的副统领。赵匡胤也确有才能，他英勇善战，治军有方，在军中享有很高的威望。

959年，柴荣向南拓展了地盘，又率军北伐，攻击辽国，仅用四十多天时间，就夺取辽国三州三关，共十七个县。后周军队所向披靡，一路高奏凯歌。

柴荣率得胜之师，准备夺取幽州。沿途辽军闻风而逃，大军即将抵达幽州。柴荣很高兴，登上一处高台，视察六军，激励士气。

这时，有当地民众抬着酒肉，前来慰劳军队。柴荣问："此地叫什么名字？"百姓们说："世代相传，此地叫病龙台。"柴荣听了，沉默不语，觉得很不吉祥。

果然，柴荣很快患病，而且病情越来越重，请了多名医生诊治，均不见效。柴荣无奈，顾不上去打幽州，只好下令班师了。

柴荣在回师的路上，审阅各地上奏的文书，发现有一只皮口袋，袋中有一块三尺多长的木板，上面写着"点检作天子"五个大字。柴荣十分惊讶，追查木板来历，谁都不清楚。柴荣心生疑虑，忧郁不乐。史书没有交代木板的来历，不少人认为，这事有可能是赵匡胤干的。

点检，是禁军殿前都点检的简称，当时担任这一职务的，是后周名将张永德。

张永德的父亲张颖，是并州富豪，与郭威是好朋友，曾多次资助郭威。张永德年龄不大，便跟随郭威四处征战，屡立战功，二十多岁就升为殿前都指挥使。郭威很器重张永德，将女儿嫁给了他。柴荣称帝后，张永德又跟随他南征北战，再立新功。张永德受到郭威、柴荣两任皇帝的信任，长期统领禁军。

可是，如今柴荣为木板之事，搞得神志不宁，心生猜疑。柴荣认为，张永德统领禁军多年，根基很深，在朝中也有很大势力，如果他有野心，很难控制；而副统领赵匡胤，是自己一手提拔起来的，处处表现得十分忠心。于是，柴荣抱着宁可信其有，不可信其无的想法，果断免除了张永德的职务，改由赵匡胤统领禁军。张永德莫名其妙，但没有办法。

其实，柴荣完全看走了眼，大错特错了。张永德为人忠厚，没有野心，真正有野心的是赵匡胤。赵匡胤篡周建宋后，礼待张永德，张永德继续为宋朝效力，先后被封为邓国公、卫国公，活到七十三岁寿终正寝。

柴荣回朝后不久病逝，七岁的儿子柴宗训继承了帝位。柴荣本来有三个年龄稍大的儿子，可惜全被后汉皇帝刘承祐杀了。柴宗训是第四子，也就成了事实上的长子。

由于皇帝年幼，柴荣遗诏，由宰相范质、王溥主持朝政，小符太后垂帘听政。柴荣安排得不错，范质、王溥都是忠诚贤良之臣，如果不是赵匡胤篡位，后周是能够支撑下去的。

柴宗训的生母，是大符皇后。大符皇后起初是李守贞的儿媳妇，在李守贞造反、全家蒙难的时候，大符皇后凭着超人的胆略和智慧，独自死里逃生。郭威很佩服她，让柴荣娶她为妻。大符皇后为柴荣的事业发挥了不小的作用，可惜死得早。她的妹妹接替她做了皇后，被称为小符皇后。大符皇后如果不死，也许后周历史会被改写。小符皇后比她姐姐差远了，有难时只会啼哭，垂帘听政徒有虚名。

柴荣死后，由宰相范质、王溥主持朝政。两人虽然忠诚贤良，也有治国才能，但胆略魄力不足，手段不够强硬，难以控制大局，尤其不能驾驭手握兵权的赵匡胤。赵匡胤趁此机会，大力调整军队高层，禁军将领全都换上了自己的结拜兄弟和亲信。在整个京城的高级将领中，只有副都指挥使韩通不是赵匡胤的人。半年之后，赵匡胤觉得时机成熟，便开始发动政变。

960 年正月初一，后周君臣正在欢庆春节，突然接到战报，说北汉和辽国联合出兵，进犯边境。范质、王溥只得让赵匡胤领兵迎敌。

第三天，赵匡胤率兵出城，走了四十里路，到达陈桥驿，部队宿营。由于宿营较早，一些将领聚在一块儿商议，说："皇上年幼，我们拼死拼活去打仗，谁能知道我们的功劳？倒不如拥护赵点检做皇帝，他若当了皇帝，我等都是开国功臣。"

于是，将领们分别联络和组织士兵，结果一呼百应，大批士兵闹哄哄地涌向赵匡胤住的驿馆。到天快亮时，驿馆内外人山人海，士兵们齐声高呼，要拥戴赵匡胤做皇帝。

当晚，赵匡胤在驿馆住下后，喝得大醉。第二天早晨醒来，听见外边一片嘈杂，一出门，几个亲信将领就手拿一件黄衣，七手八脚给赵匡胤穿上，众人一齐跪倒在地，高呼万岁。然后，士兵们兴高采烈地簇拥着赵匡胤，急速回返开封。北边的来犯之敌不管了，也不知道战报是真是假，这情景与当年郭威黄袍加身，简直如出一辙。

在回开封的路上，赵匡胤发布命令，不许侵害幼主和太后，不许伤害朝廷大臣，不许抢掠国库和民众，违者严惩。

赵匡胤还没有回到开封，他留在开封的心腹将领石守信、王审琦等人，就已经杀掉韩通，控制了京城，而且把朝臣召集起来，只等赵匡胤前来登基了。

范质、王溥丝毫没有防备，六神无主，不知所措。范质悔恨交加，抓着王溥的手说："我们辜负了先帝的重托，犯下大罪了。"范质在情急之下，把王溥的手都差一点掐破了。二人相对而泣，没有任何办法。

赵匡胤来到以后，见到范质、王溥，面有愧色，说："先帝待我恩义深重，如今我被将士们所逼，怎么办呢？"范质、王溥还没答话，一个将领手按剑柄，声色俱厉地说："今天一定要请点检做天子，不从者斩！"范质、王溥只好默不作声。

赵匡胤到了朝堂，会见群臣，要接受幼主禅位。范质说："事情紧急，没有禅位诏书，如之奈何？"翰林学士陶谷应声答道："我这里有。"陶谷从袖子里拿出诏书，高声宣读起来。连禅位诏书都起草好了，准备得够充分的。

就这样，赵匡胤发动陈桥兵变，篡夺了后周江山，改朝换代，登基称帝。因赵匡胤曾经镇守宋州（今河南商丘），遂以宋为国号，仍然定都开封，从此开创了大宋王朝。

赵匡胤虽然辜负了柴荣对他的信任和重托，将后周窃为己有，但他也有一些仁义之举。过去的篡位者，很多都将前朝宗室斩尽杀绝，赵匡胤却没有，而是长期优待柴氏子孙。小皇帝柴宗训，被封为郑王，二十岁病逝，留有五个儿子。小符太后在柴宗训死后出家，号玉清仙师，活到六十二岁。

赵匡胤给后代皇帝留下三条遗训，遗训的第一条，就是礼待柴氏子孙。柴氏子孙有罪，不得加刑，即便犯了谋反大罪，也只能赐死，不能刑戮，也不得连坐。赵匡胤大概想用这种方式，减轻心中的愧疚吧。

赵匡胤对后周大臣也不错，几乎全都留用。范质、王溥继续担任宰相，都获善终。赵匡胤对杀死韩通耿耿于怀，埋怨手下将领不该杀了他。赵匡胤将韩通厚葬，并追赠为中书令。

赵匡胤建立宋朝的时候，全国并没有统一，南方还处在割据状态。赵匡胤按照"先南后北、先易后难"的策略，开始了统一全国的战争。到976年赵匡胤去世时，先后灭掉荆南、武平、后蜀、南汉、南唐等割据政权，完成了全国大部分统一。直到979年，赵光义才统一全国，彻底结束了五代十国的分裂局面，形成大一统王朝。

南吴最早割据

在十国当中，最早建立割据政权的是南吴。南吴于 902 年建立，到 937 年灭亡，历经四主，享国三十五年。南吴定都扬州，疆域包括今江西和淮南大部分地区，属于东南富庶之地。南吴的创立者是杨行密，杨行密有"十国第一人"之称。

杨行密，汉族，庐州合肥（今安徽长丰）人，出身贫寒，幼年丧父。杨行密长得高大雄壮，能手举百斤物体，日行三百余里。他曾经参加江淮一带的农民起义，后应募投军，因作战勇敢，步步升迁。

883 年，杨行密升任庐州刺史。当时正是唐朝末期，藩镇割据，天下大乱，各地军阀互相攻打。在乱世之中，正是英雄大显身手的好机会。杨行密组建了一支勇猛善战的部队，士兵都用黑衣蒙甲，打仗时黑压压一片，很是壮观，被称为"黑云都"。杨行密率军攻占扬州、滁州、和州等地，占据了江淮一带。

892 年，由于杨行密势力强大，朝廷不得不封他为淮南节度使。杨行密继续四处征战，拓展地盘，扩大势力。在此期间，兖州节度使朱瑾被朱温打败，丢失了地盘。朱瑾带数千骑兵投奔了杨行密。杨行密势力进一步扩大，称霸一方。

902 年，唐昭宗为了借用杨行密力量，封他为吴王。不久，朝廷大权落到朱温手里，唐昭宗形同囚徒，唐朝名存实亡。朱温为了向南扩大势力，出兵攻打淮南。杨行密举起反抗朱温的大旗，割据自立，建立了南吴政权，亦称杨吴。

南吴政权建立以后，实行劝农兴业、减轻赋税政策，妥善招抚安置流民，发展农业，建立了比较稳定的经济基础。杨行密广招人才，重用张颢和徐温、徐知诰父子，政局稳定，力量比较强大。

南吴是后梁的大敌，双方多次发生战争。后梁试图征服淮南，均以失败告终；南吴试图进军中原，也没有成功，双方形成对峙。

905年，杨行密病逝，终年五十四岁。

杨行密有六个儿子，长子杨渥二十岁，次子杨隆演只有八岁，其他儿子更是幼小。杨行密对杨渥并不满意，但没有办法，只好让他继承王位，指定张颢、徐温为辅政大臣。

杨渥果然不争气，他从小就没有好名声，称王之后更加骄横奢侈，为所欲为。杨渥在为父亲服丧期间，就日夜饮酒，寻欢作乐。他喜欢击球，晚上点燃许多粗大的蜡烛照明，一支蜡烛费用数万钱。杨渥还喜欢游山玩水，根本不把政务放在心上。

张颢、徐温多次劝谏，甚至痛哭流涕。杨渥却说："你们如果看我不行，干脆把我杀了，你们自己当王好了。"杨渥我行我素，根本不听劝谏。

908年，张颢、徐温果真把杨渥杀了。杨渥只当了两年王，毫无建树。张颢、徐温拥立杨隆演为吴王。杨隆演当时只有十岁，大权掌握在张颢、徐温手中。不久，徐温杀掉张颢，自己独揽大权。

徐温是海州胸山（今江苏东海）人，年轻时以贩盐为业，后来跟随杨行密四处征战，深受宠信。徐温在执政期间，自奉节俭，对外宽和，政局稳定，甚得民心；对内专权严苛，诛杀大臣，排斥异己，扩大自己的势力。

杨隆演当了十三年傀儡，于920年病逝，年仅二十三岁。徐温又立杨行密第四子杨溥继承王位，杨溥时年二十岁。徐温继续专权。

927年，徐温病死，终年六十六岁。徐温专权长达二十年，他奸诈多疑，但善用将吏，保持了南吴稳定发展，同时也培植了个人的强大势力，为徐知诰篡吴奠定了基础。

徐温有六个亲生儿子，但都不成器，唯有养子徐知诰，有勇有谋，是徐温的得力助手，深受徐温宠信。徐温临死前，把大权交给了徐知诰。

徐温生前，曾经劝杨溥称帝，但尚未办成，徐温就病死了。徐知诰掌权以后，立即扶立杨溥为帝，正式建立吴国。此时，中原政权是后唐，南吴与后唐分庭抗礼。杨溥虽然当了皇帝，却仍然是个傀儡。

徐知诰有治国才能，他对外坚持弭兵休战，保境安民，对内兴利除弊，轻徭薄赋，崇文重教，吴国得到很大发展，他个人也获得很高的声望。

937年，徐知诰逼杨溥禅让，自己登上帝位，建国号为齐，不久，又改国号为唐，史称南唐。

至此，存在三十五年的南吴灭亡。杨溥于第二年病死，时年三十八岁。

南唐国力最盛

南唐，是十国中版图最大、实力最强的割据政权，定都金陵（今南京）。南唐于 937 年建立，到 975 年灭亡，历经三主，享国三十八年。南唐的奠基者，是南吴权臣徐温；建国称帝者，是徐温的养子徐知诰。

徐知诰，徐州彭城（今江苏徐州）人，原本姓李，出身微贱，家境贫寒。徐知诰六岁时，母亲病死，父亲失踪，他小小年纪，就四处流浪乞讨，吃尽万般苦头。

杨行密在打濠州时，碰到了徐知诰。杨行密也是穷苦出身，幼年丧父，见徐知诰十分可怜，心生怜悯，便将他带回家中。可是，杨行密的儿子们却容不下他，杨行密只好将他交给部将徐温抚养。徐温收他为养子，取名叫徐知诰。

徐知诰天资聪颖，十分懂事，小心侍奉徐温。徐温很喜欢他，徐温的妻子李氏也细心照顾他，使徐知诰备感温暖。只有徐温的儿子们对他不好，时常欺负他。徐知诰不敢声张，默默地忍受。

徐知诰长大以后，身高七尺，方脸大眼，体形魁梧，喜好读书，善于骑射，文武双全。杨行密常常夸赞他说："徐知诰是个俊杰。我看，众将的儿子们，没有一个能比上他的。"徐温很高兴，更加喜爱这个养子。

徐知诰跟随徐温南征北战，屡立战功，因功升任升州刺史。当时的地方官都是武将出身，只知道搜刮民财供养军队，不会治理地方。而徐知诰与众不同，他为政宽仁，关心百姓，重视儒生，因而受到民众赞誉。

徐温起初想培养长子徐知训，让他辅理朝政。可是，徐知训性情暴躁，专横跋扈，造成积怨甚多，结果被大将朱瑾所杀。徐温的其他儿子都不成器，于是，徐知诰成为徐温的得力助手，帮助他辅佐朝政。徐温死后，徐知诰接管了权力，把持朝廷。

937年，徐知诰执政十年之后，觉得时机成熟，便篡夺南吴江山，登基称帝，建国号为齐，追尊徐温为太祖。

939年，徐知诰为了给自己头上戴上一个光环，自称是唐宪宗之子李恪的四世孙，恢复李姓，改名叫李昪，又改国号为唐。李昪为李渊、李世民等唐朝皇帝立庙，改奉徐温为义祖。此后，李昪以唐朝皇帝正宗继承人身份自居。

至于李昪是否真的是唐朝皇帝后代，史书记载不一。有的说他是李恪的后代，有的说他是唐玄宗之子李璘的后裔，有的则说是冒充的，众说纷纭，莫衷一是。

李昪称帝后，一心治理吴地，力求强国富民，不想对外扩张，同周边政权保持着友好关系。有一年，吴越遭受严重自然灾害，群臣都主张趁机灭掉吴越。李昪坚决不肯，反而给吴越送去许多东西，帮助他们渡过难关。李昪当皇帝七年，实际执政十七年，很少对外用兵，埋头发展经济，使南唐成为十国中的强者。

943年，李昪病逝，终年五十六岁。长子李璟继位。李璟当时二十八岁，正是年富力强、雄心勃勃的年龄。南唐经过李昪的多年治理，社会稳定，百姓富裕，国力明显比其他割据政权强大得多。于是，李璟改变父亲的政策，开始对外扩张。

944年，李璟刚当上皇帝的第二年，就出兵攻打闽国。闽国国小力弱，但抵抗十分顽强，经过两年艰苦战争，南唐才灭掉闽国。

951年，南楚发生内乱，南唐趁此机会，出兵攻打，一举灭掉南楚。不过，后来南楚旧将又兴兵反击，南唐并没有完全统治南楚之地。

李璟接连灭掉两国，十分得意，又四处用兵，与许多割据政权发生战争。李璟甚至觊觎中原，在李守贞叛乱和契丹灭掉后晋的时候，南唐都趁机攻打中原，平时也不断骚扰北方。

李璟不断对外扩张，南唐疆域达到最大，拥有三十五个州，几乎占领了江南大部分地区，江北还占有淮南一带。可是，由于连年战争，南唐损失也很大，国力逐渐衰弱。再加上李璟喜欢阿谀奉承，生活奢侈，造成政治腐败，经济衰退，百姓负担加重，社会动荡不稳。

南唐不断侵扰北方，终于招来北方政权的反击。从955年到958年，后周皇帝柴荣三次御驾亲征，大举讨伐南唐。在强大的后周面前，南唐就不是对手了，屡战屡败，丢失了淮南大片土地。

李璟自知不敌，只好求和。江北土地不要了，双方以长江为界；皇帝称号不敢叫了，向后周俯首称臣；每年还要进贡大批财物。南唐颜面尽失，损失惨重，从此一蹶不振。

961年，李璟忧愤成疾，得病死了，终年四十六岁。李璟在位十九年，虽然灭掉两国，扩大了疆域，但也丧失了江北大片土地，国力由强转弱，成为后周附属国。

李璟死后，由第六子李煜继位。李煜是有名的大才子，书法、绘画、音律、诗文无不精通，可就是缺乏治国才能，更没有雄心壮志，他委曲求全地当了十五年国君，南唐就灭亡了。

李煜继位时，赵匡胤已经建立了宋朝，正对南方虎视眈眈，准备发动统一全国的战争。当时南唐已经衰弱，李煜不敢再称皇帝，而是向宋朝称臣，使用宋朝年号，每年向宋朝进贡财物。每逢宋朝有重大节日和活动，李煜都派遣使者，以臣子的身份前去祝贺。不过，李煜并不甘心，暗地里也在做着战争准备。

赵匡胤见李煜恭顺，便先灭掉了荆南、武平、后蜀、南汉等割据政权，最后才向南唐下手。

974年九月，宋朝出动大军，攻打南唐。李煜派出使臣，带着礼物，请求宋朝撤兵。赵匡胤回答说："李煜并没有错，只是卧榻之侧，岂容他人酣睡？"

李煜没有办法，只得奋起反抗。经过一年多的顽强抵抗，南唐军队主力大部分被消灭，亡国已经不可避免。

975年十一月，宋军攻破金陵城，李煜被俘，南唐灭亡。

李煜投降后受到礼遇，被封为陇西公。978年，李煜病逝，终年四十二岁。

李煜亡国之名有点冤

李煜是历史上著名的大才子，他的"问君能有几多愁，恰似一江春水向东流"，至今仍在广泛传唱，脍炙人口。李煜才华之高，在中国历代皇帝中是罕见的。

许多人认为，李煜虽然多才多艺，但缺少治国才能，又骄奢声色，因而导致南唐灭亡。这固然是南唐灭亡的原因之一，但并不全面。

其实，在李煜继位之前，南唐就取消帝号，向后周称臣，在名分上已经不是一个国家了。所以，李煜并不叫皇帝，而是称为国主。南唐经过后周三次军事打击，已经日薄西山，气息奄奄，无论是谁当国主，都逃脱不了覆灭的下场。

李煜，937年出生，是李璟的第六子。李璟有十多个儿子，但除长子李弘冀之外，李煜上边的四个哥哥全都早夭，他成了事实上的次子。李璟登基以后，立了长子李弘冀为太子。

李煜自幼聪慧，喜欢读书，书画诗文样样精通，是朝野闻名的大才子。李煜为人仁厚孝道，待人彬彬有礼，他又长有异相，一只眼睛里有两个瞳子。李璟非常喜欢这个儿子。

太子李弘冀很忌惮李煜，生怕他抢了太子之位。李煜并无野心，也不热衷权力，于是闭门读书，不问政事，同时信奉佛教，自称"钟峰隐者"，以表明自己无意于政治。

李弘冀与李煜性格截然相反，他刚毅霸气，有很高的军事才能，但为人苛刻，心胸狭窄。他不仅猜忌弟弟李煜，也猜忌叔叔李景遂。李景遂当时任兵马大元帅，李弘冀担心他会威胁自己的地位，派人把他毒死了。李璟大怒，废黜了李弘冀的太子之位。李弘冀不久郁闷而死，李煜又成了事实上的长子。

961年，李璟病逝，李煜继位。当时，南唐已经取消帝号，成了宋朝的附属国。过去李璟向后周上表时，都自称为"唐国主臣璟"。所以，李煜继位后，不能称皇帝，只能叫国主，史称李后主。

李煜即位时，赵匡胤已经篡周建宋，而且势力更加强大，李煜的国主之位，需要得到宋朝批准。李煜派中书侍郎冯延鲁前去奏报，并送上贡礼。赵匡胤没有为难李煜，颁发诏书，批准李煜为唐国主，还派遣使者，到南唐吊祭李璟。所以，李煜从即位开始，就是宋朝臣子的身份。

李煜对待宋朝十分恭顺，使用宋朝年号，每年向宋朝进贡大批财物。每当有宋朝使者到来，李煜都脱下黄色龙袍，换上紫袍，表明自己的臣子身份。后来，李煜干脆下令取消唐号，改称江南国主，降诸王为公，官府衙门也改了名称，完全像是宋朝的臣子了。由于李煜恭顺，赵匡胤先灭掉了其他割据政权，最后才收拾他。李煜委曲求全地过了十几年太平日子。

不过，李煜心里十分清楚，赵匡胤雄心勃勃，意图统一天下，迟早会对南唐下手的。于是，李煜一方面向宋朝恭敬称臣，一方面缮甲募兵，修筑城池，坚壁清野，悄悄进行备战。由于做了一系列备战工作，后来宋朝用了一年多时间，费了好大力气，才把南唐灭掉。

在经济上，由于李璟时期连年战争，造成国力衰弱，百姓贫困。李煜即位后，息兵休战，减轻百姓负担，与周边政权保持友好，又诏令减免税收，免除徭役，与民休息，发展经济。为了制止土地兼并，李煜恢复井田制，创设民籍和牛籍。为了解决通货膨胀问题，李煜改革货币，颁布铁钱。在李煜执政时期，南唐经济得到发展，百姓生活有了改善。李煜固然没有很强的治国才能，但也不是昏庸无能之主。

李煜重视选拔人才，大力推行科举考试，有时自己亲自命题。在李煜执政时期，每年都要选拔大批人才，直到南唐灭亡的前一年，还举行了最后一次科举考试，录取进士三十人。这些人才，后来大多为宋朝效力了。

李煜个人的文学艺术成就，也非常突出。他的诗词，意境优美，感情纯真，风格独特，在中国诗词史上占有重要地位。李煜的书法，线条遒劲，世称"金错刀"。在绘画方面，李煜也造诣颇深，他所绘的林石、飞鸟，都意境高远，远超常人。李煜还精通音律，才华横溢。

李煜被人诟病的地方，是他在生活上骄奢淫逸，喜好音乐美女，常常彻夜吟唱作乐，纵情声色。李煜与姊妹花大周后和小周后的感情纠葛，在社会上广泛流传。李煜还信奉佛教，甚至达到痴迷的程度，以致荒废了政事。在与宋军对阵时，南唐士兵都高声背诵《救苦观音菩萨经》，求菩萨保佑。遗憾的是，菩萨一次也没有显灵。

赵匡胤建立宋朝之后，经过两年多的准备，开始了统一全国的战争。他首先选择荆、湖作为突破口，发动了荆湖之战，仅用三个月时间，就灭掉荆南、武平政权，占领了湖北、湖南。宋军兵强马壮，所向无敌，在此之后，又两个月灭掉后蜀，五个月灭掉南汉，吴越上表称臣。这样，南方诸国中，只剩下南唐了。

赵匡胤认为，南唐一向恭顺，本不想使用武力。974年秋，赵匡胤以祭天为由，诏令李煜去开封。赵匡胤是想扣留李煜，逼他投降，不战而屈人之兵。

可是没有想到，一向恭顺的李煜，这次却断然拒绝，回复说："臣侍奉大朝，希望得以保全宗庙，想不到会是这样。事既至此，唯死而已。"态度十分坚决。李煜知道召他入京的用意，只要去了开封，肯定就回不来了，所以坚决不从。赵匡胤计策没有成功，只能付诸武力了。

974年九月，赵匡胤命大将曹彬率十万大军，水陆并进，攻击南唐；又令吴越从杭州出兵，前后夹击。面对大兵压境，李煜奋起抵抗，宣布与宋朝断交，停止使用宋朝年号，并调兵遣将，抗击宋军。

李煜派出两路使者，一路去吴越，质问他为何背信弃义。吴越没有回复，而是把书信转给了赵匡胤。另一路的使者叫徐铉，很有口才，他携带礼物，来到开封，面见赵匡胤。

徐铉口若悬河，侃侃而谈，大讲南唐侍奉宋朝，就像儿子侍奉父亲一样，没有任何过错，宋朝出师无名，不应该攻打南唐。听完徐铉的高谈阔论，赵匡胤只回答了一句："李煜并没有错，只是卧榻之侧，岂容他人酣睡？"

李煜不愿意投降，只得顽强抵抗。李煜早先的备战发挥了作用，迟缓了宋军的攻势。但南唐与宋朝相比，实力悬殊，不是对手。经过半年多的激烈战斗，宋军占领了南唐大部分地区，南唐军队主力几乎全部丧失。

975年三月，宋军攻至金陵城下，不久吴越军队也赶了过来，将金陵城团团包围。有人建议投降，李煜却执意坚守到底，并诛杀了意图投降的将领。李煜指挥守城将士，又打了九个月的金陵保卫战，直到城中粮食断绝，实在无法坚守了。

975年十一月二十七日，宋军终于攻破城池。守城将领呙彦、马承信、马承俊等人，皆力战而死，以身殉国。宋军大举入城，南唐大臣陈乔不忍国破受辱，自缢身亡。李煜事先准备了干柴，打算自焚，被左右劝止，不得已投降，南唐灭亡。

在赵匡胤统一南方的战争中，攻打南唐用的时间最长，费的力气最大。这固然有曹彬仁义、不愿急攻的因素，但主要还是南唐的抵抗激烈。李煜一直抵抗到最后，他已经尽力了。所以，说李煜昏庸无能，是亡国之君，确实有点冤枉。

李煜被押送开封后，赵匡胤没有杀他，但嗔怪他顽强抵抗，封他为"违命侯"。三年后，李煜去世，终年四十二岁。

在有些文学作品中，李煜的形象不佳。但在正史当中，对李煜的评价还是客观公正的。据史书记载，有一次，宋朝皇帝赵光义问南唐旧臣潘慎修："李煜果真是一个暗懦无能之辈吗？"潘慎修断然否认，说："假如他是无能之辈，何以能够守国十五年？"

有人对李煜评价说，李煜敦厚善良，才华出众，但大势所趋，即便孔明在世，也难保社稷。李煜既然已经尽心尽力了，虽亡国又有何愧！

这应该才是比较真实的李后主。

前蜀与后蜀

前蜀、后蜀是十国时期建立的两个割据政权，均定都于成都，但两者之间并没有关联。前蜀于907年建立，925年灭亡，经历二主，享国十八年。后蜀于934年建立，966年灭亡，也经历二主，享国三十二年。

前蜀的创立者是王建。王建，许州舞阳人，出身贫寒，年轻时以贩卖私盐为业，也干些偷牛盗驴的勾当，因其排行第八，乡人称他"贼王八"。

唐末大乱的时候，王建投军从戎。他作战勇敢，也有智谋，不久升为列校，后来当了都头，成为中下级军官。

880年，黄巢攻陷长安，唐僖宗逃往成都，王建所在的部队护驾。在逃亡途中，栈道起火，王建拉着唐僖宗的马，冒火突围而出。在休息时，唐僖宗枕着王建的腿睡着了，王建一动不动。唐僖宗醒来后，十分感动，赐给他一件御衣，破例任命王建遥领壁州刺史，后改任利州（今四川广元一带）刺史。

黄巢起义之后，唐朝名存实亡，军阀混战，抢占地盘。王建有胆有识，善于网罗人才，他组建了一支骑兵部队，战斗力很强。当时，朱温、李克用等一些大的军阀，都在争夺中原，无暇顾及蜀地。王建趁此机会，东征西讨，用了十多年时间，占领了蜀地，称霸一方。

903年，唐昭宗封王建为蜀王，王建开始精心治理蜀地。王建出身微贱，没有多少文化，却懂得治国之道。他重视人才，知人善任，身边有许多谋士武将；他关心百姓疾苦，减轻赋税，安置流民，发展经济；他整顿吏治，严惩贪赃不法。在王建治理下，前蜀成为当时最稳定、最富裕的地方。

907年，朱温篡唐建梁。王建大怒，坚决不承认后梁政权，并传檄各地，号召联合攻打朱温，可是很少有人响应。

王建的谋士武将都劝他："大王虽然忠于唐室，但唐室已亡，不可挽回，不如自己登基称帝。"于是，王建率官员百姓大哭三天，祭奠唐朝皇帝，然后即皇帝位，国号大蜀。当时，王建已经六十多岁了。

918年，王建当了十一年皇帝后驾崩，终年七十二岁。王建临终前，做了一件糊涂事。他有十一个儿子，但因宠爱徐妃，便让她的儿子王衍继位。王衍是第十一子，当时十九岁。

王衍长得方脸阔嘴，双手过膝，两耳垂肩，颇有帝王之相，也很有学问，但却是个绣花枕头。王衍与他老子截然不同，不会治国理政，只知道吃喝玩乐，四处巡游，又卖官刮财，不恤百姓，结果把前蜀搞得一团糟糕，民怨沸腾。

925年，后唐灭掉后梁之后，李存勖命太子李继岌、大将郭崇韬率六万军队，攻打前蜀。前蜀国力衰弱，人心离散，武备松弛。唐军进兵神速，只用七十天时间，就灭掉前蜀，并将王衍灭族。可怜王建奋斗一生创立的基业，在他死后七年，就被宝贝儿子败坏完了，连后代都没有保住。

后蜀的创立者是孟知祥。孟知祥是邢州龙冈（今河北邢台）人，年轻时跟随李克用四处征战，屡立战功。李克用很赏识孟知祥，将女儿（一说侄女）嫁他为妻。

李存勖继位后，仍然信任重用孟知祥，任命他为太原尹，让他镇守大本营。孟知祥与郭崇韬关系密切，多次向李存勖推荐，使郭崇韬得到重用。

与此同时，李存勖在考虑灭蜀之后由谁镇守的问题。蜀地路途遥远，地势险峻，很容易割据，必须选个可靠之人。郭崇韬推荐孟知祥为成都尹，正合李存勖心意。

李存勖把孟知祥从太原召回，交付重任，让他镇守蜀地。李存勖设宴款待孟知祥，两人言谈甚欢。李存勖酒喝多了，心里话脱口而出："我看郭崇韬有二心，你到成都以后，可以把他杀了。"

孟知祥心头一惊，急忙说："郭崇韬是个人才，为国家屡立大功，又刚刚平定蜀地，怎么能轻易杀了呢？"

孟知祥立即赶往成都赴任，到达以后，听说郭崇韬已被杀害，而且被诛杀全家，心里很不痛快，觉得朝廷做得过分了。

李继岌杀了郭崇韬，率军返回。将士们为郭崇韬鸣不平，途中发生兵变，李继岌无奈自杀。魏博地区也发生兵变，拥戴李克用养子李嗣源为帝。不久，李存勖在洛阳兵变中被杀。

孟知祥见朝廷大乱，遂产生了割据蜀地称帝的想法。他招揽人才，训练兵甲，扩大势力，对朝廷阳奉阴违，多次拒绝听从诏命。李嗣源宽厚仁义，处置有度，孟知祥一直没有公开反叛，而是处于半独立状态。

933年十一月，李嗣源驾崩，其子李从厚继位。李从厚软弱无能，无法掌控大局，局势一片混乱。

934年正月，孟知祥趁乱在成都称帝，宣布脱离后唐，建国号为蜀，史称后蜀。可惜，孟知祥称帝不到半年，就突然得急病死了，终年六十一岁。

孟知祥死后，其三子（一说五子）孟昶继位。孟昶当时十六岁，孟知祥时期的故将旧臣把持大权，他们骄横无忌，不把孟昶放在眼里。孟昶虽然年少，却不软弱，不久陆续铲除旧臣，自己亲自理政。

孟昶铲除了一批功臣宿将，却不会选贤任能，任用了一些平庸之辈。不过，孟昶注重发展经济，鼓励农桑，关心百姓，还推广儒学，兴办学校，保持了经济发展和社会稳定，使后蜀成为富庶之地。

孟昶十分幸运，他在位期间，正值中原混乱，政权更迭。先是石敬瑭借助契丹势力灭掉后唐，建立后晋；不久契丹灭掉后晋，后汉崛起；随后郭威篡位，建立后周。中原多年混乱，无暇西顾，使孟昶稳稳当当做了三十多年皇帝。

孟昶对中国社会做出的一大贡献，是发明创造了春联。春联以对仗工整、简洁精巧的文字，描绘美好景象，抒发美好愿望，是中国特有的文学形式，贴春联是人们过年时的重要习俗。

中国乃至世界上有记录的最早的春联，是唐朝刘丘子于723年撰写的"三阳始布，四序初开"。世界纪录协会收录了这副春联。不过，说它是春联，似乎有些勉强。

964年过春节的时候，孟昶别出心裁，在桃木板上亲笔题写了一副春联："新年纳余庆，嘉节号长春"。这就是货真价实的春联了。后来，人们用纸张代替桃木板，写春联的习俗就流传下来。不过，也有史书说，此春联是孟昶儿子孟玄喆所写。

后周建立之后，在郭威、柴荣两代有为君主的治理下，国力大增。955年，柴荣出兵，夺取了后蜀的秦、成、阶、凤四州，削弱了后蜀的实力。

赵匡胤篡周建宋以后，更是雄心勃勃，志在统一天下。965年，宋军大举攻蜀，后蜀抵挡不住，屡战屡败，只有短短六十六天，孟昶就率众投降了，后蜀就此灭亡。不过，由于宋军抢掠，激起民变，宋朝又用了两年时间，才平定了蜀地。

孟昶投降后，在从成都押送开封途中，数万百姓痛哭送行，哭昏者达数百人。可见，孟昶还是一个很得民心的皇帝。

巧合的是，赵匡胤占领成都后，派了一个叫吕余庆的人来镇守，正应了孟昶的"新年纳余庆"。后蜀是二月十六日灭亡的，这一天是赵匡胤的生日，是宋朝的长春节，又应了孟昶的"嘉节号长春"。孟昶的春联被人戏弄解读为，在新年迎接吕余庆，庆贺赵匡胤的长春节，真是令人啼笑皆非。

孟昶到达开封后，受到优厚待遇，被封为秦国公。但不到一个月，孟昶就患病去世了，终年四十七岁。

南汉暴虐荒唐

南汉是十国之一，割据于今广东、广西、海南一带，定都广州。因建国者自称是刘邦后代，故国号为汉，史称南汉。南汉于917年建立，971年灭亡，历经四帝，享国五十四年。南汉的奠基者，是刘谦、刘隐父子；建国称帝者，是刘隐的弟弟刘䶮。

在唐朝末年，刘谦任封州（今广东封开一带）刺史，拥兵过万，战舰百余。刘谦死后，长子刘隐继位。当时天下已乱，刘隐广聚贤才，招兵买马，攻占肇州、广州，扫平岭南，成为两广地区最大的割据势力，为建立南汉政权奠定了基础。

911年，刘隐病逝，其弟刘䶮继位。刘䶮继承父兄事业，进一步扩大势力。当时中原混战，大批知识分子跑到南方避难，刘䶮礼贤下士，网罗了不少人才。

917年，刘䶮见时机成熟，在广州登基称帝，国号为越。过了不久，刘䶮发现，许多士人都赞美汉朝，于是灵机一动，改国号为汉，自称祖籍彭城，是大汉皇帝刘邦的后代。其实，刘䶮是河南上蔡人，没有证据表明他是刘邦的后代，只是都姓刘而已。所以，后梁发文谴责他："益恣凶狂，妄称汉室遗宗。"

刘䶮在政治上，重用知识分子，改变过去以武人当刺史的做法，任用士人，这对于治理地方、安抚百姓比较有利。刘䶮具有重商思想，鼓励发展贸易，有时亲自召见来往的客商，促进了岭南贸易繁荣。刘䶮还重视教育，兴办学校，推行科举考试。

刘䶮尤其好佛，兴建了大量寺院，现在广州越秀区的大佛寺，就是刘䶮时期修建的。具有讽刺意味的是，刘䶮性情残暴，生性好杀。

他制作了许多刑具，有灌鼻、割舌、支解、跨剔、炮炙、烹蒸等等，都令人毛骨悚然。刘陟还喜欢观看对人用刑，别人见到这等酷刑，都吓得心惊胆战，唯有刘陟喜不自胜，就像欣赏美妙的艺术一样，有时候情不自禁地流下口水。

942年，当了二十五年皇帝的刘陟死了，终年五十四岁，谥号天皇大帝。其子刘玢继位。刘玢时年二十三岁，是刘陟第三子，因两个哥哥早夭，他成了事实上的长子。

刘玢骄奢淫逸，不问政事。父亲还在丧殡之中，他就饮酒作乐，与妓女鬼混，还让男女都脱光衣服，供他观赏。结果当皇帝只有一年，就被其弟刘晟杀死，夺去了皇位。

刘晟的残暴，比他父亲刘陟有过之而无不及。他为了防止兄弟们效法他杀兄篡位，将十五个弟弟全部斩杀。有一次，刘晟喝醉了，把瓜放在伶人尚玉楼头上，拔剑砍瓜，结果一剑把尚玉楼的头砍掉了。

刘晟如此残暴不仁，竟然也当了十六年皇帝。958年，刘晟病死，终年三十九岁。其长子刘铱继位。

刘铱原名叫刘继兴，即位时十七岁。刘铱长得眉清目秀，体态丰满，心灵手巧，会编织许多新奇形状的艺术品，可就是不会治国理政。

刘铱也不想治国理政，他把朝政事务全都委托给宦官龚澄枢，自己只顾吃喝玩乐。刘铱不相信大臣，只信任宦官和宫女，认为只有他们不会篡位，于是大力提拔宦官。大臣们如果想要提升，必须先要自宫。大批宦官充满了朝廷，一度高达两万多人。

更为荒唐的是，刘铱还提拔了许多宫女做官，参与朝政。其中有个宫女，叫卢琼仙，很有心机。她买通了女巫樊胡子，女巫对刘铱说："琼仙是上天派来辅佐陛下的。"刘铱信以为真，提升卢琼仙为侍中，属于宰相，参决政事。宦官、宫女、女巫勾结在一起，把持了朝政，真是闻所未闻。在五代十国时期，最残暴、最荒唐的，莫过于南汉了。

970年九月，赵匡胤派大将潘美率军攻打南汉。潘美是文学作品杨家将中潘仁美的原型，是个反面形象。其实，潘美是宋朝开国功臣，忠勇双全，并不像文学作品中描写的那样。

南汉的功臣旧将和宗室，几乎被剪除殆尽，掌兵权的多是宦官；军队的楼船战舰，武器盔甲，多数腐烂，所以根本无法抵挡宋军的凌厉攻势。宋军只用几个月时间，就连续攻克贺州、昭州、桂州、连州，占领了南汉大部分地区，南汉面临灭亡。

971 年二月，刘𬬮见大势已去，挑选了十几艘大船，装满金银财宝和美女，准备逃亡入海。不料，宦官们与士兵勾结，抢先下手，把船盗走了。刘𬬮无奈，只好投降，南汉灭亡。

刘𬬮降宋后，把责任全推给宦官龚澄枢。赵匡胤将龚澄枢斩首，而优待刘𬬮，封他为卫国公。

刘𬬮为了表达感谢之意，亲手用珠子将马鞍结成龙的形状，进献给赵匡胤。赵匡胤见十分精美，感叹道："刘𬬮如果把心思用在治国上，怎么会亡国呢?"

980 年，刘𬬮病逝，终年三十九岁。

南楚混乱不堪

南楚，是以湖南为中心建立的政权，也叫楚国、马楚，定都长沙。南楚于907年建立，建立后有很长一段时间，五六个王子争抢王位，骨肉相残，搞得一片混乱，史称"众驹争槽"。951年，南楚被南唐趁乱灭掉，享国四十四年。

南楚的创立者是马殷。马殷，许州鄢陵（今河南鄢陵）人，自称是东汉名将马援之后，出身贫寒，以木匠为业。

884年，马殷不甘心长期受穷，应募从军，想混个前程。当时，马殷已经三十二岁了。马殷为人机智，作战勇敢，经过十七八年的浴血奋战，多次出生入死，终于在901年，当上了武安军节度使，占据湖南一带，称雄一方。

907年，朱温篡唐建梁。马殷遣使祝贺，称臣纳贡。朱温很高兴，封马殷为楚王。从此，马殷以长沙为中心建立了楚国。马殷没有称帝，但按照朝廷的模式，自行设置机构和百官，自主管理辖地。朱温忙于争夺中原，没有精力管他。

923年，后唐灭掉后梁。马殷让儿子马希范入京祝贺，上缴后梁授予的印信，又向后唐称臣纳贡。后唐也没有精力管他，仍然册封他为楚王，并加封他为朝廷尚书令，属于宰相。马殷当然不去朝廷任职，依旧治理楚国。

在乱世之中，马殷稳稳当当地做了二十多年楚王。他不图皇帝虚名，实行"上奉天子，下奉士民"策略，不兴兵戈，保境安民，使湖南民众过了一段安稳日子。

马殷很少对外用兵，而是埋头发展经济。马殷利用湖南的地理优势，大力发展与中原和周边政权的商业贸易，并采取免收关税等措施，吸引外地客商。茶叶是湖南的特产，马殷采取宽松政策，鼓励百姓种茶、制茶，用茶叶换取中原的物资。在马殷的精心治理下，楚国经济繁荣，社会稳定，百姓安居乐业，好似世外桃源。可惜好景不长，马殷一死，楚国马上就乱套了。

930年，马殷病逝，享年七十九岁。马殷儿女众多，光儿子就有三十多个。长子马希振，看破红尘，出家当了道士。次子马希声继承了王位，时年三十三岁。

马殷临终前，把儿子们叫到跟前，遗命诸子要兄终弟及，不准把王位传给自己儿子。马殷还把一口宝剑放置在祠堂里，说："谁要违背了我的遗命，就用这把剑处死他。"当父亲的希望儿子们都好，这是天性。可是，他的儿子们听了，却人人滋生了做王的欲望，都盼着前边的哥哥早死。马殷这是种下了祸根。

马希声继承王位之后，猜忌三弟马希旺，因为他离王位最近。马希声找了个借口，把马希旺幽禁起来，马希旺很快死掉了。

马希声本来年轻力壮，每天都要杀五十只鸡供膳食之用，可不知怎么搞的，他只当了两年皇帝，就突然得病死了。史书没有记载他的死因。

马希声死后，因为老三已经死了，就由老四马希范继位。马希范比马希声小一岁。马希范当王时间倒不短，有十六年，可他干得并不好。

马希范喜欢奢侈豪华，铺张浪费。他花巨资建造宏伟的王府，门窗栏槛都用金玉装饰。平时的吃、穿、用，都是最好的，极尽奢华。国库很快就空虚了，便加重税赋，百姓们怨声载道。南楚的经济逐渐衰败下来。

马希范纵情声色，荒淫无度，有时通宵达旦地饮酒作乐。有个商人的妻子长得漂亮，马希范杀了她的丈夫，要霸占她。商人妻子不愿受玷辱，上吊自杀了。消息传开，民怨沸腾。

马希范自然也猜忌他的弟弟们。马希杲贤明，声望很高，马希范要加害他。马希杲的母亲华夫人请求削去封邑，去做一个平民。马希范不答应，还是把马希杲杀掉了。

947年，马希范病死，终年四十九岁。按照顺序，应该由年长的弟弟马希萼继位，可马希范却越位传给了马希广，因为马希广是他的同母弟。

马希萼大怒，与同母弟马希崇联合起来，举兵攻打长沙，但没有成功。马希萼不甘心，向南唐称臣，又借来蛮族兵，第二次攻打长沙。这次成功了，马希萼攻进长沙，擒杀马希广，如愿做了楚王。

马希萼夺得王位，志得意满，杀戮报复，纵酒荒淫，不恤士卒，结果引发兵变。马希崇借助兵变，囚禁马希萼，夺得王位。楚国兄弟相残，一片混乱。

951年，南唐趁着南楚大乱，渔翁得利，轻松攻占长沙，灭了南楚。马希萼于953年病死，终年五十三岁。马希崇不知所终。

荆南地小国弱

荆南，也叫南平、北楚，是十国当中最小的割据政权，定都江陵。荆南建于 924 年，历经五主，于 963 年灭亡，享国三十九年。荆南的开创者，叫高季兴。

高季兴，原名高季昌，陕州硖石（今河南三门峡）人。高季兴出身贫贱，曾是富豪朱友让的家奴。朱友让是朱温的养子。有一次，朱温看见了高季兴，见他面貌不同常人，便让朱友让收他为养子，高季兴改姓朱。高季兴改变了身份，开始习文练武，后来跟随朱温，成为他的亲信牙将。

高季兴跟随朱温征战四方，立有战功。906 年，朱温攻占荆州，让高季兴留守。荆州多次遭遇战火，城邑破败不全，人们流离失所。高季兴招抚流民，修复城邑，发展生产，政绩明显，得到民众拥护。

907 年，朱温篡唐建梁，任命高季兴为荆南节度使，使他成为镇守一方的大员。荆南地区经唐末战乱，城乡凋零，民不聊生，满目疮痍。高季兴到任后，安抚士吏，发展农商，稳定社会，使荆南面貌迅速改观。高季兴当了十几年荆南节度使，积攒了人气，为日后割据奠定了基础。

923 年，国家政局发生了巨大变化，李存勖灭掉后梁，建立后唐。高季兴感到恐慌，担心荆南会受到攻击，便打算亲自去洛阳，朝觐李存勖，以表示归顺。

有人劝阻说："梁与唐有二十年的世仇，您是梁朝的旧臣，又占据重镇，如果亲自前去，恐怕就回不来了。"

高季兴说："唐朝势力强大，如果要攻打荆南，我们是抵御不住的。当今之计，唯有归顺称臣，才可免祸。如果不亲自前去，不足以表示诚意。"

高季兴到了洛阳，李存勖果然想扣留他，扣留了高季兴，荆南就唾手可得了。郭崇韬劝谏道："陛下刚得天下，各地诸侯只是派使者来，只有高季兴亲自前来，应该褒赏才对，怎么能扣留呢？如果扣留了他，必然会失去人心。"

李存勖犹豫了几天，最终还是把高季兴放走了。高季兴刚走，李存勖又后悔了，命人中途拦截。高季兴很有心机，他担心李存勖反悔，于是快马加鞭，星夜兼程，迅速回到荆南，逃脱了一难。

高季兴回到荆南后，对众人说："我这一趟有两错：我去朝拜是一错，他们放我回来是二错。"高季兴还对众人说，李存勖把灭梁功劳都归于自己，居功自傲，人心不服，必不能长久。于是，高季兴在荆南修缮城池，储备粮草，扩充军队，以备将来。

924年，李存勖封高季兴为南平王。从此，荆南由昔日的藩镇变成了一个独立政权，在政治、军事、人事、外交等方面，均有自主权。

高季兴采取与南楚同样的策略，不称皇帝，以后唐臣子的身份自居，不对外扩张，专心治理自己的地盘。

929年，高季兴病逝，终年七十一岁。长子高从诲继承王位。

高从诲即位时已经三十九岁了，相当成熟。高季兴晚年时，曾与后唐闹过别扭，转而向吴国称臣。高从诲对众人说："唐近而吴远，所以不能舍唐而臣吴。"高从诲派使者向后唐谢罪，表示愿意继续称臣纳贡。唐明宗李嗣源同意了，于是两家和好。

高从诲性情通达，礼敬贤士，省简刑罚，减轻赋税，保境安民。荆南地域狭小，最大时辖七州，一般只有三州之地，是十国当中力量最小的。但荆南地处交通要道，战略地位十分重要，引起不少当政者觊觎。高从诲为了自保，不得不先后向后唐、后晋、后汉以及吴、后蜀、南汉等政权称臣，以换取平安。

948年，高从诲称王十九年后病逝，终年五十八岁。其三子高保融继位。

高保融即位时二十九岁，正值年富力强，可他没有能力，性情迂腐缓慢，所有事务都委托其弟高保勖决断。好在高保勖为人忠厚，没有野心，竭力辅佐，荆南没出什么大事。

960年，当了十二年王的高保融病逝，终年四十一岁。高保融的儿子年轻，故遗命让高保勖继位。

高保勖只在位两年就病逝了，终年三十九岁。高保融的儿子高继冲继承了王位。

高继冲即位时十九岁。当时，赵匡胤已经建立宋朝，准备进兵江南，统一全国。荆南地处交通要道，自然首当其冲。

963年，赵匡胤以"假道灭虢"之计，向荆南借道，征讨湖南。高继冲不敢不借，结果宋军突然攻占江陵。大兵压境，高继冲无奈，只好投降了。赵匡胤灭掉荆南以后，又一鼓作气，攻克湖南。

高继冲于973年病逝，时年三十一岁。

闽国屡发内乱

闽国割据福建一带，于 909 年建立，定都福州。闽国建立后内乱不断，局势很不稳定。945 年，南唐趁其内乱，出其不意出兵，一举将闽国灭掉，闽国存在三十六年。闽国的奠基者，是王潮；称王建国者，是王潮的弟弟王审知。

王潮，原名叫王审潮，光州固始（今河南固始）人。王潮年轻时当过固始县佐史，他与弟弟王审邽、王审知，都以才气闻名乡里，人们称他兄弟三人为"三龙"。

唐朝末年，天下大乱，起义蜂起。安徽寿州有个屠户王绪，也拉起了万余人的队伍，打到了河南。王绪听说了王潮三兄弟的名声，聘请到军中，担任军校。王潮兄弟随起义军转战到了福建。

王潮兄弟三人身材魁伟，文武双全，屡立战功，很快在军中声名鹊起，引起王绪忌惮。王绪想加害他们，不料反被三兄弟所杀。众将士公推王潮为首领，王潮控制了这支队伍。

王潮率军攻占了泉州，声势大振。不过，王潮不愿意与朝廷为敌，归顺了唐朝福建观察使陈岩。陈岩很器重王潮，表荐他为泉州刺史。后来，陈岩病逝，临终前将福建军政大事委托给王潮。王潮东征西讨，攻克福州等地，平定了闽地。

896 年，朝廷升福建为威武军，任命王潮为威武军节度使，王潮成了一方大员。王潮精心治理闽地，他理政精明，深谋远虑，执法严正，厘定赋税，发展经济，深得百姓拥护。弟弟王审邽、王审知成了王潮的得力助手，兄弟三人同心协力，开创了闽地基业，为日后建立割据政权奠定了基础。

898 年，王潮病逝，终年五十二岁。王潮有四个儿子，还有二弟王审邽，但他特别看好三弟王审知，认为他不同寻常，能成就大业，便把职位传给了他。

王审知相貌雄伟，隆额方口，常骑白马，军中称他为"白马三郎"。王审知胸有谋略，处事稳健，时年三十七岁，阅历丰富。王审知果然不负哥哥重托，把闽地治理得吏民悦服，人心归向，形成了安定良好的局面。

朱温建梁称帝以后，王审知表示归顺。909 年，朱温封王审知为闽王。从此，王审知建立了割据政权。福建离中原遥远，朱温根本顾不过来，因此，王审知表面上向后梁称臣，实际上是个独立王国。

王审知称王十六年，实际执政长达二十七年。他在政治上，任人唯贤，广招人才，整顿吏治，改进作风，使得政治比较清明；他在经济上，实行与民休息政策，减轻徭役，降低税收，厉行节俭，鼓励农耕，大力发展对外贸易和冶炼业、造船业，促进了经济繁荣；他在文化教育上，兴办学校，福州有高等学府，州有州学、县有县学，乡村也有私塾，还开展了"搜集古籍"活动，抢救文物典籍；他在对外关系上，与周边政权保持友好往来，尽量避免战争。有人劝他称帝，王审知坚决不肯。王审知为福建发展做出了重要贡献，至今受到人们的纪念和颂扬。

925 年，王审知病逝，终年六十四岁。长子王延翰继位。

王延翰可比他老子差远了，他虽然长得高大，颇通经史，却不会治国，更不会处理各种关系，而且性情暴戾，骄奢淫逸，造成众叛亲离。

927 年，王延翰的二弟王延钧，联合义弟王延禀，突然发动兵变，杀死王延翰，夺取了王位。从此，闽国内乱不止，兄弟相残。

王延钧也不是善良之辈，他凶残暴虐，荒淫无度。王延禀本来帮助王延钧杀兄夺位，后来二人闹翻。王延禀率兵攻打王延钧，经过一场混战，王延禀兵败被俘，王延钧下令将他斩首。

933 年，王延钧觉得称王不过瘾，于是改称皇帝，从此不再向中原政权称臣。

王延钧的儿子们也都残暴不仁。长子王继鹏与父亲的宠妾李春燕私通，怕事情泄露，心生歹意。935年，王继鹏悍然杀死父亲王延钧，又杀掉弟弟王继韬，夺得皇位。

王继鹏当上皇帝后，立李春燕为皇后。王继鹏暴虐无道，残杀宗室，他的叔叔王延武、王延望连同他们的五个儿子，均遭杀害。吓得另一个叔叔王延羲装疯，才幸免于难。

939年，禁军发生兵变，杀死王继鹏、李春燕，拥立王延羲为帝。

王延羲称帝以后，照样暴虐无道，与弟弟王延政产生了矛盾。王延政在建州整治军队，经营武备，与王延羲分庭抗礼。

940年，王延羲派兵攻打建州，开启了闽国内战。内战打了三四年，兄弟俩势均力敌，难分难解，但双方都死伤惨重，尤其是百姓无辜遭受战火蹂躏，生灵涂炭，闽国元气大伤。后来，王延政干脆也称皇帝，闽国出现二君，局势一片混乱。

944年，禁军将领朱文进趁乱杀掉王延羲，自己当了闽王，不料屁股还没坐稳，朱文进又被别人杀掉了，局势更加混乱不堪。王延政率军进入福州，收拾残局。

王延政扬扬得意，他与哥哥鏖战数年，终于成了胜利者。不料，王延政还没高兴多久，一个惊人的消息传来，南唐开始大举进攻闽国了。

原来，南唐见闽国内乱不止，心中大喜，王延政兄弟俩两败俱伤，真是天赐良机。于是，南唐出动大军，攻打闽国。闽国国力本来就不强，又经过几年内战，已经是摇摇欲坠了。但王延政抵抗顽强，南唐用了两年时间，才占领了闽国。

945年八月，南唐兵临福州城下，攻破城池，王延政投降，不久去世。闽国就这样灭亡了。

吴越寿命最长

在十国当中，吴越最为稳定，寿命最长。吴越定都杭州，于907年建立，到978年归顺宋朝，历经五主，享国七十一年。吴越的创立者，是钱镠。

钱镠，小名婆留，出身平民，杭州临安（今浙江临安）人。钱镠出生后，相貌奇丑，父亲钱宽认为不祥，想把他扔进房后井中。祖母不忍，把他留了下来，所以钱镠小名叫婆留。这口井也被称为婆留井，至今仍存，成为旅游景点。

钱镠自幼习武，擅长射箭、舞槊，成年后以贩卖私盐为生。钱镠觉得贩卖私盐没有前途，二十四岁时应募投军，参加了唐朝将领董昌的队伍。

钱镠跟随董昌，平定了浙西王郢起义，也与黄巢起义军作战。钱镠武功高强，作战英勇，深得董昌赏识，职务不断升迁。887年，钱镠升任杭州刺史，时年三十六岁。又经过六年奋斗，钱镠升任镇海军节度使，管辖浙西一带，成为一方大员。

895年，董昌据越州自立为帝，国号"大越罗平"。董昌对钱镠有提携之恩，钱镠是他的得力大将，董昌任命钱镠为两浙节度使。但是，钱镠不同意董昌称帝，劝他说："与其闭门作天子，不如开门作节度使。"董昌不听。钱镠属于识时务之人，于是反叛董昌，致使董昌兵败被杀。

钱镠立有大功，被朝廷授予镇海、镇东两镇节度使，加封中书令，赐免死九次的铁券。唐昭宗还把钱镠的画像悬挂在凌烟阁上，以彰显其功。从此，钱镠控制了两浙，为日后建立割据政权奠定了基础。

907 年，朱温建梁称帝。钱镠上表称臣，被朱温封为吴越王。从此，钱镠在杭州建立了割据政权，管辖浙江全境和江苏、福建的部分地区。

钱镠称吴越王二十五年，政绩卓著。他尊崇中原政权，不论后梁还是后唐，他都视为正统，俯首称臣，没有个人称帝野心。他称王期间，政治清明，选贤任能，关心百姓，发展生产，与周边政权保持友好关系。钱镠为吴越地区的社会稳定和经济发展做出了杰出贡献，青史留名。

932 年，钱镠寿终正寝，高寿八十一岁。

钱镠在临终前，做了一件令人称道的事情。他有三十多个儿子，但没有按照立嫡立长的制度确定继承人，而是把大臣和儿子们召集起来，让他们公推最贤能的人继位。钱镠家教甚好，儿子们都谦虚推让，最后公推第七子钱元瓘继承了王位。

钱镠不仅善于治国，也严于治家，有《钱氏家训》流传后世。钱氏后人秉承祖训，造就了世代家风谨严、人才兴盛的传奇，素有"千年名门望族，两浙第一世家"之称。

钱元瓘即位时四十六岁，他颇有父亲的风范，好儒学，善作诗，施仁政，深得民心。钱元瓘不负众望，继续执行父亲时期的政策，吴越仍然繁荣稳定。

941 年，钱元瓘患病去世，终年五十五岁，在位九年。

钱元瓘有十几个儿子，他觉得六子钱佐聪慧贤明，想让他继位，可钱佐只有十四岁，钱元瓘有点犹豫。亲信大臣章德安说："钱佐虽然年轻，但英明敏捷，属下都佩服他，您不必忧虑。"于是，钱元瓘遗命由钱佐继位。

钱佐果然聪慧明断，亲自处理政务，谁也骗不了他，再加上章德安等贤臣的辅佐，吴越继续保持稳定。可惜钱佐命短，只在位六年就死了，年仅二十岁。

钱佐的儿子只有五岁，于是遗命由其弟钱倧继位。钱倧当时十八岁，年轻气盛，为人严厉，即位不久，与禁军将领胡进思产生了矛盾。胡进思是钱镠时期的老臣，很有权势，他发动兵变，囚禁了钱倧，另立钱倧的弟弟钱俶为王。

钱俶与钱倧同岁，他见事发突然，只得出面主持大局，但向胡进思提了个条件，必须保全哥哥的性命。胡进思答应了，于是钱俶即位，开始处理国政。钱倧保住了性命，活了四十七岁。

钱俶是最后一个吴越王，在位三十一年，很有作为。钱俶为人宽厚，礼贤下士，尊崇中原，和睦邻邦，爱护百姓，发展经济，实现了吴越大治，民心大悦。

960年，赵匡胤建立宋朝，两年后进军江南，先后灭掉荆南、武平、后蜀、南汉等割据政权，志在统一天下。钱俶向宋朝称臣，并帮助宋朝灭掉了南唐。

978年，南方只剩下吴越了。钱俶为避免百姓陷入战火、生灵涂炭，于是纳土归宋，吴越从此并入宋朝版图。钱俶十年后病故，终年六十岁。

在五代十国混乱时期，几代吴越王秉持保境安民理念，不称帝，不兴兵，使吴越民众免受战乱之苦，经济社会得到发展，其功绩远大于开创帝业。

北汉灭亡十国终结

在十国当中，有一个是在北方，就是割据太原一带的北汉。北汉于 951 年建立，979 年灭亡，历经四帝，享国二十八年。北汉的灭亡，标志着混乱的五代十国彻底结束。

北汉的开创者叫刘崇，刘崇是后汉皇帝刘知远的弟弟。刘崇年轻时嗜好赌博，品行不端，二十岁时跟随刘知远征战。刘知远对这个弟弟很关照，逐步升任他为河东马步军都指挥使兼三城巡检使，还收他的儿子刘赟为养子。

947 年，刘知远在太原称帝，建立后汉，任命刘崇为太原尹。不久，刘知远率军南下，收复中原，留刘崇镇守太原大本营，委以重任。

刘知远只当了不到一年皇帝就死了，其子刘承祐继位，朝廷大权掌握在杨邠、史弘肇、王章、郭威几个辅政大臣手里。刘崇素与郭威等人不和，感到情况不妙，于是在太原招兵买马，修缮城池，充实府库，做好应急准备。刘崇还停止了对朝廷的供赋，也不听从朝廷诏令了。

950 年，刘承祐诛杀杨邠、史弘肇、王章三个辅政大臣，逼反了郭威。郭威率军进入开封，刘承祐在逃亡中被随从所杀。郭威控制朝廷后，并没有马上称帝，而是奉请李太后临朝听政，并扬言让刘赟继承帝位。

刘崇听说京城大乱，本想率兵南下，忽闻儿子要当皇帝，心中大喜，说："我儿为帝，我还有什么可担心的？"

太原少尹李骧对刘崇说："郭威举兵造反，已经不能再为汉臣了，他肯定不会立刘氏为帝。您应该迅速率军南下，控制孟津，以观其变。"

刘崇不但不听，反而大骂道："你这个腐儒，是想离间我父子关系吗？"刘崇一怒之下，下令将李骧斩首。

李骧在刑场上，仰天长叹，说："我为一个傻子出谋献策，真是活该！"李骧的妻子有病，李骧死了，她也活不成，李骧请求与妻子一块儿死。刘崇真的下令，将夫妻俩一并斩首，并将此事上报朝廷，表明心迹。

不料，时间不长，噩耗传来，郭威篡汉称帝，建立后周，并且杀掉了刘赟。刘崇大怒，悔恨交加，为李骧设立庙祠，进行祭祀。随后，刘崇在太原称帝，仍然使用后汉年号，史称北汉。

北汉疆域狭小，只占有山西北部和太原一带，而且地瘠民贫，财力匮乏。刘崇称帝时，苦笑着对臣子们说："我不忍大汉社稷沦丧，又与郭威有杀子之仇，不得已称帝一方，可我算什么天子呢？"于是，刘崇不改元，不设宗庙，只用家人礼祭祀。

北汉虽然国小力弱，但有一个独特优势，就是背靠强大的辽国。刘崇称帝后，立即遣使去辽，上书"侄皇帝至书于叔天授皇帝"，请求册封。刘崇不称"儿皇帝"，而是自称"侄皇帝"，也算一个创新。辽国一直觊觎中原，自然大喜，马上册封刘崇为"大汉神武皇帝"。北汉成了辽的附庸和"侄国"。

北汉抱上了辽国的大腿，有了底气，向辽国借兵，连续两次攻打后周的晋州（今山西临汾）。后周早有准备，把北汉打得大败而回。

954年，郭威病逝，柴荣继位。刘崇认为机会难得，与辽国联合出兵，与后周展开高平之战，结果遭遇惨败，军队溃散。

刘崇靠着辽国送给他的黄骝宝马，才逃脱了性命。回太原后，刘崇封黄骝马为"将军"，享受三品官的俸禄，并为它建造了用金银装饰的马舍。在前线流血牺牲的将士们，都没有得到这样的待遇。

高平之战过后，刘崇忧愤成疾，一病不起，于当年病逝，终年六十岁。刘崇有十多个儿子，长子刘赟给了刘知远，已经死了，便由次子刘钧继承了帝位。

刘钧原名刘承钧，当时二十九岁。刘钧性格孝顺恭谨，喜欢读书，擅长书法，勤政爱民，不好兵戈。当时北汉实力弱小，没有力量南侵；后周忌惮辽国，也不来攻打。因此，刘钧安稳地当了十四年皇帝，没有发生大的战争。

刘钧有一个鲜为人知的身份，他是大名鼎鼎的杨家将杨业的养父。杨业自幼跟随刘崇，刘崇很喜欢他，让刘钧收他为养子，赐名刘继业。刘继业长大后成为一代名将，常率军与宋朝作战。后来，刘继业改回杨姓。

968年，刘钧病逝，终年四十三岁。养子刘继恩继承了帝位。

刘继恩是刘崇的外甥，当时三十四岁。刘继恩资质平庸，没有治国才能，也不会处理关系，与宰相郭无为产生了尖锐矛盾。

刘继恩当皇帝两个月后，有一次宴请群臣，酒宴结束，刘继恩在勤政阁休息。突然，供奉官侯霸荣带十余人闯入，将刘继恩刺杀。随后郭无为率兵赶到，当场杀掉侯霸荣。其实，郭无为是杀害刘继恩的主谋，他杀死侯霸荣，是为了灭口。

郭无为拥立刘钧另一个养子刘继元称帝。刘继元也是刘钧的外甥，是刘继恩的弟弟，当时任太原尹。

刘继元为人残暴，嗜杀成性，动辄将人灭族。他即位不久，就杀掉将领郑进、卫俦、李隐等人，甚至杀害了刘钧的郭皇后和他的儿子，造成人心离散。

宋朝建立后，赵匡胤两次出兵攻打北汉，因太原城池坚固，又有辽国救援，皆无功而返。

976年，赵匡胤基本平定了南方，却突然驾崩。其弟赵光义继承了皇位。

979年，赵光义完全收复了南方，北方只剩下一个北汉了，消灭北汉就摆上了重要日程。这年正月，赵光义御驾亲征，组织了数十万强大兵力，分四路攻击太原，声势浩大。

辽国自然又来救援。赵光义早有准备，采取围城打援策略，在石岭关大败辽兵，杀死一万余人，领兵将领也战死了。辽兵受到重创，溃败而回。

击退辽兵，刘继元就穷途末路了。在赵光义劝降下，刘继元无奈递交降书。五月六日，赵光义率军进入太原城，在城北举行受降仪式，北汉就此灭亡。

赵光义没有食言，给予刘继元高官厚禄。刘继元于991年病死。

北汉的灭亡，标志着五代十国时期彻底终结，历史进入宋朝。

记述宋朝历史的正史，是《宋史》。笔者将根据《宋史》的记载，继续撰写《新视角读宋史》，敬请广大读者给予指导帮助。